中国历史文化名人传

凤凰琴歌
司马相如传

洪烛 著

作家出版社

中国历史文化名人传

组委会名单

主任：李　冰
委员：何建明　葛笑政

编委会名单

主任：何建明
委员：郑欣淼　李炳银　何西来　张　陵　张水舟　黄宾堂

文史组专家成员（按姓氏笔划为序）

王春瑜　王家新　王曾瑜　孙　郁　刘彦君　李　浩　何西来
郑欣淼　陶文鹏　党圣元　袁行霈　郭启宏　黄留珠　董乃斌

文学组专家成员（按姓氏笔划为序）

王必胜　白　烨　田珍颖　刘　茵　张　陵　张水舟　李炳银
贺绍俊　黄宾堂　程步涛

出版说明

中华民族五千年文明史中，涌现了一大批杰出的文化巨匠，他们如璀璨的群星，闪耀着思想和智慧的光芒。系统和本正地记录他们的人生轨迹与文化成就，无疑是一件十分有必要的事。为此，中国作家协会于 2012 年初作出决定，用五年左右时间，集中文学界和文化界的精兵强将，创作出版《中国历史文化名人传》大型丛书。这是一项重大的国家文化出版工程，它对形象化地诠释和反映中华民族文化的基本精神，继承发扬传统文化的精髓，对公民的历史文化普及和建设社会主义文化强国都具有重要而深远的意义。

这项原创的纪实体文学工程，预计出版 120 部左右。编委会与各方专家反复会商，遴选出在中国文化发展史上产生过重大影响的 120 余位历史文化名人。在作者选择上，我们采取专家推荐、主动约请及社会选拔的方式，选择有文史功底、有创作实绩并有较大社会影响，能胜任繁重的实地采访、文献查阅及长篇创作任务，擅长传记文学创作的作家。创作的总体要求是，必须在尊重史实基础上进行文学艺术创作，力求生动传神，追求本质的真实，塑造出饱满的人物形象，具有引人入胜的故事性和可读性；反对戏说、颠覆和凭空捏造，严禁抄袭；作家对传主要有客观的价值判断和对人物精神概括与提升的独到心得，要有新颖的艺术表现形式；新传水平应当高于已有同一人物的传记作品。

为了保证丛书的高品质，我们聘请了学有专长、卓有成就的史学和文学专家，对书稿的文史真伪、价值取向、人物刻画和文学表现等方面总体把关，并建立了严格的论证机制，从传主的选择、作者的认定、写作大纲论证、书稿专项审定直至编辑、出版等，层层论证把关，力图使丛书经得起时间的检验，从而达到传承中华文明和弘扬杰出文化人物精神之目的。丛书的封面设计，以中国历史长河为概念，取层层历史文化积淀与源远流长的宏大意象，采用各个历史时期最具代表性的文化符号与雅致温润的色条进行表达，意蕴深厚，庄重大气。内文的版式设计也尽可能做到精致、别具美感。

中华民族文化博大精深，这百位文化名人就是杰出代表。他们的灿烂人生就是中华文明历史的缩影；他们的思想智慧、精神气脉深深融入我们民族的血液中，成为代代相袭的中华魂魄。在实现"中国梦"的历史进程中，必定成为我们再出发的精神动力。

感谢关心、支持我们工作的中央有关部门和各级领导及专家们，更要感谢作者们呕心沥血的创作。由于该丛书工程浩大，人数众多，时间绵延较长，疏漏在所难免，期待各界有识之士提出宝贵的建设性意见，我们会努力做得更好。

《中国历史文化名人传》丛书编委会

2013 年 11 月

司马相如

目 录

自序

司马相如一生的追求

感谢司马相如，使我能够加盟《中国历史文化名人传记》丛书。

感谢《中国历史文化名人传记》丛书，使我重新认识司马相如。

在此之前，我创作过《屈原》《李白》《杜甫》《陆游》《成吉思汗》《仓央嘉措心史》等一系列长诗，但以传记文学的形式来描写古代名人，还是第一次。这对我无疑是一次考验。更大的挑战还在于：司马相如是最富有争议的文人之一，我能判断附着在这个形象上的真伪虚实，还原其本来面目吗？况且，司马相如本身就具有多面性（我把他比喻为历史与现实、故事与传说造就的"千面文人"），哪一面才是真正的他？哪一面是被美化或丑化的？我必须有自己对司马相如的独特理解，才可能重塑这一形象，才可能称职地完成这部书。

阅读大量资料之后，定下了书名：《凤凰琴歌》。这是借用司马相如谱写琴歌《凤求凰》追求卓文君的故事，同时是为了纪念我对司马相如的第一印象。我最初正是通过那个美丽的爱情传奇才知道司马相如其人。凤求凰，凤求凰，这是琴歌，更是情歌，同时堪称司马相如一生的"主旋律"：凤兮凤兮归故乡，遨游四海求其凰……

如果只能用一个字来概括司马相如，你会提供怎样的答案？我倒是想好了。这个字最合适：求。凤求凰的求。也是求索的求。屈原用过这个字，属于后者：路漫漫其修远兮，吾将上下而求索。大义凛然。

司马相如受过屈原影响，但其形象比屈原要复杂。同样是求，在策略上，他有直线的求，也有曲线的求，甚至还有以退为进的求。况且求取的目标也更多样。爱情、事业、功名，甚至财富，都是司马相如想要的。

在写此书之前，我先在笔记本上记下一段感想，正与我对司马相如的第一印象相吻合：他追求美人的垂青，就像凤求凰。他追求知音的赞叹，就像凤求凰。他追求华丽的文章，就像凤求凰。他追求帝王的赏识，就像凤求凰。他追求梦见的自己，就像凤求凰。他追求与别人的不一样，就像凤追求远在天边的凰。他是在追梦吗？追得上还是追不上？为什么追着追着，梦就变成了真的？他是在告别故乡吗？走向一个又一个异乡，却无形中拥有更多的故乡。

也许，这就是他了。就是真正的他了。至少，是我所认识的他。

我自以为抓住司马相如精神上的脉络了。一切豁然开朗。司马相如谜一样的形象，从云雾后显露出来。那些不可思议的心态与状态，也可以理解了。那些被自我扭曲或被外界扭曲的线条，逐渐恢复了原样。

说白了，他自始至终都是一个追求者，追求着自己的理想。爱情理想、政治理想、文学理想，是他人生的三要素，他的一生中所有喜怒哀乐、酸甜苦辣，都与此息息相关。有的理想他追求到了，使美梦成真，有的理想却失之交臂。

在司马相如的人生中，对于三大理想，应该说是三局两胜。爱情理想与文学理想，他都堪称赢家。尤其在爱情方面，简直算幸运儿。可最让他牵肠挂肚的政治理想，却似乎一直在捉弄他。从成都到长安，从长安到梁园，又重返长安；从汉景帝到梁孝王，从梁孝王到汉武帝，大起又大落。作为"钦差大臣"出使西南夷，是司马相如仕途的最高峰，其时正值他与汉武帝的"蜜月期",备受重用,大展宏图。就在他准备更上一层楼之时,却发现这只是海市蜃楼:官场上遭人暗算,被诬告有受贿行为,撤职处分。一年后虽被汉武帝重新起用,但分明已伤了元气,境况大不如前,甚至每况愈下。

人们熟悉司马相如的爱情传奇、文学成就,誉之为情圣、赋圣,却很少了解司马相如半途而废的政治生涯。应该说是功败垂成,他肩负汉武帝的重托出使西南夷,而且也出色完成了任务:继张骞开辟通往西域的北丝绸之路之后,又开辟了促进汉王朝与东南亚及西域各国经济文化交流的南丝绸之路。唐宣宗《遣宋涯宣慰安南邕管敕》对司马相如出使西南夷,给予很高评价:"昔司马相如奉汉廷之命,通西南夷路,飞檄晓谕,不劳师征。夜郎、牂牁等,皆生梗之俗,犹能永奉汉法,于今称之。"

历史本该这样写的:北有张骞,南有司马相如,一北一南,两条丝绸之路,成为汉帝国获得更大舞台、登临世界巅峰的一对翅膀。然而,与诸葛亮"出师未捷身先死,长使英雄泪满襟"的虽败犹荣不同,司马相如出师了,而且大捷,却因不适应官场的规则与潜规则,执行汉武帝开发大西南的战略政策过于坚决,身不由己卷入朝廷内外的"路线斗争",触犯了保守势力的利益,被来自后方的暗箭射得滚鞍落马。这已不只是个人的失败,更是洗刷不清的耻辱,而且大大影响了汉武帝对他的任用。司马相如不仅伤心、伤气,而且确实伤筋动骨。如此一来,司马相如为开通南丝绸之路所作的贡献,要么被遮蔽,要么被低估。

司马相如至今留给历史的形象,是正史中的赋圣、野史中的情圣。许多人忽略了他还有第三重角色:"安边功臣""开边功臣"。辐射中华文明的丝绸之路,司马相如是先驱,甚至堪称探路者、开路者。至少,是其中之一吧。

司马相如自己,既不满意于做一个著名的情人,也不满足于做一个优秀的文人,他更想做的是蔺相如那样的政治家、外交家,这是少小替自己改名时就树立的理想。"立德、立功、立言"这三不朽,司马相如都想要,而且最看重的是立功。他周游长安与梁国,乃至出使西南夷,也算遨游四海，无不是为了立功。他写《子虚赋》与《上林赋》，写《谏猎书》与《哀二世赋》，写《喻巴蜀檄》与《难蜀父老》，无不是为了立功。直至病入膏肓仍不死心，临终写《封禅文》，作为留给汉武帝的"遗言"。在其死后八年，终于被采纳了：从元封元年（前110）至汉武帝死前两年，共二十二年间，汉武帝到泰山封禅祭祀八次。

不管是开发南丝绸之路，还是呼唤封禅大典，司马相如都很有先见之明，像是预言家。事后的一切，都证明他具有政治远见与战略眼光。只可惜在其生前，并未得到验证与实现。由于总是"快半拍"（不知该算优点还是缺点），这位观念"超前"的政治家，得到的只是失落：同僚的嫉恨与敌视也就罢了，司马相如只当风吹过耳，最让他受不了的是汉武帝也听信谗言，对自己有了误解和轻视。汉武帝没指望司马相如成为"安边功臣""开边功臣"（这是后人的评价），只把他安放在"文学侍从"的位置，骨子里甚至视之为以插科打诨来为自己消烦解闷的"弄臣"。司马相如想成为"主旋律"，无奈在汉武帝眼中只算"小插曲"。唐人郑亚《太尉卫公会昌一品制集序》称："武帝使司马相如视草，率皆文章之流，以相如非将相器也。"

司马相如被诬陷，一定想到屈原："众女嫉余之蛾眉兮，谣诼谓余以善淫。"只不过他没发那么多牢骚，其实是把牢骚压进心里，故作洒脱，没准儿也更受伤害。他想不开的是汉武帝怎么跟楚怀王一个德行：群臣嫉贤妒能，肆意造谣中伤，你居然也信？而且态度变得这么快：说变脸就变脸，说变心就变心。你的立场这么不坚定，我力挺你的政策真显得自作多情，因之而获罪，就更不值得了。得，今后再不那么傻了。我犯傻，只因为太把你的事业当回事了。

跟大多数文人墨客相比，把宫廷诗人做到了顶级的司马相如，有无限风光的一面。但跟自己出将入相，至少也该是帝王师的理想相比，司马相如又是怀才不遇的。有政治热情，也有政治才华，但在出使西南夷之后，再也没有施展拳脚的机会。过早地退居二线，由"帮忙"变成"帮闲"，心有不甘，也无可奈何。司马相如没像屈原那样被驱逐，汉武帝隔了一年就重新起用他以示补偿，可司马相如还是感觉到汉武帝态度的差异，已暗地里把自己当作逐臣，只不过是在宫廷内流放。司马相如仍然生活在天子脚下，但与汉武帝已貌合神离，从他的《长门赋》《美人赋》，能读出《离骚》的味道。是啊，这个想立功却偏偏被废置的才子，怎么可能一点牢骚没有呢？他只是觉得发牢骚没有用罢了。

路漫漫其修远兮，司马相如和屈原一样苦苦求索，一样磕磕绊绊，一样牢骚满腹。不一样的是，他会拐弯，也知道掉头，说白了就是懂得该妥协时妥协，该放弃时放弃。司马相如的后半生，是一个"弃权"的屈原，一个在内心自我发配的谪臣。迟到、早退、请病假、人云亦云，把什么都不当回事了。在潜意识里已处于怠工、罢工的状态。这是一种于无声处的牢骚，一种以自暴自弃来进行的抗议。

这就是我发现的司马相如，和屈原一样痛苦，只不过宣泄痛苦的方式不同罢了。和屈原一样报国无门，只不过一个在门外流放、一个在门里流放罢了。他的牢骚比屈原要少一点，没准儿脾气更大呢，是一种"闷骚"，是暗地里较劲：既像是跟汉武帝较劲，又像是跟自己较劲。他的命运比屈原要好一点，如果屈原的人生是悲剧，他的人生是善始善终的喜剧，但很难说谁比谁更消极，或谁比谁更积极，很难说谁比谁更乐观，或谁比谁更悲观。他和屈原不一样的地方，是能够放弃，也能够放下，以游戏的态度看待与君王的关系：老子不陪你玩了，老子跟自己玩去了，见人说人话、见鬼说鬼话，谁不会啊？屈原至死都放不下的责任，比沉水时怀抱的石头更重，他是被自己的思想包袱累垮的。

这就是我发现的司马相如，一个痛苦的司马相如，和别人眼里的不大一样，和别人嘴里的不大一样。写出来，我相信这不是虚构，而是还原。我要还原司马相如不为人知的一面，被忽略的一面，其实是被他自己遮蔽了的一面。司马相如的这一面，作为壮志未酬的政治家的这一面，被他作为情圣的那一面以及作为赋圣的那一面，给严严实实地遮蔽了。

有了这种发现，我才有勇气写这部书，也才有兴趣把这部书写完。读到本书的最后一章，你会同意我的看法。与其说是我揭开谜底，不如说是司马相如以"遗书"《封禅文》为自己有时传奇有时荒诞的一生揭开谜底：他还是那个他，他那被外界打压又被自己压抑的政治情怀，好像早已是死火山了（包括在汉武帝眼里），其实一直是活火山。他一直在装傻、装病、装死，临到死期将至，却又活了。一只复活的凤凰。

司马相如其实并未放弃追求。至死都在追求。追求立德、立功、立言。追求不朽。追求不朽中的不朽。

司马相如所追求的荣誉，在唐代达到巅峰。正如祁和晖《苏轼小贬大崇司马相如》所说：汉魏晋唐间，政界学界文界对司马相如其人其文的评价，总体上是肯定其为文家，建功业与不汲汲于富贵、不戚戚于贫贱的个人操守，这是当时历史的主流眼光，纵有文士指其私德瑕疵也属"个别"现象，并且用词都甚理性。到唐代，司马相如成为唐代士人普遍的"异代知音、人生偶像"。唐人"赞相如之才，羡长卿之志"；"羡相如之遇，抒人生之悲"；"叹相如之情，颂风流之事"。"文人得意时，以相如之才自诩；失意时，以相如之志自勉。""唐人普遍推崇相如，批评的言论非常少。"确实，唐人一般都乐于自拟司马相如，亦乐见别人将自己拟为相如。

我对司马相如的发现，并不完全来自直觉，也不全是猜测，更是读了大量资料之后所作的理性判断。

所以，我要感谢读过的大量资料，有一部分列于书末的《主要参考文献》，此外还有很多，来不及逐一鸣谢。

尤其是本书中列举的司马相如辞赋，为便于读者理解，我引用了网络上对这些古文的今译，译者大多佚名。我要感谢这些为推广司马相如作品付出劳动、作出贡献的"无名英雄"：你们用当代的口语，使司马相如在当代读者面前复活了。

站在众人肩上，站在巨人肩上，我才可能对司马相如这位文学巨人，有一点发现，多一点发现。即使司马相如已是"千面文人"，我也要使他再多一面。

除了"纸上考古"，我也实地考察。司马相如一生，有三大支撑点：成都、梁园、长安。我都该去看一看。二〇一五年我重游西安，为了比照今天的上林苑与西汉的上林苑有哪些变化，与司马相如的《上林赋》是否有天壤之别。秦之离宫宜春宫附近，有秦二世墓地，正是司马相如陪伴汉武帝狩猎时路过并当场献上《哀二世赋》的地方。

二〇一六年重游成都，特意在琴台路上走一走，寻找司马相如与卓文君当垆卖酒的店铺遗址。没听见旷古的琴声，但闻到陈年的酒香了。

我还应河南永城市诗歌学会会长柳歌邀请，去商丘参观了司马相如写《如玉赋》《子虚赋》的梁园，以及位于芒砀山保安峰的梁孝王墓。梁孝王让我肃然起敬，因为他舍得用四大名琴之一的"绿绮"，来酬谢司马相如献上的《如玉赋》。导游介绍：梁园，又名梁苑、兔园、睢园、修竹园，俗名竹园，为西汉梁孝王刘武在都城睢阳（今河南省商丘市睢阳区）城内所营建的游赏延宾之所，故址位于今河南省商丘市睢阳区东。

二〇一六年三月，在开封举办的"书香中国、诗意生活"中国诗歌与旅游高峰论坛上，《汴梁晚报》聘请我担任文化顾问。听说我在写《凤凰琴歌——司马相如传》，特意邀我参观另一个梁园——禹王台公园，边走边采访，第二天就整版刊登采访记《以诗之名传承文化——访汴梁晚报文化顾问、著名诗人、作家洪烛》。摘录其中《梦回千年寻找诗意》一段：

"诗是文学的生力军，是思想的启蒙者。"这是著名诗人、作家洪烛三十多年来对诗的理解。这位与诗歌有着不解之缘的诗人三月十五日莅汴，走进千年名园禹王台公园和清明上河园，沿着司马相如、李白、杜甫、高适曾经的足迹寻找诗意，在梦回大宋的荡气回肠中感悟诗歌与旅游焕发出的强大生命力。

在开封期间，洪烛专程来到有着千年名园美誉的禹王台公园，聆听当年司马相如在此吟诗作赋的故事，为自己正在创作的《凤求凰——司马相如传》一书寻找灵感。

禹王台又叫古吹台。相传春秋时期，晋国盲人乐师师旷常在古吹台吹奏古乐。汉代淮阳王刘武被转封为梁王后，曾将古吹台大加修建了一番。大文学家司马相如、枚乘等都是梁孝王的宾客，他们经常在古吹台上吟诗作赋、吹弹歌舞。李白、杜甫、高适曾相聚在此饮酒作诗，留下《梁园吟》等千古名篇。

在诸多文人墨客中，洪烛对司马相如有着特殊情结。他在博客中撰文说，屈原之后，李白之前，中国的文学史还出过司马相如。他们都是引领一个大时代之风范的标志性人物。屈原使楚辞得以和《诗经》共领风骚，李白构成唐诗的巅峰，司马相如同样不简单，是汉赋的奠基者。两汉四百年的赋坛，最引以为骄傲的还是司马相如这面大旗。与屈原、李白相比，司马相如同样写出了足以开宗立派的创新之作，对中国古代文体的演变与发展作出不可或缺的贡献，而且他人生的传奇性也并不逊色。"司马迁《史记》卷八十四《屈原贾生列传》，以贾谊与屈原并列，卷一百一十七则是《司马相如列传》，为一个文人立专传，待遇极高。整部《史记》，专为文学家立的传只有这两篇。司马迁在《司马相如列传》中全文收录了他三篇赋、四篇散文，以致其篇幅相当于《屈原贾生列传》的六倍。可见这个同时代人在太史公心目中的重要地位。"他说。

看到开封丰厚的历史文化遗存，洪烛感慨颇深。他说，开封是文化的富矿，开封的文化宝藏令人羡慕……

梁国初建时期其疆土为魏故地、秦砀郡，仅有二十余城（县），相当于东起今山东东平、西至河南开封、南达河南商丘、北到山东平阴一带的地区。梁孝王刘武时梁国拥有四十多个大县，其疆界南起今安徽太和北，北至古黄河与赵国为邻，西到高阳（今杞县西南），东与泰山郡、鲁国接壤。开封与商丘都在"争"梁园，各自有各自的说法，而且都挺动感情。《开封日报》曾发表刘海永《梁园：文人雅士的乐园》一文：

说起梁园，有人说在商丘，笔者查阅文献，最终发现，称呼开封的最多。特别是在宋元以后，梁园几乎已经成了开封的别称。当年的那个园林十分大，"孝王筑东苑，方三百馀里"，孝王就是梁孝王，北魏郦道元在《水经注》中有"梁孝王始都大梁，以其土地下湿，后迁睢阳"之说。《陈留风俗传》《括地志》《元和郡县志》等典籍也有这样的记载，认为梁园在开封，梁孝王的都城最初就在开封。宋人沈存中《登吹台诗序》曰："繁台，即梁孝王吹台也。"明人刘昌《吹台驻节诗序》称，"城南有吹台，世乃言梁孝王台"，"唐杜甫从李白登吹台，慷慨悲歌，为一时所慕。故后世骚人诗客，以不得至开封、登吹台歌啸为欠事"，就是明证。"宋人《舆地广记》即云：'梁孝王增筑焉。'"李濂对梁园位置做了准确的考证。他在《汴京遗迹志》中说："梁园，在城东南三里许，相传为梁孝王游赏之所……"李濂认为刘武由汴迁睢阳，只是迁都，与开封辖属并无关连。梁孝王筑东苑三百余里，并非三百里内尽为园林，而应是三百里外犹有苑所离宫，这便是梁园。乾隆皇帝南巡的时候经过开封吹台题写一首诗，里面就有"凌晨陟吹台""杜子真豪矣，梁王安在哉"这样的诗句。吹台就是师旷演奏音乐的地方，就是现在开封的古吹台……

同行的《京九晚报》记者班琳丽告诉我：开封人说梁园就是禹王台。商丘有个梁园区，是汉朝梁园故地。不管梁园是在开封还是商丘，都属于中国文学的圣地。

我要说的是，为追寻司马相如的脚印，不管商丘的梁园还是开封的梁园，本着宁信其有、不信其无的态度，我都亲自去采访了。两个梁园都很美，因为来自同一个传说，来自同一个梁孝王，以及同一个司马相如。梁园在哪里，司马相如就在哪里，《子虚赋》就在哪里，当然很重要了。

关于司马相如的出生时间，其实有多种版本。最权威的是《辞源》

《辞海》等工具书的记载："公元前一七九年"（或曰"公元前 179？"），即汉文帝前元元年。

龚克昌、苏瑞隆著《司马相如》（春风文艺出版社 1999 年 1 月第 1版），则不同意，认为若按照此说推演，司马相如引卓文君私奔就得在其三十六岁以后，也太晚婚了，而当时卓文君年方十七岁（源自《西京杂记》说文君"十七而寡"，《史记》说"是时卓王孙有女文君新寡"）。这一对才子佳人年龄差距太大，且不管是否有"代沟"，至少不符合常规的婚姻模式。而据《史记》："相如之临邛，从车骑，雍容闲雅甚都；及饮卓氏，弄琴，文君窃从户窥之，心悦而好之，恐不得当也。"看得出相如其时风度翩翩，风华正茂。况且与文君结婚一年后，还"作《美人赋》欲以自刺"，自喻美人，可见当时绝非年近四十的老男人。龚克昌、苏瑞隆以相如年过弱冠（二十岁）即以赀为郎及没干多久又改投梁孝王门下等轨迹来推断，相如生于公元前一七二年，即汉文帝前元八年。

刘南平、班秀萍著《司马相如考释》（天津古籍出版社 2007 年 7 月第 1 版），还以近乎数学推论的"小心求证"得出司马相如"约生于公元前一六九年"的考证结论。

张大可《论司马相如》（《信阳师范学院学报》哲学社会科学版2012 年第 3 期），认为"司马相如生于公元前一七四年，卒于公元前一一八年，享年五十七岁"。

当然，另有权威性并不亚于第一种权威说法的说法：司马相如"生年不可考"。陶秋英《汉赋之史的研究》（中华书局 1939 年版），即持此说。据说游国恩等、章培恒等、袁行霈等分别主编的多种版本《中国文学史》，均以不同方式或明示或暗示地表达了对"生年不可考"说的认同。

我写这本《凤凰琴歌——司马相如传》，如采纳"生年不可考"的说法，很难清晰展现司马相如一环套一环而又跌宕起伏的人生轨迹。模糊化地写，甚至会显得不太负责任，不利于读者有始有终地完整感受司马相如的一生。比较了前几种有确切年度的说法，我谨慎地选择了第二种：相如生于公元前一七二年，觉得更合情合理。

关于司马相如的出生地，也有多种版本。有人认为司马相如出生地在今四川蓬安县，蓬安县在历史上曾设置过相如县，且存在了九百多年。梁武帝萧衍天监六年（507），分安汉县置相如县。梁武帝好文学，雅爱相如赋，用现在的话来说就是司马相如的超级粉丝，特意设置相如县以纪念自己的偶像。直到明洪武年间裁省，相如县才并入蓬州，即今蓬安县。但最权威的是《史记》，司马迁认定司马相如"蜀郡成都人也"。当然，也还有别的说法：司马相如祖先属于"山东"赵国的贵族，祖父一代于秦灭六国时被强行迁入巴蜀，经关中由古蜀道进入"葭萌"，由"葭萌"沿嘉陵江南下，至今蓬安县濒临嘉陵江的利溪镇地区，经营农商，渐至中产人家。司马相如出生地是蓬安，古属巴郡，约十岁时又迁居蜀郡成都，成都是其成长并成名的地方。如清人王培荀在《听雨楼随笔》中说："人皆以相如为成都人，实今之蓬州人，后迁成都，又居临邛，三处皆有琴台。蓬州，隋之相如县，以相如所居之地而名。明初，乃省入蓬州。其故宅在州南，琴台在宅右，傍嘉陵江。"

"巴蜀"，涵盖的范围甚广，在司马相如的年代至少包括汉中、巴郡、广汉、蜀郡、犍为、牂牁、越嶲、益州、永昌等郡国及其属国，大致相当于今天四川大部和贵州等地。《汉书·地理志》称这里"土地肥美，有江水沃野，山林竹木疏食果实之饶"。一方水土养一方人。从杜沛峰《巴蜀文化地理与司马相如》中摘录一段，便于我们了解司马相如故乡的地理背景与文化背景："巴蜀地处盆地，山势险峻，多大山大水，交通历来不发达。但这里地处西南边陲，很少战乱滋扰，同时商贸、冶炼行业盛行。因此，巴蜀人向来自足自乐，俗不愁苦。这样的山水、地理、历史孕育出了独特的巴蜀文化，且具有鲜明的特点。"

巴蜀地理上的封闭性，形成巴蜀文化的独立性与创造性，但阻挡不住它天然的开放性，北与中原文化相融会，西与秦陇文化交融，南与楚文化相遇，并影响及于滇黔文化，四川盆地因而成为多元文化的聚宝盆。司马相如就是在聚宝盆里长大的。有人综合考察史志、地方志，认为司马氏先世本居中原，后入蜀，移居过古相如县（今南充市蓬安县），而司马相如最终落籍成都。《华阳国志》卷一《巴志》载："巴有将，蜀有相。"巴人剽悍，蜀人智慧。司马相如由巴入蜀，成为巴文化与蜀文化的"混血儿"，他的梦想就是出将入相，以文武全才最充分地实现个人价值。至于他的学识，很明显深受中原和楚地之学影响，尤其对大一统的中原文化充满向往。

司马相如之所以堪称最有争议的文人之一，源自他形象的复杂，也就是多面性。有些是被美化的，有些是被丑化的，以致很难判定哪一面是其本色。跟司马相如相比，屈原、司马迁、李白、杜甫、苏东坡、柳永等，都很纯粹，因而早早地有了定论。唯独司马相如，众说不一，彼此矛盾。譬如前面所列几位大腕里，司马迁对司马相如是敬重的，"特爱其文赋"，"心折长卿之至"，并在《史记》中隆重推出《司马相如列传》。李白对司马相如是羡慕的，《赠张相镐》称自己"十五观奇书，作赋凌相如"，《赠从弟南平太守之遥二首》中，回忆唐玄宗派人迎接自己待诏翰林，以相如自比："汉家天子驰驷马，赤军蜀道迎相如"，《上安州裴长史书》中记载苏颋称自己"天才英丽，下笔不休"，"可以相如比肩也"。杜甫对司马相如同样是推崇的，至少在十一首诗里咏叹过相如，譬如《酬高使君相赠》："草玄吾岂敢，赋或似相如。"到了苏东坡，则充满轻蔑、鄙视："司马相如谄事武帝，开西南夷之隙。及病且死，犹草《封禅书》，此所谓死而不已者耶？"大有将其作为"汉武帝的乏走狗"口诛笔伐之势。

同样的一个人，同样的一件事，为什么在不同人眼里就大不一样呢？这还是源自司马相如性格的丰富，既能昂首挺胸，又可低声下气，既能张扬自我，又可委屈自己，比普通的官吏多一份清高，又比一般的文人多几分弹性，能开能合，能屈能伸。苏东坡生气的，可能正因为司马相如开了文人为交易或妥协而不断降低道德底线的先例。苏东坡自己就是坚守自尊，在官场上吃不开被一贬再贬，四处颠沛流离，却无怨无悔。以其高风亮节的"大风流"，当然有权看轻司马相如风花雪月的"小风流"，视之为骨头缺钙、血液缺铁。

但不要忘了，苏东坡出身比司马相如强多了，初唐大臣苏味道之后，父亲苏洵是大作家，家境优渥，不算"富二代"也是"文二代"，有资本也有资格保持"风流高格调"。司马相如出自平民家庭，出道时为买个小官做，就闹得倾家荡产。后来又父母双亡、家徒四壁，没饿死都算幸运的，对人生、对社会哪敢挑肥拣瘦，不削尖脑袋苦苦钻营，这位穷酸书生哪有出头之日？不找靠山，光靠一己之力，可想而知：永远是底层的垫脚石。不讨好靠山，谁还白白让你依靠、让你借势啊？司马相如开过酒馆，知道笑脸迎客是必须的，知道微笑服务所向无敌。汉武帝在其眼中就是最大的客户，你不低姿态迎合，他还稀罕你吗？换谁不行啊？尤其要记住：这是汉武帝，你一个文人要在他面前觉得自己厉害，他还觉得自己比你厉害呢？屈原在楚怀王面前闹情绪，不是被赶出来了吗？李白在唐玄宗面前耍大牌，不是被"赐金放还"了吗？司马相如如果要让苏东坡满意，那就无法让汉武帝满意。司马相如如果用苏东坡的个性与汉武帝相处，有棱有角，先不提是否可能触怒龙颜，至少，这一单生意没法做了。谁求谁啊？弄不好，还可能在司马迁之前成为"司马迁"——宫刑的牺牲品。

这就是为什么苏东坡对司马相如瞧不起，司马迁倒是敬爱有加、充满理解。苏东坡是站着说话不腰疼，司马迁太知道汉武帝的厉害，因而太知道自己的不容易，知道自己的不容易也就知道司马相如的不容易：他只能这么做、这么活。他不这么做、这么活，还能怎么做、怎么活？不想做了吗？不想活了吗？

司马相如毕竟是想做事的人、爱生活的人，知道怎么更策略一些，把事情做下去、把生活过下去。为了追求到自己所爱的，他不得不学会妥协，接受自己所不爱的。就当为理想所作的牺牲吧。他看得透也就能想得开：把与汉武帝的关系，定位为一项合作、一笔生意，玩得好就玩，玩得不好了，就当作一场游戏，不浪费太多感情。与屈原、司马迁、李白、苏东坡相比，司马相如走进朝廷了，但并没有被赶出来，不算幸运儿，但也没有更多的不幸。直至年老得病辞官，也算全身而退。和屈原不同，司马相如并不在乎汉武帝的误解与疏远，与此同时，他心底里已把汉武帝视为鬼神，敬而远之，乐得有一段安全距离。他不可能像屈原那样，失恋般地伤心。在汉武帝与自己之间，司马相如更爱自己。司马相如的这种自私以及低姿态，其实也算一种高境界。司马迁在伤筋动骨兼伤心之后，才算活明白了，才明白司马相如为什么要那么做、那么活。对汉武帝，别太认真了。你想对得起他，就对不起自己了。

苏东坡，我所爱也；司马相如，亦我所爱也。由于苏东坡对司马相如公开表示过蔑视（其实代表了许多人的看法），我也想借这本书，替司马相如，用"弱弱的声音"辩护一下。理解万岁。不管是对古人还是今人，理解既是一种穿越，也是一种超越。尤其是对探路、带路意义上的先驱、前辈，要理解他或他身上的历史局限性，以及人无完人，那么他们的优点、优势就能得到体现，对后来者产生更多的滋养。

需要说明的是，苏东坡还是说过司马相如的好话，在《远游庵铭并叙》中，将司马相如与屈原相提并论："昔司马相如有言，列仙之儒，居山泽间，形容甚臞，意其鄙之。乃取屈原《远游》，作《大人赋》。其言宏妙，不遣而放。"苏东坡借意屈原的《远游》和司马相如的《大人赋》，为吴子野归南所隐居的庵堂取名"远游庵"，捎带着点赞相如赋"其言宏妙"。苏东坡为远游庵题铭："问道于屈原，借车于相如。"

这不失为重振文明旗鼓的一大创意。

借用司马相如的辞赋为交通工具，重走相如走过的路，就能穿越时空隧道，回溯到中国文学的老祖宗屈原那里。那是我们精神上的老家，有一座照耀古今的灯塔。搭乘相如的顺风车，向屈原问路，就不会迷失方向，而且能走得既深又远。相如的车，是为了载人的，更是为了载道的。司马相如的艺术性，与屈原的思想性相搭配，就更完美了。

第一章

追梦：成都、长安、梁园

一、从升仙桥到剑门关

巴山蜀水，孕育过无数的传奇，也曾经是风流才子司马相如的人生摇篮。大约公元前一七二年，司马相如在这个多雾且多情的盆地里出生。

借助司马迁的千里眼，我们看见了胸怀远大理想的少年司马相如："司马相如者，蜀郡成都人也，字长卿。少时好读书，学击剑，故其亲名之曰犬子。相如既学，慕蔺相如之为人，更名相如。"父母随口叫的爱称"犬子"，用今天的话来说相当于"狗儿"或"狗子"，司马相如却听不下去，毅然决然给自己改名"相如"，以及取字"长卿"。因为这时候他已学会剑术并且读了许多书，书里那些英雄人物，最让他热血沸腾的就是战国时赵国的蔺相如。他忍不住以蔺相如的名字为自己的名字，以示仰慕。他取字"长卿"也与蔺相如相关："以相如功大，拜为上卿，位在廉颇之右。"在那个时代，在偏僻的巴山蜀水之间，一位少年就无师自通地懂得用这种方式表明自己的志向，真了不起。

父亲虽然没给他起一个好名字，却给他讲过蔺相如的故事："那是咱们祖先故地战国时赵国的大英雄。完璧归赵与负荆请罪这两个成语，都跟蔺相如有关。"正因为听了这个好故事，他才自己给自己取了个好名字。

司马相如最难忘的，是完璧归赵那一段。

赵惠文王十六年（前283），赵国将军廉颇率领赵军征讨齐国，大获全胜，晋升为上卿。蔺相如，赵国的宦官首领缪贤家的门客。赵惠文王得到楚人的和氏璧，秦昭王听说此事，派人给赵王送来书信，表示愿意用十五座城池交换和氏璧。赵王同大将军廉颇等人商量：如果把宝玉给了秦国，秦昭王可能会食言，拒绝交付城邑；如果不给，又怕秦国来攻打。尚未找到合适的解决办法，寻找一个愿意去秦国回复的使者，也无人应承。宦官令缪贤推荐："我的门客蔺相如可以出使。"赵王问："你怎么知道他可以出使？"缪贤回答："微臣曾犯过罪，私下打算逃亡到燕国去，门客相如劝阻我不要去，问我说：'您怎么了解燕王呢？'我对他说：'我曾随从大王在国境上与燕王会见，燕王私下握住我的手，说情愿交个朋友。因此了解他，所以打算投奔燕王。'相如说：'赵国强，燕国弱，您受宠于赵王，所以燕王想与您结交。现在您是从赵国逃亡到燕国去，燕国惧怕赵国，这种形势下燕王必定不敢收留您，而且还会把您捆绑起来送回赵国。您不如脱掉上衣，露出肩背，伏在斧刃之下请求治罪，这样也许侥幸能被赦免。'臣听从他的意见，大王果然开恩赦免了为臣。为臣觉得此人是个勇士，还有智谋，应该可以出使。"赵王立即召见蔺相如："秦王用十五座城池请求交换我的和氏璧，能不能给他？"相如说："秦国强，赵国弱，不能不答应。"赵王说："得了我的宝璧，不给我城邑，怎么办？"相如说："秦国请求用城换璧，赵国如不答应，赵国理亏；赵国给了璧而秦国不给赵国城邑，秦国理亏。两相比较，宁可答应，让秦国承担理亏的责任。"赵王说："谁可前往？"相如说："大王如果无人可派，臣愿捧护玉璧前往出使。城邑归属赵国了，就把玉璧留给秦国；城邑不能归赵国，我保证把和氏璧完好地带回赵国。"赵王于是派遣蔺相如携和氏璧入秦。秦王坐在章台上接见蔺相如，相如捧璧呈献。秦王很开心，把玉璧给姬妾和群臣传看，皆高呼万岁。相如看出秦王毫无用城邑抵偿赵国的意思，走上前去："璧上有个小斑点，让我指给大王看。"秦王把璧交给他，相如手持玉璧退后几步靠在柱子上，怒发冲冠："大王想得到宝璧，派人送信给赵王，赵王召集全体大臣商议，大家都认为秦国倚仗自身强大，想用空话骗取玉璧。商议的结果是不拿玉璧与秦国交换。但我认为平民百姓之间交往尚且互相有诚信，何况大国之间呢！不应该为一块玉的缘故让秦国不高兴。于是赵王斋戒五日，派我捧着玉璧，在殿堂上恭敬地拜送国书。这是尊重大国的威望以示敬意。如今我来到贵国，大王却在一般的台观上接见，礼节十分傲慢；得到玉璧后，给姬妾们传看，这是在戏弄我啊。我观察大王没有给赵王十五城的诚意，所以我又取回原物。大王如果逼我，我的头颅就同玉璧一起在柱子上撞碎！"相如手持玉璧，斜视庭柱，就要向庭柱上撞去。秦王怕他把玉璧撞碎，连忙道歉，请求他不要如此，并召来有司查看地图，指明从某地到某地的十五座城邑都给赵国。相如看出秦王是在欺诈，假装承诺，实际上赵国根本不可能得到城邑，就对秦王说："和氏璧是天下公认的宝物，赵王惧怕贵国，不敢不奉献出来。赵王送璧之前，斋戒了五天，如今大王也该斋戒五天，在殿堂上安排九宾大典，我才敢献上宝物。"秦王估量难以强力夺取，于是答应斋戒五天，把相如安置在国宾馆。相如估计秦王虽然答应斋戒，必定背约不给城邑，便派随从穿上粗麻布衣服，怀中藏好玉璧，从小路逃出，把玉璧送回赵国。秦王斋戒五天，在殿堂上安排九宾大典，宴请赵国使者蔺相如。相如来到后，对秦王说："秦国自穆公以来二十余位君主，没有一个能切实遵守信约。我实在害怕被大王欺骗而对不起赵王，已派人带着玉璧从小路回到赵国了。秦国强大，赵国弱小，大王派遣一位使臣到赵国，赵国立即就把璧送来。如今凭着秦国的强大，先把十五座城邑割让给赵国，赵国哪里敢留下玉璧而得罪强秦？我知道欺骗大王应该被诛杀，我愿意接受汤镬之刑，只希望大王和各位大臣从长计议此事！"秦王和群臣面面相觑。侍从要拉相如去受刑，秦王说："杀了相如，也得不到玉璧，反而破坏了秦赵两国交情，不如好好款待，放他回赵国，赵王难道会为了一块玉璧而欺骗秦国吗?！"最终还是让他归国。

小小少年司马相如，听完故事后跟父亲说："蔺相如德才兼备，出使诸侯国，能不辱使命，超过了一般的将才与帅才，属于奇才。"

父亲文化程度不高，没听明白，好奇地问："廉颇给司马相如负荆请罪，又叫将相和，应该一个是将才，一个是相才。怎么叫奇才？奇才什么意思？"

司马相如说出的是自己独特的理解："蔺相如并非一般的将相可比。奇才，就是能创造奇迹的人才。相当于天才。"

日后大名鼎鼎的司马相如，在少年时就把父母给起的名字改为相如，是为了向蔺相如致敬。蔺相如不仅是仕途上的成功人士，更是因智勇双全，与强敌相拼也照样能获胜的完美英雄。这，才是司马相如最想走的路，一条披荆斩棘却如履平地的金光大道。他还那么小，就这样自己替自己选择了。他不仅好读书，而且学击剑，也是为了文武双全，有最大的能力，最大限度地实现自身的价值。

司马相如庆幸自己与战国时赵国有特殊关系，那是蔺相如的祖国，也是自己的老家。战国以来和蔺相如一样德才兼备的英雄豪杰很多，如乐毅、鲁仲连、管仲、晏婴等，司马相如独"慕蔺相如为人"，正是出于对赵故国的怀念、对祖先作为"山东迁虏"的纪念。博览群书，使这个正在搜索人生目标的孩子，找到了自己的根、自己的偶像。他身在巴蜀，心在燕赵（那个多慷慨悲歌的地方），因而不满足于盆地的狭小与自闭，无比地向往海阔天空的中原。他认定自己天生就属于那样的大舞台、大战场。当然，在司马相如的心目中，中原这个概念已被长安取代。得中原者得天下，已变成得长安者得天下。

西汉时成都之于长安，犹如后来法兰西的外省之于巴黎，司马相如要想成为蔺相如那样的大人物，首先得当一回"于连"（十九世纪法国司汤达《红与黑》里的主人公），由边缘化的外地削尖脑袋挤进首都，才可能要么一步登天，要么一级级台阶爬上上流社会。

司马相如不安于以安逸著称的天府之国，做着顶级梦想，渴望进入帝国的核心层，在这方面他不仅表演了蔺相如的"超级模仿秀"，也算是各种各样"于连"的先驱。"于连"由社会底层想进入上流社会，被人们形容为野心勃勃，因为其不择手段，而且最终失败了，爬得越高，跌得越重。而司马相如的则是雄心，因为他身怀绝技，凭本事吃饭，更重要的是他后来不仅如愿以偿，而且一直立于不败之地。胜则为王败则寇，胜则为雄心败则为野心，可见不管哪个国家哪个时代都是以成败论英雄。司马相如后来琴挑富家女卓文君而"脱贫"，与"于连"钻营进巴黎的沙龙勾搭贵妇人往上爬，有异曲同工之处，都属于走投无路不得不借力、借势，但同样还是来自成功学的裁判：前者是正道，无伤大雅，后者则是歪门邪道了。唉，平民子弟要想在上流社会登堂入室，容易吗？成功率能有万分之一就算不错的国度了。司马相如，把握住了这万分之一的概率。

只是，这跟他迈出的第一步分不开。

成都北门高笋塘外百米的沙河上，有一座升仙桥，相传为秦朝李冰所建。所谓的升仙水，也就是今天的沙河，是都江堰水系的一部分，因流经凤凰山，秦汉时称为凤凰水。河道弯曲，两岸竹林和桃林交相辉映。

司马相如从小就喜欢在升仙桥上眺望四野。因为听过一个让人想入非非的遥远传说：有个名叫张伯子的道人，马不停蹄云游四方，唯独见到这处宛若仙境的人间美景，流连忘返，就选中一处堤岸，骑着如影随形的赤纹虎腾空而起，羽化登仙。路人目睹这一升天成仙的场面，都焚香遥拜。凤凰水也就被改名为升仙水。还在张伯子升仙处，架起一座桥，叫作升仙桥。

还有人说，何仙姑起初升仙的地点，也是古佛寺旁边的这座小桥。升仙桥又叫仙人桥。有民谣流传："仙人桥上走一走，大病小病都没有；仙人桥上稍停留，升官发财不用愁。"

升仙桥的传说，不久又被另一个传说给刷新了。东晋《华阳国志》讲述："蜀郡城北十里有升仙桥，有送客桥，汉代司马相如初入长安，题其门曰'不乘高车驷马，不过汝下'也。"升仙桥改叫驷马桥，跟司马相如有关。往北过桥有个三岔路口,直行便是驷马桥街,右拐则叫驷马桥路。这里至今仍是自成都北上的必经之地。

司马相如穿过升仙桥出门远行,在桥头发过誓,意思是不乘四匹高头大马拉的官车,就不再从此桥过。一番豪言壮语,把一腔豪情壮志挥洒于世间,掷地有声,不留任何余地,令过往宾客由衷感叹。升仙桥改名为驷马桥,还有另一层含义:君子一言,驷马难追。

驷马桥旁,有楼台之类建筑,叫送客观。送的客人是谁?自然是司马相如了,司马相如是驷马桥最著名的过客。原先留有司马相如笔迹的木桥已不复存在,改建成石桥。可那个少年背井离乡投奔远大前程时的仰天长啸,仿佛仍在驷马桥头乃至整个成都的上空回荡。

唐代诗人岑参为此写下《升仙桥》一诗:"长桥题柱去,犹是未达时。及乘驷马车,却从桥上归。名共东流水,滔滔无尽期。"好男儿志在四方,好男儿就要勇于离开故乡,在大地上画一个圈,为了圆一个梦:衣锦还乡。这并不是对故乡的嫌弃或背叛,而是为了更好地给故乡增光。升仙桥啊,你可能并不记得出走的少年叫什么名字,等他回来吧,就知道他是谁了。他的名字将使你的名字被更多的人知晓。

司马相如从成都升仙桥出走,要去哪里呢?毫无疑问,是投奔京师长安。那是在这个世界上最吸引他的地方。虽然是第一次出远门,可他冥冥之中有一种预感:自己是属于长安的。

汉景帝前元五年(前152),司马相如年满二十,按律法"傅籍",在户口登记中登记名字,标志着已经成年,可以行使、履行各项权利义务。根据朝廷规定,家产五百万钱以上的,可以做郎官,即加入皇帝的近卫军,职责是"掌守门户,出充车骑"。但还有个条件,得自备车马服饰,自费前往帝都长安,等待政府录用。

司马相如符合这一系列条件,自然跃跃欲试。他的家庭虽不算大富大贵,但还是愿意掏钱送他去跳龙门,这应该算比较划得来的投资。但司马相如可能低估了走蜀道入京乃至进京后走仕途的消费,八年之后当他无功而返,"家徒四壁立",可见为当官快要倾家荡产。后来如果不是靠老同学临邛县令王吉帮忙娶了豪门千金卓文君,至少在经济上他就很难翻身。

司马相如从升仙桥打马而去时，还意识不到未来的艰辛。蜀道之难难于上青天，比蜀道更难的是仕途。可这些，在目前还难不倒他。他一心只想着扶摇直上，只想着一步登天。

那肯定是一个早晨。为了赶路（这是一条太漫长的路），司马相如早早地出发了，升仙桥上还没有行人，只有霜迹。天还没亮，整座城市还在沉睡，只有一个人提前醒了，踏上自己给自己规划的旅程。从今天起，他就不再是原先那个他了，而是一个真正的寻梦者。是寻梦，而不只是做梦。他寻找的梦在远方，和这座城市里所有人做着的梦都不同。

这是司马相如一个人的远征，却就此拉开一个华丽的序幕。

这个听了蔺相如的故事而给自己改名字的人，也有了自己的故事。从此，他成为别人的故事。别人不仅爱听、爱讲他的故事，还会给他走过的升仙桥改名字，改叫驷马桥。

唐代擅长写咏史、怀古诗的汪遵，以《升仙桥》为题，一写就是两首。其一："题桥贵欲露先诚，此日人皆笑率情。应讶临邛沽酒客，逢时还作汉公卿。"其二："汉朝卿相尽风云，司马题桥众又闻。何事不如杨得意，解搜贤哲荐明君。"唐代戴叔伦，借司马相如的驷马桥来演绎希望与失望的关系："万里江南一布衣，早将佳句动京畿。徒闻子敬遗琴在，不见相如驷马归。"

杜甫不仅歌咏过司马相如的琴台，对其出道之初的升仙桥，也未忽略。他多次提及，可谓念念不忘。《投赠哥舒开府翰二十韵》里，有司马相如的影子："壮节初题柱，生涯独转蓬。"《水宿遣兴奉呈群公》："赠粟囷应指，登桥柱必题。"《陪李七司马皂江上观造竹桥即日成往来之人免冬寒入水聊题短作简李公二首之一》："顾我老非题柱客，知君才是济川功。"

老杜写了，小杜也不放过。杜牧《寄湘中友人》，没忘记司马相如的壮志凌云："莫恋醉乡迷酒杯，流年长怕少年催。西陵水阔鱼难到，南国路遥书未回。匹马计程愁日尽，一蝉何事引秋来。相如已定题桥志，江上无由梦钓台。"

光是唐诗里，提及司马题柱或司马题桥的，就举不胜举。司马题柱或司马题桥，经过那么多诗人的宣传，成为极其经典的励志故事，喻指立志求取功名富贵。元代郑光祖《倩女离魂》一折："厮随着，司马题桥，也不指望驷马高车显荣耀。"关汉卿更是根据历史传说，专门写了一出杂剧《升仙桥相如题柱》，广泛上演，使官方文人司马相如的名字与形象，飞入寻常百姓家。

清代有个叫李代亨的，为此桥题写了一首《司马题桥》："岂受王孙耻，登云自有梯。长安凭一往，桥柱此曾题。酒肆琴台别，书囊剑匣携。雄心期驷马，壮志吐虹霓。濯锦人应饯，生花笔暂提。墨痕春水外，鞭影夕阳西。献赋才何逸，还乡路不迷。升仙留胜迹，词客认红泥。"如果说司马相如确实登上了青云梯，他是从升仙桥迈出第一步，跨上第一级。

一九五〇年修成渝铁路，填平古河道，拆了老驷马桥，改建到现在的位置。可司马相如的故事依旧流传。二十世纪七十年代新修了驷马桥。当然，这是后话。

司马相如放弃了成都的安逸生活，踏上蜀道。蜀道指蜀人公元前四世纪修筑通往南郑（今陕西汉中）的石牛道，又名金牛道。也叫剑阁道，因剑山峭壁间栈（古称阁）道而得名，泛指成都经剑阁至汉中间通道。

从成都到长安古金牛道中，长达千里之遥，第一站是川北山区的梓潼，有并排的五座山峰迎接。传说秦惠文王把五个公主嫁给蜀王，五丁力士受委派去迎接，发现巨蟒于山洞中熟睡，便猛拉露在洞外的蛇尾，结果整座大山崩溃了。被压死的五位勇士和五位公主，埋在五座坟茔里。司马相如边走边想：如果蜀道真是这么凿通的，倒是极其浪漫。他向五丁山挥手致敬，希望能借得一些力气。

梓潼有全国唯一以司马相如命名的"长卿山"，是唐明皇幸蜀时赐名，纪念这位古人曾登山赏景，于山洞中留宿并夜读。今仍存"读书岩"。在旅途歇脚时，仍然捧书细读，甚至抱书而眠，司马相如真用功啊，就像进京赶考。他期待着能如鲤鱼跳龙门，可这是远离家人孤身前往，在长安又无亲朋，前途一片渺茫，也只有书是自己的伙伴，也只有书能给自己带来力量。书就是他的护身符，就是他的长铗，虽然今天食无鱼出无车，只能穿着芒鞋步行，风餐露宿，饿了也就啃几口干粮，但他相信书会带来好运，在彼岸一样的长安城，帮助自己过上锦衣玉食的好日子。眺望明天，心花怒放，今天受的这点苦又算什么呢？

再往北就是剑门关。当年秦惠文王由此攻破蜀国。而今这位叫司马相如的巴蜀才子，一意孤行，要出关冲到秦惠文王原先的地盘上去。

这是一条文学的蜀道，司马相如的身影与脚印，对后来者影响深远，相当于起到铺路搭桥的作用。在司马相如之后，各个时代由巴山蜀水走出来的文化英雄，有一系列。这块风水宝地又是文化摇篮，而司马相如绝对是最早成长起来的先行者。

凭借少年之勇，司马相如两袖清风行走在文学的蜀道上，既清贫又富有，既孤独又不孤独，虽然前无古人，但后有来者。他初次出蜀时尚是无名者、无产者，也是无畏者，可怎么也想不到，自己会成为后人仰望并追赶的先贤。不，从他题写在升仙桥的豪言壮语来看，他早就有这种预感了，已做好这样的准备了："不乘高车驷马，不过汝下。"这更是一种破釜沉舟的决心。除非如愿以偿，否则绝不回头。

司马相如一个人的蜀道，就是从升仙桥开始算起的。那是他的起点。

从升仙桥到剑门关，相当于从平原到山区，地势起伏，渐入险境，崇山峻岭扑面而来，就像神秘莫测的未来敞开大门。这是鬼斧神工的城门，更是刀枪剑戟般锋芒毕露的群山组成的天险，考验着一位书生的勇气，看他是否真的愿意放弃安逸，从刀光剑影或电闪雷鸣中穿过，踏上自己选择的一条未知之路。对于习惯了盆地生活的少年司马相如，环绕的群山是一大障碍，也是一种诱惑，他不满足于坐井观天，相信山那边海阔天空，外面的世界是一个更大的世界，那才是真正的大千世界。剑门关，剑门关，这名字就有一股杀气，让人想到战场、刑场或断头台，经过城门洞时，迎面袭来的山风堪称最凛冽的穿堂风，司马相如不由得打了个冷战。但他已没有退路了，一咬牙，头也不回地闯过剑门关。不管前面是枪林弹雨还是荣华富贵，就这么着了，他豁出去，把身家性命押上去了。就当豪赌一把。

这与其说出于无奈，不如说出于自信：要知道司马相如正处于扬眉剑出鞘的青春年华，即使预感到外部世界无比凶险，但相信自己是这块料，正好用来初试锋芒。

在封闭的盆地生老病死是无意义的，司马相如不怕挑战，怕的是没有机遇。在闯过剑门关那一瞬间，和后来许多进京赶考的书生心态不同，司马相如更像个冒险家。外面的世界很惊险也很精彩，那才是冒险家的乐园。

剑门关，司马相如命运的第一道关，他一低头就冲过去了，成为一个左手持书、右手仗剑的游子。

闯过剑门关，就把故乡与异乡打通了，长安就不远了，皇帝就不远了，司马相如理想中的锦绣前程，近在眼前。

二、追梦到长安

用了一个多月，司马相如沿着悬崖峭壁上的天梯与栈道，翻越秦岭，终于如愿以偿走在长安的大街上。

长安城就像帝国版图上一块巨大的磁铁，吸引着铁屑般纷至沓来的追梦者。司马相如就是其中之一。他相当于先行者了。中国历代文人，几乎都渴望投身于当朝之文化中心，大展宏图，或者说白了就是由乌鸦摇身变作凤凰。司马相如最终还真成了天子脚下的一只金凤凰，虽非楚狂人，但作为巴蜀才子，一样能"凤歌笑孔丘"（李白诗句），只是他唱的"凤歌"是很"官方"的，与汉帝国的逼人皇气相匹配。当然，在他崭露头角、引吭高歌之前，也经历几番曲折，甚至被厄运整治得跟落汤鸡似的。可一旦时来运转，他总能重整旗鼓，扶摇直上。与生前失意乃至失败的屈原相比，司马相如毕竟算是得以善终的，直至生命终点仍然堪称"成功人士"，因而羡慕者多，仿效者众。

到了唐朝，李白也是重走司马相如走过的蜀道，二进长安。第一次时还写下《南陵别儿童入京》："仰天大笑出门去，我辈岂是蓬蒿人。"这是李白最著名的一幅自画像。美髯飘飘的李白，扬眉吐气地告别儿女与乡亲，准备到长安见皇帝去了。忍辱负重这么多年，还不就为等到这一天吗？这一天说来就来了。可见李白热爱的并不是江湖而是庙堂，时刻准备着，能够像鲤鱼跳龙门。

离我们不远的例子还有：一九二二年，自称乡下人的沈从文第一次来北京，挟着铺盖在前门车站下火车，对眼前豁然敞开的这座古老城市表达了铮铮誓言："北京，我是来征服你的。"这句话传诵一时。好像很新鲜，其实是从古至今一代代文人心声的回音。从此，沈从文这个名字便与湘西风景如画、民俗淳朴的边城作永远的告别，而进入了北京城的记忆。

司马相如，正是从边城来到帝都的。我估计他一方面为帝都的雍容华贵所震慑，一方面并不甘心于自身的渺小，跃跃欲试地激发出类似的念头："长安，我是来征服你的。"

然而也是在这里，司马相如第一次体会到梦想与现实的落差。

长安城并没有拒绝远道而来的司马相如，还是给了他一个不能说不风光的位置：被任命为俸禄三百石的"郎"，不久又晋升为汉景帝的"武骑常侍"，俸禄六百石。职责是守卫皇宫门户，乘车骑马护卫銮舆。

有人猜测司马相如为郎肯定有贵人相助：郎官是皇帝的警卫队，职责是"掌守门户，出充车骑"，没有定额，可多至数千人，郎官不是随便谁都可以担任的，它是行政官僚的一个后备队，在朝廷充当九卿下属，下放地方则立马可担任县令（县长），如果被皇帝看中，还可以破格提拔为将相。所以，郎官是青年才俊向往的仕进阶梯，只有二千石高官子弟或皇帝身边的近臣子弟才有资格直接为郎。地方才俊，由郡守推荐按地区分配的名额入选为郎。边郡青年才俊多以骑射为郎，如飞将军李广就以骑射为郎，内地则"以赀为郎"。

司马相如是蜀郡才俊，当是由蜀郡太守文翁推荐为郎的。文翁，不是一般人，名列《汉书·循吏传》第一："文帝末"即为蜀守，他又是中国历史上第一个开办地方官学的人，时在景帝之初，比汉武帝建元五年（前 136）置博士弟子、开办京师太学早二十年。文翁重视教育，不仅使蜀文化腾飞，而且影响及于巴郡、汉中郡，受到景帝嘉奖，至汉武帝则在全国推行地方郡学，以文翁为之始。文翁终于蜀，吏民为立祠堂，岁时祭祀不绝。至今巴蜀好文雅，文翁之化也……

传说中推荐司马相如去长安当官的文翁，是继李冰之后为四川的发展作出了重大贡献的封疆大吏，其主要政绩除了维修、扩建都江堰之外，就是修学官于成都市中，大力兴办学校（现在成都名校石室中学就是在文翁办学的遗址上建立、发展起来的），招下属各县子弟为学官弟子，发展教育，提高人民的文化素质，改变蜀中的社会风气。文翁尤其重视对各级官员的培训和考察，曾选派蜀中聪敏好学的张叔等十八人赴京师进太学学习，既学五经，也学法律，学成归来后，被文翁任命担任各种官职，干得最好的官至郡守刺史。

文翁化蜀与司马相如成名几乎发生在同一时段，又似乎有因果关系：司马相如的成功，怎么看怎么有文翁化蜀的影响，甚至堪称其最大的成果之一。文翁作为司马相如所在蜀郡的父母官，又是改革派的教育家，发掘人才、爱护人才既是其职责，更已成其本能。他是第一个慧眼识英雄、发现司马相如潜质的人，也正是他，把尚且暗淡无光的司马相如扶上战马，使之凌空一跃奔向辉煌的前程。

文翁办学，一大举措就是派遣蜀中青年十余人去京师学习儒家经典，司马相如是这群幸运儿之一。司马相如，"文翁教蜀第一批高材生中最优秀的一个"，正是借蜀守文翁派遣之东风，东受七经，还教吏民，开蜀学风气之先，使蜀学比肩于齐鲁。

司马相如被蜀郡公派去长安"留学"（相当于读大学），走过成都的升仙桥时才会有那样的底气，发出铮铮誓言："不乘高车驷马，不过汝下。"那时他眼中只有诗与远方。而恩师文翁已把他送上一条金光大道，直通长安。

司马相如学业完成后没有还乡，而是准备扎根长安：捐资入仕，"以赀为郎"，随即又做了景帝的武骑常侍。这一切，全亏文翁最初的铺路搭桥。否则一个无名青年很难进入朝廷的视野。

但我仍然觉得，司马相如初出巴蜀投奔长安，与其说可能源自文翁的推荐，不如说是被自身的梦想所驱动。这才是确定无疑的。长安既是帝国的政治中心，又是文化中心，巴蜀与之相比，就像是荒郊野村，许多方面尚处于未开发或半开化状态，顶多算江湖。司马相如想成为长江，就必须流进大海。他行走在蜀道，就是为了寻找自己的入海口。当他远远看见长安的城门，相信由此进入就能打开另一片天地。

长安有什么啊？有皇帝。是别处所没有的。司马相如不满足于只被郡县的长官赏识，他有更大的目标：要让皇帝知道自己是谁。用现在的话来说，司马相如一开始就决意走"上层路线"，甚至是"最上层路线"。蜀道虽难，在天地之间弯弯绕绕，对于司马相如却相当于最大的捷径。

事实证明，蜀道无情又有情，确实把司马相如带到了最想去的地方，见到了最想见的人。但是否能就此过上最想过的生活，还得打一个问号。

司马相如一生被两位皇帝录用过，一位是汉景帝，一位是后来的汉武帝。

汉武帝带给司马相如的影响太大，这一对著名的君臣经常被后人谈论，人们反而忽略了最初是汉景帝对司马相如敞开宫廷的大门，改变了一介书生的命运：由江湖之远而晋升为庙堂之高。其实，这个景帝并不简单，使汉朝真正崛起的"文景之治"，被誉为中国历史上的经济文化发展水平极高的盛世，为后来汉武帝征伐匈奴奠定了坚实的物质基础。汉武帝正是站在巨人的肩膀上，才使汉朝实现了腾飞。只是跟好大喜功的武帝相比，景帝低调得多，并且这未影响他的务实且有效。据说到景帝后期，国家的粮仓全部装满，由于粮食陈陈相因，致腐烂而不可食，府库里大量铜钱多年不用，以至于穿钱的绳子烂了，散钱多得无法计算。

日日常伴君王侧，别人高兴还来不及呢，司马相如却闷闷不乐。他是因剑术超群而被选为武官的，而他自己更看重的文采却未得到景帝赏识。

其实，这也不能怪景帝看走了眼。景帝天生就不是文艺爱好者，对司马相如最拿手的辞赋之类根本就没兴趣，他整天关心的是如何可以国富民强，抓经济，促生产，提高硬实力。至于软实力，一时半会儿还顾不上。在这种不喊口号只图实干的"领导"面前，司马相如一类渴望以笔墨指点江山的文人，反而觉得无用武之地。你忽悠不了景帝。景帝也不需要你替他忽悠别人。

《史记·索隐》对"武骑常侍"的解释，听上去还比较威风，"秩六百石，常侍从格猛兽"，是皇帝的随从兼角斗士。但汉景帝的随从并不全是角斗士，也有充当仪仗队员之类的人。据考证，司马相如就是仪仗队的一名队员，而且他的具体工作不是手执大刀、金瓜之类的兵器充作前导，而是执"虎子"后行。什么是"虎子"？可不能望文生义，以为是老虎的崽子：小老虎。不是的。所谓"虎子"，其实是皇帝的玉便壶，因其表面彩绘猛虎图案，故有此雅号。

司马相如一点也不喜欢这份工作，骨子里的清高甚至使他觉得揽了个委屈的活儿。但这毕竟是家中父母花尽积蓄才为自己换来的工作，相当于全家豪赌了一把，如果未来能升迁自然算赚了，可要是现在就弃职不干，于情于理都说不过去。

为了避免让老家的亲友失望，司马相如写信时总报喜不报忧，说自己在长安一切都好：是的，长安很好，我也很好。

司马相如作为"武骑常侍"，参加了景帝的几次出巡，排在队伍的后面。他不仅没体会到啥荣誉感，反而下意识地低着头，怕被人认出似的。其实在长安城里哪有啥熟人啊，分明是过不了心理这道关：司马相如知道自己是谁，不是谁。手捧的"虎子"，似乎有千斤重，压低了他的头，压弯了他的腰。

司马相如来到天子脚下，最起码该干个文秘什么的才专业对口，却由脑力劳动者变成体力劳动者。为皇上捧便壶，顶多也就相当于勤务员，比沏茶倒水的宫女又强到哪里？文人的自尊心也受不了啊，能不视为侮辱就算有涵养了。

加上景帝从没正眼看他，视之为千军阵中的普通一兵，司马相如自己知道升官无望，熬也熬不到捧砚台、伺候笔墨的角色。就这样下去，别梦想当蔺相如了，充其量也就评个劳动模范。怎么能让理想变成泡影呢？可就是这么一份工作，也是花了家里的钱找的，如果轻易不干了，不就让以前的花费全打水漂了吗？打掉牙也只能往肚子里咽呀。谁让自己一开始高兴得太早了？

这就是长安给司马相如的第一个教训：你以为你是谁啊？谁到了这里都得先当孙子。你期望越大，失望也就越大。还别不知足，能待下来对许多人都算是福气了。

这头一份差使，使司马相如以切身体会理解了春秋战国时期某些不得志的门客："长铗归去兮，食无鱼，出无车。"可他连弹铗而歌的勇气都没有。归，往哪里去？总不能白来一场吧。那也太对不起父母的投资、文翁的举荐。更对不起自己。自己过升仙桥时不是立誓不发达不回头、不衣锦不还乡吗？怎么能这么快就打自己嘴巴呢。

得，还是先走着瞧吧，就当骑驴找马。

三、好客的梁孝王

所学非所用，司马相如不满足于仅仅在天子脚下做一个职业武士，可是与周围的人又找不到什么共同语言，因而没干满一年，就以生病为借口辞职了。"武骑常侍"这个官位，对于别人是宝贝，对于司马相如却近似于鸡肋，弃之固然可惜，啃起来却实在没啥滋味。

司马相如最终敢于破釜沉舟地挂冠而去，还有一个重要原因，即遇见了求贤若渴且是辞赋发烧友的梁孝王。司马相如的人生遇上了一条岔道，可这条岔道似乎比主干道更有前景，更像是金光大道。于是他没有太多犹豫，就经不住诱惑拐弯了。

《史记·司马相如列传》记载："（司马相如）以赀为郎，事孝景帝，为武骑常侍，非其好也。会景帝不好辞赋，是时梁孝王来朝，从游说之士齐人邹阳、淮阴枚乘、吴庄忌夫子之徒，相如见而说之，因病免，客游梁。"后人以"游梁"代指仕途不得志，似乎比隐退南山强不到哪里。其实对司马相如而言，这只不过是一次正常的"跳槽"：此处不留爷，自有留爷处。但毕竟是从大槽跳进小一号的槽里，在外人眼中就显得不太正常了。

梁孝王刘武（前184？—前144），与馆陶公主、汉景帝同为窦太后所出，汉文帝嫡次子。公元前一七八年，刘武与刘参、刘揖同日被汉文帝分别封为代王、太原王和梁王。公元前一七六年刘武被改封为淮阳王。公元前一六八年梁怀王刘揖逝世，却无子嗣，刘武又被改封梁王。公元前一六一年刘武奉命从首都长安前往梁国国都睢阳（今河南商丘），把这块风水宝地经营得蒸蒸日上。刘武是当朝皇帝同父同母、亲得不能再亲的弟弟，深受其母窦太后宠爱，窦太后一直希望景帝千秋万岁之后能传位于梁孝王。公元前一五四年，景帝甚至口头承诺过自己死后传位梁孝王，而且是在一次宴会上从容说出的："千秋万岁之后，传位于梁王你。"梁孝王表面上出于礼貌辞谢，虽然知道景帝此言不见得靠谱，但心里难免暗喜。太后也同样高兴。景帝即兴承诺是有原因的。那年春天，吴楚齐赵等七国造反，吴楚先攻打必经之地梁国的棘壁，杀死数万人。梁孝王守睢阳城，坚定地站在皇兄景帝这边，派韩安国、张羽等为大将军，抗拒吴楚。吴楚遇到顽强抵抗，以梁为界限，无法过而西，与太尉周亚夫等对峙数月。吴楚失败，而梁所破杀虏略与汉中分。刘武配合皇兄击败吴楚等七国叛乱，功劳很大，分到手的财物和城市也最多。

梁孝王入朝，都享受特殊待遇。景帝派使持节乘舆驷马，迎梁孝王于关下。因为与太后格外亲的缘故，梁孝王每次进京之后，都要被景帝挽留多住一段时间。梁孝王居京，景帝都要他同乘一辆车以示亲密无间。尤其是去上林苑骑射，兄弟俩并驾齐驱，在猎场上就像在政坛上那样配合默契。梁之侍中、郎、谒者等官员自由出入于天子殿门，与汉宦官无异。是啊，七国之乱时那一系列政敌，虽然来势汹汹，不也如此这般成为这一对铁杆兄弟的手下败将。上林苑给梁孝王留下深刻印象，他回到自己的封地后也想加以复制，因而有了梁园。对于司马相如这类怀才不遇的年轻人，梁孝王、梁国、梁园，构成了挡不住的诱惑。

汉景帝前元七年（前150），司马相如结识了随声威如日中天的梁孝王入朝景帝的邹阳、枚乘、庄忌等谋士，出于对辞赋共同的爱好，大家一见如故。

司马相如很羡慕这些赋家能得到辞赋爱好者梁孝王重用，表示自己的兴趣与志向也在于此，希望得到引见。他是在被梁孝王认可并同意接纳之后，才托病辞去"武骑常侍"一职的。梁孝王干脆利落地首肯："喜欢就来吧。"给了他巨大的勇气。

并不是司马相如一时头脑发热丢了铁饭碗，要知道梁孝王太有号召力了。梁孝王刘武身边云集了一大批慕名而来的人才，作为帝国的"第二梯队"而整装待发。这与他爱才惜才且出手大方有关，重金高酬招揽，"豪俊之士麇集"。许多人甚至辞去朝廷及其他诸侯国的官职到梁园"从梁王游"。司马相如心里一热，也渴望加入这支队伍。恢复了自由身，即以游士的身份，前往梁国。

梁国的国都在睢阳（今河南商丘），从长安投奔而去，司马相如没有在意鞍马劳顿，总觉得那里才是自己的理想国。据他后来所写《美人赋》追忆，在途中有一次艳遇的："窃慕大王之高义，命驾东来，途出郑卫，道由桑中。朝发溱洧，暮宿上宫。上宫闲馆，寂寞云虚，门阖昼掩，暖若神居。臣排其户而造其室，芳香芬烈，黼帐高张。有女独处，婉然在床。奇葩逸丽，淑质艳光。"这对于一般人肯定是难以拒绝的诱惑，司马相如却拒绝了。路边的野花不要采，因为此行的终点还有更美的风景。他只想着如何迅速地响应梁孝王的召唤，哪里有心思寻花问柳，生怕出点意外半途而废，美人再美，也入不了他的法眼。对不住了，我不是你所等的，你也不是我所要的。我要的太多了、太大了，岂止是一个美人所能满足？只有梁孝王能帮得上我，帮得上我实现这个美梦。与美梦相比，美人的吸引力也不得不大打折扣。

梁孝王果然没有食言，为之安排好了席位，而且亲自出城迎接，使司马相如觉得放弃长安、投奔梁园（这叫改弦易辙）没错，而且在路上拒绝了美女的挽留也非常值得。跟对了人，什么都会有的。

梁孝王富甲一方，挥金如土，修筑架空通道，从宫殿连接到平台长达三十多里，扩展睢阳城至七十里，还建造方圆三百多里的东苑。司马迁《史记·梁孝王世家》描写了梁孝王的八面威风："得赐天子旌旗，出从千乘万骑。东西驰猎，拟于天子。出言跸，入言警。招延四方豪桀，自山以东游说之士，莫不毕至，齐人羊胜、公孙诡、邹阳之属。公孙诡多奇邪计，初见王，赐千金，官至中尉，梁号之曰公孙将军，梁多作兵器弩弓矛数十万，而府库金钱且百巨万，珠玉宝器多于京师。"

《西京杂记》卷二载："梁孝王好营宫室苑囿之乐，作曜华之宫，筑菟园。园中有百灵山，山有肤寸石、落猿岩、栖龙岫。又有雁池，池间有鹤洲凫渚。其诸宫观相连，延亘数十里，奇果异树，瑰禽怪兽毕备。主日与宫人宾客弋钓其中。"

吹台就是众多建筑之一。早在春秋时期，晋国的传奇音乐家师旷（前572—前532），曾在这里搭台唱戏、鼓吹奏乐，有"吹台"古迹留存后世。师旷生而无目，故自称盲臣、瞑臣。《说苑·君道篇》描绘师旷："人君之道，清净无为，务在博爱，趋在任贤，广开耳目，以察万方，不固溺于流俗，不拘系于左右，廓然远见，踔然独立，屡省考绩，以临臣下。此人君之操也。"师旷在晋悼公初年进入宫廷就任主乐大师，凭借其绝顶聪明和盖世才华赢得悼、平二公信赖，加上也能出谋划策，一度担任太宰这样的要职。《淮南子》云"师旷瞽而为太宰"，他"大治晋国"，晋"始无乱政"。

梁孝王喜好同墨客吟诗吹弹游乐，为此专门修复古吹台，并以吹台为轴心，在这里大兴土木。经过梁孝王一手打造，"三百里梁园"成为名满天下的大型王室园林，只有汉景帝的上林苑可与之媲美。梁园之于梁孝王，并不只是享受山林野趣的世外桃源，更不是炫耀皇族地位的形象工程，他以师旷的吹台为精神核心，还有用能纳贤的寓意，某种程度上与燕昭王一掷千金征求远近人才的黄金台类似。一时传为佳话。可不，司马相如就是被他虚席待贤的美名吸引过来的。

在翻修一新的吹台上，梁孝王为司马相如举办了欢迎仪式。特意让齐人邹阳、淮阴枚乘、吴庄忌夫子等辞赋家作陪：瞧我这儿的文人都来自天南海北，你们都是彼此相识的同行，从今天起又是亲密的同事了，要互相关心互相照顾，这样就不会感到孤独。司马长卿，梁园就是你的家了，千万别客气。

为报答主人的盛情接待，司马相如借用吹台上的古琴"绿绮"，连弹了好几首古曲，使梁孝王及其一班幕僚听得怡然陶醉。司马相如对"绿绮"爱不释手，每次登吹台都要弹拨一番，说是为大家助兴，其实是让自己尽兴。

吹台又叫赫霞台、朱台。梁孝王初登此台时，即兴赋诗"身在瑶池映赫霞，紫气东来照孤家"，因而得名"赫霞台"。到了明洪武年间，朱元璋之族亲朱江奉旨赴山西洪洞寻祖，曾在此台停留，故改名"朱台"。我来商丘，当地诗人柳歌特意领我踏访，在今梁园区中州街道办事处朱台村北约三百米，现存土台高八米，立有"朱台遗址"的文物保护碑。

有关吹台的古诗，我最爱阮籍的《咏怀》："驾言发魏都，南向望吹台。箫管有遗音，梁王安在哉？战士食糟糠，贤者处蒿莱。歌舞曲未终，秦兵已复来。夹林非我有，朱宫生尘埃。军败华阳下，身竟为土灰。"

由古吹台往南走，抵达商丘古城南湖东南畔的文雅台，是当年孔子在宋国的讲学旧址。梁孝王在这一著名的遗址重建亭台楼阁，邀司马相如、枚乘、邹阳等作赋吟诗，因而得名文雅。

梁园不仅有吹台、文雅台，还有清冷台（也叫清凉台，系梁孝王行宫，后世又成为皇家寺院清凉寺所在）、平台（始为春秋时期宋平公所建高台，梁孝王在其上建行宫）、蠡台、三陵台、青陵台（又叫女郎台），共七台。与七台并称的还有八景，"七台八景"成为梁园的地标。八景有五景载入《西京杂记》：栖龙岫、落猿岩、雁池、鹤洲、凫岛，另有修竹园、孟渚泽和百灵山。

除了"七台八景"，我对忘忧馆很向往。我知道忘忧馆，还是因为读了《西京杂记》卷四"忘忧馆七赋"。据说梁孝王带领自己的门客去忘忧馆游玩，想了一个助兴的游戏，让"签约作家"们各写一篇辞赋。枚乘写了《柳赋》，路乔如写了《鹤赋》，公孙诡写了《文鹿赋》，邹阳写了《酒赋》，韩安国写《几赋》没有写完，邹阳代韩安国写成了《几赋》。梁孝王逐篇审阅，对有"代笔"行为的邹阳、韩安国各罚酒三杯，以示警告；对得分高的枚乘、路乔如等人每人各奖绸绢五匹，加以表扬。梁孝王对门客奖罚分明，重赏之下必有美文，在当时被传为美谈。

司马相如没在这次"命题作文大赛"大显身手，可能因为他尚未列席梁园。说不定他正是听说了这场文豪雅集的故事，才不甘心缺席，打定主意放弃长安投奔梁园。那里有许多跟自己一样的人。司马相如羡慕他们，也要以文会友，以文觅知音。

"客游梁。梁孝王令与诸生同舍，相如得与诸生游士居数岁，乃著《子虚》之赋"，司马相如享受"诸生"的同等待遇，"诸生"当是邹、枚、庄等人。司马相如脱离自己觉得毫无前途的武官生涯，成为梁孝王的门客，既得到礼遇，又与邹阳、枚乘等一批志同道合的文友同吃同住同工作，文章辞赋写作水平大大提高。

初入梁园，司马相如领到第一个月的"工资"，高于他为汉景帝担任"武骑常侍"的八百石（一说六百石）俸禄。看来天下居然有比长安更好的地方，而且真被司马相如歪打正着给找到了。更重要的是，还有上升的空间。譬如枚乘之所以辞去西汉二千石官秩的"弘农都尉"而投奔梁孝王，说明邹、枚、庄等人的实际待遇远远高于朝廷同等官吏的二千石，人往高处走嘛。虽然司马相如刚进入这一梯队，不可能和羊胜、公孙诡、邹阳一样参与机密，但也有了名义上与"郎"相当而实际物质收益略高的官职，和枚乘等人相仿，负责文案事务。由于尚是"闲差"，更显得物有所值：光是陪着梁孝王狩猎、游览与宴饮，就能拿这么高的薪水，太享受了。以后一旦忙起来，参与更多的实际项目，加班费和年终奖还不大大的？

梁孝王确实也向司马相如承诺了，现在给的只相当于"起步价"，不久后还要涨。你瞧瞧邹阳、枚乘他们，梁园里的文人，谁还为钱发愁啊？枚乘的人生理想原本是二千石官秩，说放弃就放弃了，一方面是因为梁园价更高，另一方面，还因为在这里有用武之地，能实现更大的理想。

为了显示自己不是空手而来，司马相如特意写了一篇词藻瑰丽的《如玉赋》作为见面礼，呈献的时间与地点也很巧妙：正是梁孝王为他接风之后再次邀约聚饮的吹台。梁孝王聚饮，其实是聚吟，要和门客诗酒唱酬，行吟林下。既是梁王的业余爱好，也是枚乘等专业人士大显身手的露天考场。在师兄们登台朗诵各自新作之后，司马相如亮出《如玉赋》，并且表达了对梁孝王的谢意。

梁孝王没把司马相如的感谢太当回事，却对《如玉赋》大为"惊艳"：想不到这年轻人出手不凡，一来梁园就有了灵感，写出这温香软玉、楚楚动人的短赋，绝对是人见人爱。看来我要人要对了。

司马相如写《如玉赋》，用心良苦，正是为了投梁孝王之所好。就像点穴，命中了梁孝王心里最柔软的地方。梁孝王披金戴银，挥金如土不眨眼，但也是有大情怀的，骨子里重精神甚于物质，信奉黄金有价玉无价，有精神价值的美玉（哪怕只是璞玉）才是其最爱。爱玉的人必然重情，爱玉的人必然爱才。对于尚处于璞玉状态的司马相如，最希望遇见的是识货的人，在汉景帝那里经历了冷落与漠视，他加倍地感激梁孝王的知遇之恩。玉无言兮，人代言也。人代玉言兮？否，人以玉代言一己之悲欢也。人代玉言，实为玉代人言也。司马相如以玉作为切入口，表露了内心的期冀：所有的人才，无不盼望遇见一位明主。没有知音就实现不了价值，再高贵的璞玉也满面尘灰，等同于顽石，在无人问津的地方浪费自己的才华。

梁孝王的心弦，被司马相如的《如玉赋》拨动了。他愿意做天下所有人才的知音，也相信自己是能改变璞玉命运的人。他广纳天南地北的贤士，正是为了给这些在别处怀才不遇的人以公正的待遇，以及发光散热的空间。不要自暴自弃，相信老天有眼，我就是天眼。

梁孝王出手大方，把自己收藏的古琴"绿绮"，赏赐给年轻的才子。他上次为司马相如接风时，就看出司马相如对"绿绮"的喜爱：眼神一直被古琴吸引住了，都没顾上环视周围莺歌燕舞的美女。那也算一见钟情。梁孝王正好借此机会，以回报司马相如《如玉赋》之名义，促成才子与名琴的"良缘"。

梁孝王此举，让司马相如很有面子：那可不是梁孝王白给的，是自己靠《如玉赋》换来的。《如玉赋》，也就和古琴"绿绮"等价了，齐名了。

我是听说这个故事之后才知道《如玉赋》的。我对司马相如的《如玉赋》很好奇。四处查找。《汉书·艺文志》著录"司马相如赋二十九篇"并没有《如玉赋》的相关记载。后来从网络搜索到挂靠在司马相如名下的《如玉赋》，不知真假。暂列于此，聊胜于无：

> 和田渺渺，抱荆玉兮温软；
> 岫岩遥遥，握灵玥兮些寒。
> 怀佩蝉以明邃，念真琦而忘言。
> 感蓝溪以独泣，哂伯雍而随安。
> 顽石开悟兮花落，彩绣系麟兮圣谙。

《如玉赋》，哪怕失传了，毕竟留下了标题。这三个字总该是真的吧？光是这三个字，就让人浮想联翩。

《如玉赋》，似乎比后来的《子虚赋》《长门赋》等都要神秘。如果说《长门赋》获得了天价的稿酬：千两黄金（那可是陈皇后阿娇的私房钱啊），《如玉赋》获得的报酬则是无价的：四大名琴之一的"绿绮"，绝对是无价之宝，况且它本是梁孝王的爱物。能让梁孝王割爱相赠，可见《如玉赋》在其心目中的价值。这才是真正的"金不换"。

但梁孝王绝对想不到，自己慷慨赠予的"绿绮"，未来还会给司马相如带去更大的好运气，使他如有神助，以一曲琴歌《凤求凰》赢得卓文君的芳心。今天，司马相如以《如玉赋》抱得名琴归，若干年后，名琴还将帮助他以《凤求凰》抱得美人归。绿绮如玉，美人如花。两袖清风的书生，终将满载而归。

第二章 游梁：献给梁孝王的《子虚赋》

一、《子虚赋》的诞生地

司马相如写《如玉赋》，原本为了报答梁孝王的知遇之恩。没想到却意外地收获梁孝王的古琴"绿绮"。顿时觉得所欠更多。

汉景帝中元五年（前145），出于对梁孝王的感激，二十七岁的司马相如根据在梁孝王辖地的生活体验，与邹阳、公孙乘、韩安国等游赏梁园分韵吟诗时，产生了创作《子虚赋》的灵感。《如玉赋》小巧玲珑，但似乎还不够表达司马相如对梁孝王的敬意，他要专门为之写一篇大赋。

司马相如向梁孝王请了"创作假"，躲进小楼里，沉浸在对鸿篇巨制的构想中，神情恍惚，除了一日三餐去食堂，基本上跟外界断绝来往。有一次在凉亭里睡着了，梦见了梁园所没有的巨大湖泊，醒来后左思右想：莫非这就是传说中的云梦泽？趁着还有印象，赶紧写进这篇大赋里。

司马相如写大赋，打腹稿的时间长，连做梦都在打腹稿。经历了一百多日的紧张构思，就像一个胎儿孕育成形，可以顺利生产了。一落笔，终于大功告成。司马相如放下心事，回到现实世界中，最想的就是到吹台上给枚乘等亦师亦友的同僚们用古琴"绿绮"弹唱一曲。梁园空阔，在高高的吹台上弹琴会有幽远的回声，与《子虚赋》里重峦叠嶂的意境颇为般配。

可能受了梁园亭台楼阁错落有致的影响，《子虚赋》体制宏伟，组织严密，有一种建筑美，而音调富有变化，行云流水。文体较之楚辞，有散文化倾向。结构略近战国游说文字，往往东西南北，罗列名词，如奇花异草、飞禽走兽，在全方位的视角中，奔涌而来，络绎不绝。最难得的，是自始至终贯穿着一股浩然之气。那是青年司马相如如日东升的元气，积蓄的梦想，终于找到一个突破口。那也是梁园的元气，乃至大汉帝国的元气，一切的一切，都在蒸蒸日上。可以期待，一个伟大的时代，即将到来，会给置身其中的每一个人更多的机缘，更热烈的眷顾。

梁园，作为司马相如《子虚赋》的诞生地，而倍增诗意。其实在此之前，枚乘的代表作之一《梁王菟园赋》，就是专为梁园量身定制的。后来，南北朝时期江淹作《学梁王菟园赋》，就明确指明自己是学枚乘的。

司马相如《子虚赋》，并不是步枚乘之后尘，进行《梁王菟园赋》那样的务实写作，而是发挥了超人的想象力，虚实相间，人物俱在，动静结合，添加了戏剧性。他以唱和的名义，完成了一次难得的超越。这，正是司马相如写下《子虚赋》后，特别想给枚乘弹一曲琴、敬一杯酒的原因。他以此赋，向梁王致谢，同时也向枚乘等高手致敬。

梁孝王读后爱不释手，每天翻阅，都快要背下来了。

即使枚乘等赋坛老将，也对司马相如刮目相看，觉得后生可畏，又可喜可贺。虽然司马相如表示谦虚，说自己是读枚乘等前辈的赋长大的，只学得一些皮毛，但枚乘、邹阳等高手，怎么能看不出：这是一篇对既定美学具有颠覆性的杰作，可能为辞赋发展开创一个新纪元。幸好这是一批有涵养、有境界的前辈，不仅不眼红司马相如的才华横溢，还为自己钟爱的事业后继有人而欣慰不已。

写《梁王菟园赋》的枚乘，很不简单，曾在吴王濞处当官，见吴王有谋反的苗头，加以规劝，不被采纳，才转投梁孝王门下。吴王与六国举兵造反，枚乘专门前往劝阻，还是无效。七国叛乱失败后，枚乘因高风亮节（作有《上书谏吴王》《上书重谏吴王》二篇为证）而名气大增，被景帝特召为弘农都尉。枚乘还是留恋在梁国养尊处优的自由潇洒，以生病为由辞去官职，又回到梁孝王这里，成为梁园文人集团的领袖。

枚乘的儿子枚皋，同样不简单，不仅是写赋的高手，更是快手。与精雕细琢的司马相如恰成鲜明对比。《西京杂记》载："枚皋文章敏疾，长卿制作淹迟，皆尽一时之誉。而长卿首尾温丽，枚皋时有累句。故知疾行无善迹矣。扬子云曰：'军旅之际，戎马之间，飞书驰檄，用枚皋；廊庙之下，朝廷之中，高文典册，用相如。'"枚皋的优点在于文思敏捷、眼疾手快，比赛时容易先声夺人，但缺点是"时有累句"。故《文心雕龙·谐隐》以俳优相称："东方枚皋，铺糟啜醨，无所匡正，而诋嫚媟弄，故其自称为赋，乃亦俳也；见视如倡，亦有悔矣。"枚乘、枚皋父子同游梁王，后人传为佳话。

和枚乘、枚皋这样的谦谦君子相处，司马相如不仅如沐春风，还真学到不少本事。他在游梁期间写出《子虚赋》，并不偶然。梁园的气场好啊。

除了枚乘、枚皋，还有一系列文坛大腕，聚集梁园，构成文学共同体。

邹阳无疑是其中一面大旗。邹阳原本齐人，吴王刘濞镇抚江南时，招揽八方游士，他与严忌、枚乘等在吴王门下供职，都以能文善辩而声名远播。不久，吴王的太子在京城被杀，吴王与朝廷结怨，关系中有了阴影，变得疏远，甚至密谋造反独立。汉文帝后元七年（前157），邹阳作《上书吴王》，苦口婆心加以劝说，但未起到效果，就离开江南，改投初显贵盛的梁孝王。同是齐人的羊胜、公孙诡等人嫉贤妒能，居然在梁孝王面前说邹阳的坏话。梁孝王中计，一怒之下把邹阳投进牢房，欲置诸死地。本想为座上宾却成为狱中客的邹阳，一点也不着急，从容上书梁孝王，文辞委婉而雄辩。梁孝王读到邹阳狱中来信，见其说得头头是道，一些误会立刻云开雾散，就怪自己太多疑，立即予以释放，并延为上客。这篇《狱中上书自明》，博引史实，铺张排比，在哀婉悲叹之中包含着激愤感慨。此文收入《文选》《古文辞类纂》以及《古文观止》，影响极为久远。

司马相如在梁园，有了更多与邹阳打交道的机会。现实中的邹阳，与传说中的邹阳一样，有战国游士纵横善辩之风，一讲起话来就眉飞色舞，使笨口拙舌、一激动说话就有点结巴的司马相如无比羡慕。司马相如觉得，光彩照人的邹阳，从形象上看几乎就是蔺相如再世，那可是自己的偶像啊。邹阳使司马相如的偶像在梁园复活了。司马相如嘴笨，可眼快，脑子转得也快，总是能以最快的速度理解邹阳的快言快语以及电闪雷鸣的想法。

让司马相如视为奇人的还有丁宽。丁宽，字子襄，梁人。先在梁地跟从梁项生研习《易》学，后拜田何为师。学成辞归，田何对门人说："《易》以东矣。"丁宽至雒阳，又从周王孙受古义，号《周氏传》。梁孝王慧眼识英雄，提拔丁宽为将军，抗拒吴楚之乱，果然立下汗马功劳，世人皆称丁将军。凯旋后，面不改色心不跳，像没事人似的，又干起老本行：作《易说》三万言。司马相如真想问问他：到底是做将军风光，还是做学问过瘾？

同样在抗拒吴楚之乱中大出风头的，还有韩安国。韩安国，字长孺，梁成安人，后迁徙睢阳。曾经追随邹田生学习《韩非子》、杂说等。事梁孝王，为中大夫。吴楚造反，梁孝王火线提拔韩安国及张羽为将，阻挡吴兵于东界。张羽力战，韩安国用兵稳重，两位将领配合得很默契，成为中流砥柱。吴兵怎么努力也无法越过梁地而奔袭长安。吴楚破灭，韩安国、张羽由此一战成名。

在司马相如眼里，梁园最足智多谋的是公孙诡，"多奇邪计"。他初见梁孝王就讨得欢心，被当场赏赐千金，不久官至中尉，大家都称之为公孙将军。公孙诡文武双全，写有《文鹿赋》，奠定了自己在梁园文人集团的地位。可见在梁园，光会耍嘴皮子远远不够，还得会真刀真枪地耍笔杆子，靠作品说话。得有语惊四座的作品，才能让好辞赋的梁孝王刮目相看，才能在梁园的集体狂欢中找到一个好位置。

司马相如仔细观察，在座的每一个人都不简单，都是因名篇而成为名人。譬如，公孙乘，代表作是《月赋》；羊胜，代表作是《屏风赋》；路乔如，代表作是《鹤赋》。

列席于这群风流名士之间，司马相如一开始只有仰望的份儿。直到某一天，他终于挺直了腰杆。从这一天起，他也有了真正意义上的代表作:《子虚赋》。此赋流传全国，甚至宫廷也留存着抄本，使他一举成名。看来司马相如不虚此行。放弃了天子脚下的仕途，却妙手偶得一篇成名作。

《册府元龟》卷二九二《宗室部》"礼士"类记载:"梁孝王武，贵盛待士。于是，邹阳、枚乘、严忌从孝王游。"这里还提到严忌，从孝王游的文士群体里的一位隐形人物，留下的言论不多，但代表着更多的外围人士。梁孝王麾下的人才集团，已构成层层递进的金字塔，邹阳、枚乘、枚皋、公孙乘、韩安国等核心名人，自然属于塔尖，可还有更多像司马相如、严忌这样的新生力量，跃跃欲试，渴望升级。这一系列名人、准名人，不约而同地会聚梁园，目的各异，但总体上来看，一是寻求政治上的庇护，二是被梁孝王提供的高官厚禄吸引，第三点更为重要:梁园俨然已成汉帝国的"国中之国"，而且是一个理想国，长安之外的另一个政治文化中心。相比其他诸侯国乃至首都长安，这个朝气蓬勃的理想国，更容易实现理想，更可能创造奇迹，因而对怀才不遇的游士更有吸引力。

司马相如当时在梁园虽属后起之秀，现在看来，反而青出于蓝而胜于蓝，是最不可或缺的。他不仅为梁孝王文人集团锦上添花，更使这一群体乃至梁孝王本人，成为他人生中的重要背景。有人如数家珍般清点梁园文人群体，说到司马相如时，一听就是在介绍主角:司马相如，字长卿，小名犬子。蜀郡成都人。少时好读书，学击剑。汉景帝前元七年（前150）时从梁孝王游。梁孝王死后，司马相如回到蜀郡的临邛。其著名的作品《子虚赋》大约作于梁地。

梁孝王是《子虚赋》的第一位读者，当时就预感到此赋必然风行，不仅将使世人知晓梁孝王手下有个司马相如，而且会使自己以及梁园都成为热议的话题。说白了，《子虚赋》给梁园做了一个软广告，吸引更多的游士打马而来。一高兴，就张罗着在吹台上给《子虚赋》办一个庆贺的仪式，相当于今天的首发式或研讨会。在自己的歌舞团为《子虚赋》朗诵表演之后，又请邹阳、枚乘、枚皋、庄忌等专家讲述读后感，最后由司马相如发表创作谈。司马相如关于此赋的一段话，也成为文学史上一段佳话："合綦组以成文，列锦绣而为质，一经一纬，一宫一商，此赋之迹也。赋家之心，苞括宇宙，总揽人物，斯乃得之于内，不可得而传。"在司马相如心目中，赋是穿越时空的最高艺术，使天、地、人的默契与互动完美呈现，妙不可言。他简直把赋当作信仰。话说信则有、不信则无，对于不信的人，赋啥也不是，也就一串华丽辞藻而已，既不能当饭吃，更无法当钱花，百无一用的书生所玩的雕虫小技，自娱自乐，顶多蒙蒙吃饱了撑的偏偏又爱不懂装懂的达官贵人，附庸风雅。而对于有此特长、除此之外一无所有的司马相如这类人，赋就是有可能使美梦成真的救命稻草，或者放大了说，就是他们的命啊。此中自有黄金屋，此中自有颜如玉，此中自有无限的可能性，关键看自己玩得好不好，以及机遇如何。若是能达到上乘境界，再加上幸会识货的贵人，凭借这一绝技完全可以跻身上流社会，甚至鲤鱼跳龙门，沾上几分皇气、王气、富贵气。有此念想，司马相如写赋，自然与那些儒生文士不同，不是以自我为中心，抒发一点个人情怀，而是考虑到读者的，假设的读者或者说最理想的读者自然是帝王将相。他本就心怀天下，加上再兼顾读者的价值观、审美观，自然出手不凡，气象万千。他想的是大我，不是小我，写的是大赋，不是小赋。大手笔就是这样炼成的。

尽管这段话的真实性还有人表示怀疑，但是，它确实表达了司马相如辞赋创作的特色。司马相如的辞赋创作由此博得了时人的高度赞扬。甚至后来的辞赋大家扬雄，也怀疑司马相如的赋不似从人间来，乃神化所至。

司马相如当时也许不算主角，还只是枚乘、枚皋、邹阳等巨星的配角，但随着时间的推移以及他自身的发展，就文学成就和影响力而言，俨然已是那一个时空、那一段剧情里的第一主角。连梁孝王，都多多少少沾了司马相如的光。梁园，同样也沾了司马相如《子虚赋》的光。

就《子虚赋》而言，"'子虚'，虚言也，为楚称；'乌有先生'者，乌有此事也，为齐难"。程世和查相如本传，不见有往赴楚齐的行迹，检视《景帝纪》与《文三王传》，也未见载景帝、梁孝王出行齐楚，由此排除相如从行齐楚的可能性：不入齐楚而铺写齐楚气象，无疑需要视通万里的想象天赋。相如从西南走入京畿，又来到汉代中国的中部大梁，已然感到中国之大，但尚未完成对整个中国的游历。而身处大梁，可以在面对北齐南楚的精神眺望中，以想象方式"进入"齐楚，相如由此也就在精神上基本完成对汉代中国的游历。程世和不禁感叹："从这一意义上说，《子虚赋》以齐楚为描写对象，并非是无意义的随机选取。齐和楚，一则代表汉代北方中国，一则代表汉代南方中国。身处汉代中国中部的大梁，又有从西南到京畿的游历，相如在对北齐南楚的凭虚心画中，蕴含有总中国之大的时代要求。"

鲁迅《汉文学史纲要》所说"天下文学之盛，当时盖未有如梁者也"，指的就是枚乘、邹阳、司马相如等加盟的梁园作家群，不仅使梁园辞赋成为一大名牌，开汉代大赋之先声，还成就了梁园文化，为西汉文坛输送了一批生力军。谢灵运《拟魏太子邺中集》序称："梁孝王时有邹、枚、严、马，游者美矣。"唐代顾况《宋州刺史厅壁记》称："梁孝王时，四方游士邹生、枚叟、相如之徒，朝夕晏处，更唱迭和。天寒水冻，酒作诗滴，是有文雅之台。"

刘跃进《梁孝王集团的文学想象》，发掘了梁孝王文人集团产生的历史渊源与时代背景：

> 战国以来养士之风盛行，其流风余韵，波及西汉前期。高祖刘邦之子中，吴王刘濞、楚王刘交、齐王刘肥、淮南王刘长；文帝刘恒之子中，太子刘启、梁孝王刘武；景帝之子中，河间献王刘德、鲁恭王刘余等，无不开馆延士，为世人瞩目。如"文帝为太子，立思贤苑以招宾客。苑中有堂隍六所。客馆皆广庑高轩，屏风帏褥甚丽"。又如"河间王德筑日华宫。置

客馆二十余区，以待学士。自奉养不逾宾客"。鲁恭王扩建宫室，发现大量古代典籍，在文化史上产生重要影响。上有所好，下必从之。大臣也隆礼敬士。如"平津侯（公孙宏）自以布衣为宰相，乃开东阁，营客馆，以招天下之士。其一曰钦贤馆，以待大贤；次曰翘材馆，以待大才；次曰接士馆，以待国士。其有德任毗赞、佐理阴阳者，处钦贤之馆。其有才堪九烈将军二千石者，居翘材之馆。其有一介之善、一方之艺，居接士之馆。而恭自菲薄，所得俸禄，以奉待之"。在上述诸多政治集团中，最具有文人色彩的主要有淮南王文人集团和梁孝王文人集团。谢灵运《拟魏太子邺中集》序称："梁孝王时有邹、枚、严、马，游者美矣。"由此不难推想后世文人对于梁孝王文人集团的倾慕之情。职此之故，历代都有站在不同的立场对其进行文学想象的创作活动，留下许多美丽的篇章。

枚乘的《梁王菟园赋》，很美。司马相如的《子虚赋》，更美。但最美的，还不是这些经典，而是创造了这些经典的文人，他们以各自的游历、彼此的交往，额外创造了一段在现实中或许不无缺憾、在想象中却近乎完美的传奇。那才是空中的梁园，那才是立体的《子虚赋》。

梁园好啊。梁园不仅是一座园林，一个文艺的王国，更成为一个琥珀般穿越时空的美梦，一种永葆青春的情结。刘海永在《梁园：文人雅士的乐园》一文中感叹："那是一个美好的时代，众多的文人雅士集聚在梁园，挥洒豪情，书写心志，感怀古今。那是文学史上一个辉煌的时期，汉赋大腕赏玩梁园，风雅相聚，饮酒吟诗，恣意汪洋。梁园，成为文学上的胜景，后来，历代文人骚客莫不以到梁园抒情为最理想的处所，游梁园、登吹台，凭吊怀古，吟诗赋词。梁园，已经成为文人的一个心结，无论是从哪里来的，总要到此一游，抒发情思。"

就在司马相如庆幸自己作出了正确的选择，并准备大踏步走下去时，意外发生了。

二、梁园虽好，不是久恋之家

汉景帝前元七年（前150）十月，梁孝王第三次入朝。景帝派使者拿着符节，驾着皇帝乘坐的驷马车，到关前迎候。梁孝王朝见景帝后，呈上奏折请求留在京师，因为太后很宠爱孝王的缘故得以获准。一如既往，孝王入宫则陪侍景帝同乘步辇，出宫则同车游猎，到上林苑去射鸟兽。梁国的侍中、郎官、谒者只要在名簿上登记姓名，便可以出入天子殿门，和朝廷的官员没有区别。

这年十一月，景帝废已立的太子刘荣为临江王。窦太后一直有劝景帝立梁孝王刘武为接班人的心思：上废太子，正好是个机会，加上景帝几年前对梁王有过口头的许诺："千秋万岁之后，传位于梁王你。"窦太后借此提出欲以孝王为皇储的建议。谁知道一拿到朝廷正式讨论，许多大臣尤其是袁盎等，在景帝面前表示强烈反对。景帝以此为由，不再推进。窦太后的动议受阻，也就不好再提此事。景帝曾经对梁王的承诺不了了之。这事很隐秘，世人都不知道。

梁孝王以陪伴母亲窦太后为由，滞留长安，其实是等消息。后来见没啥下文了，才郁闷地告辞，回归梁国。司马相如正是在这段时间"跳槽"梁国的。他陪伴的梁孝王，已比在长安时多了一份难言的心事。虽然失落，仍然在一班幕僚面前强打精神。失望是折磨人的，但毕竟不是毫无希望。

五个月以后，就听说，皇上有主意了：立胶东王刘彻（也就是后来的汉武帝）为太子。这才彻底把梁孝王从美梦中惊醒。

袁盎推荐刘彻为太子，搅了梁孝王的好事或者说好梦。梁孝王恼羞成怒，怨恨袁盎及相关的议臣，就与羊胜、公孙诡秘密派出刺客去长安，暗杀袁盎及议臣十几人。景帝怀疑是梁王在幕后指使。事后抓获杀人凶手，严刑拷打，果然供认来自梁国。景帝既吃惊，更愤怒，派出一支部队，直奔梁国，抓捕公孙诡、羊胜。

梁孝王意气用事，刺杀反对立自己为帝位继承人的袁盎等十几位朝臣，在景帝眼中有谋反嫌疑。公孙诡、羊胜知道自己闯了大祸，躲藏在梁孝王后宫，瑟瑟发抖。

这一幕节外生枝般的惊险情景，司马相如是亲历者或见证人。虽然他置身事外，是一系列帐底密谋的局外人，但阴谋暴露在光天化日之下，梁园成了一艘突然触礁的巨船，船上的每个人都躲不开，不得不面对突如其来的残酷现实，战战兢兢，如临深渊。

大兵压境，使者登门，拿着圣旨要求梁孝王交出公孙诡、羊胜两个犯罪嫌疑人。这其实是在敲山震虎。司马相如看见梁孝王面如死灰，手足无措，不知如何收拾这个残局。这还是昨天那个在吹台上引吭高歌、气吞万里如虎的梁孝王吗？

使者催逼得紧，梁相轩丘豹及内史韩安国知道挡不住，进谏梁孝王舍卒保车。梁孝王只好命令羊胜、公孙诡自杀。

司马相如目睹梁孝王在使者面前低声下气地道歉，交出羊胜、公孙诡两人尸体。使者倒也不多事，验明正身后即把两人尸体装上原本准备好的囚车，运回长安交差。

司马相如站在台阶下，当羊胜、公孙诡的尸体从面前抬过，他心里涌起一阵悲凉：这究竟是两个杀人真凶，还是两只替罪羊？他庆幸自己在梁园只是敲边鼓的外围人士，并未真的进入核心圈，对深层的事情一无所知。无知者无罪，少了许多负担，也回避了一些嫌疑。看来梁园还是有秘密的。只不过司马相如对这些秘密一点也不好奇。看看羊胜、公孙诡，昨天还在画栋雕梁下高谈阔论，今天就灰飞烟灭，说不定还要连累全家。有些秘密啊，还是不沾为好，还是不知道为好。

景帝从此不再信任梁孝王。梁孝王恐惧不安。他向邹阳悔过："当初你严词拒绝参与这类事，我还挺生气，觉得你不如羊胜、公孙诡忠诚。现在吃到被庸臣捧上天又掉下来的苦头，才明白你的劝谏才是真为我好。先生你看我该怎么做，才能化解危机？"

曾为吴王幕僚的邹阳，看出吴王的政治野心就赶紧离开那是非之地，可他察觉梁国可能重蹈覆辙，为何没有抽身远离？这是因为梁孝王与吴王有本质区别，并非阴险之人，对待门客有情有义，而不是恶意利用。这样的恩主，即使一时糊涂犯下错误，甚至错怪属下，邹阳、枚乘之类有识之士，也不会势利地逃避，而是选择共渡难关。邹阳安慰梁孝王："别着急。我当初有所预感，但也没想到事情真落到这步田地。否则会更强烈地阻拦。现在后悔没用，只能面对现实。我唯一能想出的办法，就是派韩安国通过长公主向太后谢罪，再请太后在景帝面前代为解释。即使无法彻底化解，也能缓解。"

等到景帝怒气稍解，梁孝王又按照邹阳建议，上书请求面朝。被批准后，梁孝王遵守约定的时间到达城关。邹阳跟梁孝王耳语，劝说他改乘平民车辆，只带两骑随从，悄悄入居长公主的别墅，然后再如何如何。

朝廷派出使者迎接梁孝王，梁孝王已轻车简从入关，大批车骑停留关外，不知梁孝王去哪里了。使者只好飞马返回，向景帝汇报："梁孝王失踪。随从邹阳根据梁孝王近期神情抑郁，猜测他可能想不开了。邹阳急得都哭了。"

太后听说梁孝王下落不明，放声大哭："帝杀吾子！"多亏太后的这句话，救了梁孝王。

景帝见母亲如此伤心，也很忧虑。正在这时，梁孝王背负刑具跪在御阶下，满面忏悔之色地谢罪，自请处罚。太后、景帝大喜，拉他进来相顾而泣，梁孝王得以免罪。母子三人间的关系有所恢复。

景帝下令召梁孝王随从全部入关，以示兄弟感情依旧。但景帝并非真的豁达之人，从此逐渐疏离梁王，结伴巡游时不再同乘一辆车辇。兄弟间的亲密无间，俨然已成过去的好时光。心里总有一个看不见的小疙瘩，怎么也解不开。

梁孝王命令参与谋划的羊胜、公孙诡自杀，自己也吓得负荆请罪。虽然因窦太后袒护，表面上获得景帝的原谅，但其实已被疏远。他幻想中的权力巅峰化作泡影，也就身不由己地走下坡路。

汉立太子（皇储），绝对属于国家大事。梁孝王原本离这一机缘很近，最终却擦肩而过，还惹得一身麻烦。

梁孝王与景帝最亲，不仅因为血缘关系，而且站队正确、护驾有功，加上梁是诸侯国中的大国，居天下最丰腴深厚的中原，北届泰山，西至高阳，四十多座城池，基本上都是大县。梁孝王，最受太后疼爱，太后都舍得拿自己的私房钱贴补这个不常在身边的小儿子。景帝看在眼里记在心里，哪怕是看老妈的面子，也对这个亲弟弟格外关照。因为得天独厚的这层关系，梁孝王能够自设官俸二千石的国相、出入游猎的排场，不比天子逊色。建筑方圆三百余里的东苑，广睢阳城七十里，大治宫室，为复道，自宫连属于平台三十余里。尤其是得赐天子旌旗，从千乘万骑，出称警，入言跸，拟于天子。怎么着也算一人之下，万人之上。国以主贵，梁孝王拥有别的诸侯无法企及的特权，梁国虽然只是诸侯国，但无论经济上、文化上还是政治上，都堪称汉帝国里的最大特区。府库金钱花不完，不亚于国库，珠玉宝器多于京师，许多文官武将都是从首都跳槽来的，梁孝王也不怕别人说他挖帝国的墙脚。更容易惹是非的，是梁国的军事力量也因经历护国之战而越发强大，超编的兵弩数十万。

也难怪袁盎等受景帝信赖的重臣，反对立梁孝王刘武为接班人，怕他功高盖主，形成威胁。

更难怪景帝因势利导地接受众议，改立刘彻为太子。刘彻毕竟是自己的亲儿子。不是说亲儿子比亲弟弟更亲，至少更可靠，或更容易掌控一些。倒不在于梁孝王是否真的有野心，而在于他分明已有了竞争的实力。

梁孝王不知利害，仗着护驾有功，扩充地盘、大治宫室、广纳人才，其实是授人以柄，无形中增添了景帝的疑虑，也使自己成为帝国接班人的可能性彻底化为泡影。

景帝借着梁孝王出错、走了一步谋杀朝臣的臭棋，理直气壮地收回当初传位于弟的承诺，倒也合情合理。瞧，这才是真正的高手呢。你没要，他有心给你。你越想要，反而越要不到。让皇帝信任你，不难，但惹得他起了疑心，再想重新建立互信，难上加难，几乎是不可能的事情。景帝赶紧立亲儿子刘彻为太子，分明是让梁孝王死了这条心。

司马相如看到的，是梁园鼎盛期的繁华，并不知其深层次的原因，更想不到这种昙花一现的繁华，不久就要夕阳西下，最终真的变成子虚乌有。自己作为依附者，亦将随之滑向谷底，一无所有。《子虚赋》中的子虚、乌有，就像是无意识的预言。

但更有可能的，是司马相如把一切看在眼里，却佯装看不清、看不懂，揣着明白装糊涂，得过且过，不捅破那层窗户纸。

司马相如对此不是没有一点预感的，《子虚赋》有着弦外之音。有人看出《子虚赋》隐约有深意：表面歌舞升平，暗藏讽谏意味。可梁孝王却没看出来，因而未警醒。

司马相如此赋在梁园所写，心目中以梁孝王为第一位读者，属于"特供"，在文字背后煞费苦心劝谏的正是梁孝王。梁孝王与核心圈内的羊胜、公孙诡图谋太子之位，不是一天两天的事了，当时在场的邹阳持反对意见，苦劝不听，只好表示自己不参与，也不承担责任。邹阳主动不再列席此类事务的会议。而司马相如是无缘旁听，因为级别较低。但他擅长察言观色啊，对梁园的内幕以及相关的风吹草动，应该隐隐约约有所察觉。甚至可以说，司马相如对梁王所谓的雄心，早就有不祥的预感。为了及时作出善意的提醒，司马相如在《子虚赋》中借题发挥，以齐楚比夸田猎之盛，批评诸侯苑囿之大，不合诸侯之制，应当收敛。暗示过度追求扩张的梁王，引以为戒。司马相如通过《子虚赋》含蓄地规劝梁孝王适可而止。潜在的这层意思，不知梁孝王没听懂呢，还是觉得不碍事，假装听不懂呢？如是后者，那他就太辜负《子虚赋》，太辜负司马相如的一片苦心。

《子虚赋》中描写齐楚田猎场景，盛况空前，并不是司马相如凭空想象出来的。他毕竟在长安担任过武骑常侍，陪伴景帝出入宫禁苑囿，也算见过大世面的。

梁孝王读《子虚赋》时，半开玩笑地问司马相如："梁园与长安相比，如何？"

司马相如曾慕名投奔长安，长安的磅礴大气一下子就震慑住这个外来的游子，虽然当时长安不赏识他，他却是爱长安的，认为其纵然有帮派林立、官僚主义、上升渠道固化之类缺憾，但毕竟包罗万象，仍无愧于大汉帝国的最高象征。他如实回答梁孝王的询问："梁园虽好，富有青春活力，就名分与体量而言，仍无法与长安相竞争。也不该与长安相比拼：长安是太阳，梁园是月亮。梁园沾了长安的光，只会更明亮、更有力量。不管太阳还是月亮，都只有一个呀，梁园够有福气的了。"

梁孝王听到这里，若有所思地"哦"了一声，从此不再问相如类似的问题了。

司马相如寄身梁园，是无奈之举，心里还是有长安的。长安不给他上升空间，他只能走曲线，来梁园碰碰运气。司马相如只是把梁园当成练兵场，他知道真正的战场还是在长安。他以《子虚赋》呈献梁孝王，并不满足于在梁园讨得一片叫好声，更希望能传到长安去。对了，就是为了两头讨好。他写《子虚赋》就留了一手，所持的立场，不偏不倚，挑不出任何毛病。和热衷于鼓励梁孝王以梁园抢长安风头的羊胜、公孙诡不同，司马相如觉得自己是属于梁园的，也是属于长安的，更是属于整个大汉帝国的。他宁愿持币观望，也不可能把身家性命都押宝一样押在梁园。梁园虽好，司马相如并不是主人。梁园虽好，司马相如仍然是过客的心态。这种若即若离的处世方式，使司马相如不至于像羊胜、公孙诡那样过度投入地帮梁孝王。帮梁孝王，用力过猛，就是害梁孝王啊。

与那段风起云涌的大历史相比，在梁园初出茅庐的司马相如，尚且是一个无足轻重的小人物。他安慰自己：别着急，你会成为大人物。就像年轻的凤凰鸣叫出新声，《子虚赋》不仅帮助司马相如在人才济济的梁园站稳了脚跟，更为他的未来打下基础，确切地说，为他与汉武帝相遇埋下了伏笔。而这一笔，在司马相如跌宕起伏的人生中，也算得上画龙点睛之笔。他将借这一笔腾飞起来。

只是，在当时，司马相如还想不到那么多，看不了那么远。

司马相如虽非梁孝王核心圈人物，尽可能置身事外，还是有点担心卷入麻烦的旋涡。他第一次对政治有了恐惧感。可要想登堂入室，又似乎处处离不开政治。就像高空走钢丝，只能靠自己加倍小心谨慎，把握平衡。

羊胜、公孙诡，主观上想帮梁孝王，客观上却害了他。但梁孝王的那么多门客，也不是白养的。司马相如写《子虚赋》，该提醒的提醒了，该规劝的规劝了，梁孝王是否听得进去，那就是他自己的事了，不能怪司马相如了。韩安国属于行动派，临危受命，作为梁使疏通窦后，为景帝与梁孝王尽释前嫌，起到很大作用。羊胜、公孙诡做了缺德的事，使大祸临头，害人害己。韩安国以一颗善心，做出善举，希望抚平景帝与梁孝王这一对兄弟之间的裂痕，谁都能看出来，这是积德的事。好人好事有好报，韩安国给各方势力留下好印象，他本人的命运，也未受到梁园衰落之波及，一直是政坛常青树。直到武帝即位后，还在发挥作用。建元二年（前139），武帝诏问公卿是讨伐匈奴还是执行和亲政策，王恢力主讨伐，而韩安国力主和亲，这符合他与人为善的性格。武帝从韩议。元光二年（前133），武帝改主意了，从王议，但也没有忽略韩安国，派遣他与王恢等五将军将兵三十万出塞，从此开启与匈奴长达四十年的战争。当然，这是后话。

梁园的兴衰与梁孝王的命运息息相关。梁孝王因与景帝血缘关系最近，同父同母、亲得不能再亲的亲兄弟，属于皇亲国戚里的皇亲国戚，加上帮了哥哥大忙，为抵御七王之乱起到中流砥柱的作用，使景帝既感动又感激，许诺其为接班人，可见其已相当于帝国的第二男主角。梁园，自然有小长安的风采。梁园的群僚，也相当于政治上的预备役部队。

可惜梁孝王沉不住气，在接班的问题上太着急了，引起景帝的疑虑，最终食言。景帝可以推翻前议，你梁孝王不可以太把哥哥一时兴起的承诺当回事啊，更不该因哥哥"说话不算数"而生气，即使失望，也不能流露出情绪。偏偏梁孝王就是咽不下这口气，导致事情越弄越糟，最终搞砸了，不仅没得到更多的，连原先拥有的恩宠与荣耀都逐渐丧失。原因无非如下：第一，梁孝王没摆正自己的位置；第二，他还是不了解自己的哥哥，他忘掉了那不只是自己的哥哥，更是一国之君，在利害面前会忽略感情。谁坐那位置都可能喜怒无常，阴晴难测。

梁孝王享受过景帝给予的阳光，也被突如其来的风雨淋得像落汤鸡。东边日出西边雨嘛，这本正常，想得美的梁孝王却把这正常当成不正常，反倒想不开了。不仅他的心情晴转多云，整个梁园的气氛也变得压抑。

敏锐的司马相如自然能感受到这一点，但又不好说什么，只能装作啥也不知道。他意识到由盛转衰的梁园气数将尽，暗暗担心自己的前景。出于避祸的本能，他下意识地跟梁孝王及其核心团队保持着距离，能不参加的会议都不参加，实在不允许缺席的，也只挑无关紧要的话说，装作迟钝。

后来发生的一切，都不出司马相如所料。梁孝王的境遇每况愈下。

景帝中元六年（前144），梁孝王又入京朝见。呈上奏折请求留住京师，皇上没有答应。梁孝王回到封国后，心神恍惚，闷闷不乐。为改换心情，到北部的良山狩猎，有人献上一头牛，牛足长在背上，梁孝王一见之下感到厌恶。六月中旬，得了热病，仅过六天就死了。梁孝王与其说是病死的，不如说是忧惧而死的。在位二十三年，谥号为孝，故号梁孝王。

梁王刘武谥号为孝是有原因的：他孝敬母亲，每次听说太后生病，就吃不下东西，睡不好觉，常想留在长安侍候太后。太后也疼爱他。得知梁王病故，窦太后哭得很悲痛，不进饮食，说："皇上果然杀了我的儿子！"景帝听到后，如针刺心里，忧惧不安，不知所措。和长公主商量，分梁国为五国，把孝王的五个儿子全封为王，五个女儿也都封给她们汤沐邑。梁孝王的子女普遍提高了待遇。

把安置方案上奏给太后，太后的心情才有所好转，特地因景帝的这种处置加一次餐。

梁国被瓜分为几个小国。看似分家，各得其所，其实是被拆散、瓦解。那个崛起于中原、铁板一块的梁国，梁孝王的梁国，不复存在。

梁孝王葬于商丘永城芒砀山：砀有梁孝王之冢。在商丘采访，当地诗人柳歌领我参观芒砀山汉文化旅游景区，拾级而上进入凿山而成的梁孝王墓，该墓"斩山为棺，穿石而藏"，是迄今为止发现时代最早的石崖陵墓。导游介绍：梁孝王及王后墓规模是北京十三陵定陵的两倍之多，被中外考古界称为"天下石室第一陵"。墓中出土的金缕玉衣、四神云气图、陶俑、钱币、镏金车马等，足见梁国的富足与奢侈。在梁孝王墓和王后墓之间有一条地下通道，叫"黄泉道"，为梁孝王和王后死后灵魂幽会所留的通道。除了梁孝王刘武，其后的诸代梁王如刘买、刘襄、刘毋伤、刘定国、刘遂、刘嘉、刘立、刘音等，大都葬在芒砀山。在此共发现二十一座梁国王陵，形成一个庞大的墓群，被国家权威部门称为"全国分布最为集中、面积最大、保存最完整的西汉诸侯王墓群"。

《文选》选录谢惠连《雪赋》，以梁孝王集团为背景创作，假托梁孝王召集邹阳、司马相如、枚乘等文人在菟园赏雪，他们八仙过海，各显神通，因雪景而抒情：

岁将暮，时既昏。寒风积，愁云繁。梁王不悦，游于兔园。乃置旨酒，命宾友。召邹生，延枚叟。相如末至，居客之右。俄而微霰零，密雪下。王乃歌"北风"于《卫诗》，咏《南山》于周《雅》。授简于司马大夫，曰："抽子秘思，骋子妍辞，侔色揣称，为寡人赋之。"

相如于是避席而起，逡巡而揖，曰："臣闻雪宫建于东国，雪山峙于西域。岐昌发咏于'来思'，姬满申歌于'黄竹'。《曹风》以'麻衣'比色，楚谣以'幽兰'俪曲。盈尺则呈瑞于丰年，袤丈则表沴于阴德。雪之时义远矣哉！请言其始：若乃玄律穷，严气升。焦溪涸，汤谷凝。火井灭，温泉冰。沸潭无涌，炎风不兴。北户墐扉，裸壤垂缯。于是河海生云，朔漠飞沙。连氛累霭，掩日韬霞。霰淅沥而先集，雪纷糅而遂多。其为状也，散漫交错，氛氲萧索。蔼蔼浮浮，瀌瀌奕奕。联翩飞洒，徘徊委积。始缘甍而冒栋，终开帘而入隙。初便娟于墀庑，末萦盈于帷席。既因方而为珪，亦遇圆而成璧。眄隰则万顷同缟，瞻山则千岩俱白。于是台如重璧，逵似连璐。庭列瑶阶，林挺琼树。皓鹤夺鲜，白鹇失素。纨袖惭冶，玉颜掩媠。若乃积素未亏，白日朝鲜，烂兮若烛龙，衔耀照昆山；尔其流滴垂冰，缘霤承隅，粲兮若冯夷，剖蚌列明珠。至夫缤纷繁骛之貌，皓晗暾絜之仪，回散萦积之势，飞聚凝曜之奇，固展转而无穷，嗟难得而备知。若乃申娱玩之无已，夜幽静而多怀。风触楹而转响，月承幌而通晖。酌湘吴之醇酎，御狐貉之兼衣。对庭鹍之双舞，瞻云雁之孤飞。践霜雪之交积，怜枝叶之相违。驰遥思于千里，愿接手而同归。"

邹阳闻之，懑然心服。有怀妍唱，敬接末曲。于是乃作而赋《积雪之歌》。歌曰："携佳人兮披重幄，援绮衾兮坐芳缛。燎熏炉兮炳明烛，酌桂酒兮扬清曲。"又续而为《白雪之歌》。歌曰："曲既扬兮酒既陈，朱颜酖兮思自亲。愿低帷以昵枕，念解佩而褫绅。怨年岁之易暮，伤后会之无因。君宁见阶上之白雪，岂鲜耀于阳春？"歌卒，王乃寻绎吟玩，抚览扼腕。顾谓枚叔："起而为乱。"

乱曰："白羽虽白，质以轻兮。白玉虽白，空守贞兮。未若兹雪，因时兴灭。玄阴凝不昧其洁，太阳曜不固其节。节岂我名，洁岂我贞？凭云升降，从风飘零。值物赋象，任地班形。素因遇立，污随染成。纵心皓然，何虑何营？"

有人（譬如曹道衡）认为谢惠连《雪赋》"通篇的情调是写宾主相得，情调是乐观的"。也有研究者（譬如日本学者伊藤正光）认为《雪赋》的基调是悲哀的，其"有意识地运用《楚辞》的笔法来进行创作"更表现出作者的落寞情怀。其实很多唐人也这样理解。如白居易《过裴令公宅二绝句》："梁王旧馆雪蒙蒙，愁杀邹枚二老翁。假使明朝深一尺，亦无人到兔园中。"

刘跃进重新研读《雪赋》，发现这一看法确实不无道理：且不说与《月赋》比较，先与《西京杂记》所载诸小赋相比，前者表现的是梁孝王前期的奢靡和张扬，而后者则诚如《水经注·睢水》所说，"今也歌堂沦宇，律管埋音，孤基块立，无复曩日之望矣"。所谓"无复曩日之望"，是指梁孝王受到猜忌和冷落后那种失望落寞的情怀。

谢惠连是中国山水诗鼻祖谢灵运族弟，颇得谢灵运赏识，刘跃进据此而展开对"梁孝王集团的文学想象"的想象：这篇《雪赋》依然把背景放在月色下，咏叹雪景，抒情言志。他所表现的则是晋宋之际陈郡谢氏家族面临空前政治挑战时的某种抗争与无奈。而这，已经距离梁孝王集团的真实相去甚远了，而成为新的诗歌意象。如元末明初诗人袁凯《白燕》诗："故国飘零事已非，旧时王谢见应稀。月明汉水初无影，雪满梁园尚未归。"又如吴伟业《雪中遇猎》："即今莫用梁园赋，扶杖归来自闭门。"他们的创作无不表达这样一种感叹，即后世已无梁孝王那样的君主。由此看来，从谢惠连开始的对于梁孝王集团的文学想象，已经完全撇开了历史的真实，转向对于自身感受的抒写。雪下赋诗的意象，已经成为后代文人经常咏叹的主题，借以表达他们四顾茫然、孤独苦闷、无所适从的人生困境。换一句话说，梁孝王文人集团就像中国历史上常常用到的"胡马""越鸟""关山""代北"等短语以及"燕昭王""黄金台"等历史典故一样，已经作为一种符号，溶进中国古典文学意象的创造活动中。

良辰美景终有尽，司马相如后来告别梁园时的自言自语，竟成为千百年来人们惜别喜好之地时经常借用的经典台词："梁园虽好，不是久恋之家。"天下没有不散的筵席，梁园虽好，奈何大雪即将封门，同林鸟亦将各自分飞，相忘于江湖。最终还是和所有繁华的故事一样被雨打风吹去，落得个"白茫茫大地真干净"。

三、游梁的前因与后果

梁孝王登临权力巅峰及失足跌落的始末，对我们了解司马相如游梁的前因后果，提供了背景。司马迁曾表明自己对这场著名的宫廷恩怨的态度：梁孝王虽然因为是天子亲兄弟、太后爱子，受封于肥沃之地为王，也正赶上国运隆盛，百姓富足，所以能够增殖其财货，扩建宫室，车马服饰和天子相似。然而，这样做也属于僭越行为了。

司马相如来梁园，算是起了个大早赶了个晚集，只蹭了点华丽的微声，刚刚体会到一点春风得意的感觉，就从半空中掉下来，面临新的困境。现实总喜欢戏弄爱做梦的人。给过他多少惊喜，就会给他同样多的失望。

参加完梁孝王的葬礼后，梁府人士都自动解散了。吴楚七国造反之前，是天下游士的好时光，可以去吴游梁、择木而栖，体会到春秋战国游士遗留的潇洒。当削弱诸侯王成为大势所趋，吴楚七国覆灭，梁国首当其冲，已是游士们最后的乐园，摇摇欲坠。梁孝王之死，等于也为游士传统敲响丧钟。江山大一统，原本依赖中央政权与诸侯国缝隙而寄生的各种"闲杂人员"，如果未能被朝廷招纳，就再也无枝可栖。

司马相如失业了，靠才华辅佐王侯借以出人头地的美梦，成了一场空。别说经世济国，连吃饭都成了问题。只好万般失落地回到成都老家，再次成为待业青年。司马相如自公元前一五〇年游梁至公元前一四四年归蜀，在梁约六年，已从二十二岁到二十八岁左右了。生命中最好的一段青春年华，消耗在梁园。

司马相如离开梁园，没敢回头望一望。唉，除了带走配给专用的一辆马车，车上放置梁孝王赏赐的名琴绿绮、皮大衣"鹔鹴裘"等几件礼物，似乎便一无所有。他给梁园留下了什么？留下了《如玉赋》《子虚赋》。还留下一个碎了的梦，满地碎片。

李白《梁园吟》有如下几句："梁王宫阙今安在？枚马先归不相待。舞影歌声散绿池，空余汴水东流海。"汴水流，汴水流，流的都是愁。高适说："梁王昔全盛，宾客复多才。"只可惜已成南柯一梦。韦应物也说："梁王昔爱才，千古化不泯。"梁孝王无疑堪称汉代文学的伯乐，不只爱才，而且识才。瞧他旗下收编过的一系列文人墨客，哪个不是因入驻梁园而升值的？

对于司马相如，优游于梁园的日子，即使不算黄金时代，也算镀金时代，因得到梁孝王另眼相看而容光焕发，加上《子虚赋》又使他尝到一夜成名的甜头，真是春风得意啊。他已非被草莽埋没的千里马，而是公认的宝马、名马。名气，能使千里马插上翅膀，腾云驾雾，前途无量。正当司马相如准备畅想未来、再试身手之时，梁孝王垮台，如同晴天霹雳，不仅使梁园黯然失色，也驱散了闪耀在司马相如身上的光环。他是谁啊？他谁也不是了。不过一介书生，除了多一份清高，比贩夫走卒高明不到哪里。而所谓的清高，不仅无用，而且是累赘。大事做不来，小事又不愿做，连混碗饭吃都难。昨天的自信烟消云散，司马相如意识到文人说好听点是特殊人才，说不好听点就是寄生虫，一旦失去了靠山或者说宿主，思想的巨人顿时沦落为现实的侏儒，不仅气势上矮别人一头，而且比俗人更脆弱，更怯于另觅出路。

司马相如想家了。出门这么多年，他第一次想家了。四海茫茫，家乡是唯一的依靠。哪怕这种依靠只是心理上的。

汉景帝中元六年（前144），司马相如空转了一大圈，又回到起点，白白浪费八年青春时光。再看见家门口的升仙桥，真是酸甜苦辣咸五味俱全。

看来站错队就等于走错路。原本以为可以走捷径，反而绕得更远了。最初的目标简直成了泡影。原本是为了可以衣锦还乡，结果却被措手不及地打回原形。

看到这里，会真正明白后人为什么以"游梁"代指仕途坎坷，事事每与愿违啊。

但"游梁"毕竟给历代文人墨客提供了一个借题发挥的素材与典故。唐代岑参《梁园歌·送河南王说判官》，是著名的送别诗歌："君不见梁孝王修竹园，颓墙隐辚势仍存。娇娥曼脸成草蔓，罗帷珠帘空竹根。大梁一旦人代改，秋月春风不相待。池中几度雁新来，洲上千年鹤应在。梁园二月梨花飞，却似梁王雪下时。当时置酒延枚叟，肯料平台狐兔走。万事翻覆如浮云，昔人空在今人口。单父古来称宓生，只今为政有吾兄。辀轩若过梁园道，应傍琴台闻政声。"他的《山房春事》也写到梁园："梁园日暮乱飞鸦，极目萧条三两家。庭树不知人去尽，春来还发旧时花。"储光羲《临江亭五咏》之四："古木啸寒禽，层城带夕阴。梁园多绿柳，楚岸尽枫林。山际空为险，江流长自深。平生何以恨，天地本无心。"王昌龄《梁苑》："梁园秋竹古时烟，城外风悲欲暮天。万乘旌旗何处在？平台宾客有谁怜？"李峤《兔》："上蔡应初击，平冈远不稀。目随槐叶长，形逐桂条飞。汉月澄秋色，梁园映雪辉。唯当感纯孝，郅郭引兵威。"

到了元末明初，袁凯《白燕》诗："故国飘零事已非，旧时王谢见应稀。月明汉水初无影，雪满梁园尚未归。"明代中期，李梦阳写《梁园歌》："梁园昔有信陵君，名与岱华争嵯峨。"他还有另一首《梁园雪歌》："今为梁园客，独对梁园雪。"嘉靖时王廷相《梁园歌三首》其二："百年之后君为谁？有酒莫惜千金挥。不信试看梁王苑，狐兔草驰鬼火吹。"

明末清初，吴伟业《雪中遇猎》："笑我书生短褐温，蹇驴箬笠过前村。即今莫用梁园赋，扶杖归来自闭门。"侯方域《梁园怀古》："驱车荒城隅，昔是梁王园。当日宾客馆，离离百草蕃。"这个出现在《桃花扇》里的侯方域，老家商丘，他和文友结雪苑社，起名"雪苑"，灵感源自"梁园雪霁"。

这些咏叹梁园的诗篇或诗句，无不以冷风景渲染出知音难觅的感慨。后世已无梁孝王，梁园留下的只是更多文人怀才不遇的苦吟。

南朝江淹《青苔赋》云："游梁之客，徒马疲而不能去；兔园之女，虽蚕饥而不自禁。"唐代顾况《宋州刺史厅壁记》称："梁孝王时，四方游士邹生、枚叟、相如之徒，朝夕晏处，更唱迭和。天寒水冻，酒作诗滴，是有文雅之台。"宋晏殊《假中示判官张寺丞王校勘》诗："游梁赋客多风味，莫惜青钱万选才。"明何景明《答雷长史》诗之三："贾谊功名终负汉，马卿辞赋尚游梁。"清张问陶《独树店》诗："宋玉有怀仍忆楚，相如多病更游梁。"可见春风得意的顺境固然可喜可贺，逆境与困境同样也能带来另一种滋味的诗意。

司马相如一生，有三大支撑点：成都、梁园、长安。几起几落。梁园时期，是他绕不过去的一段弯路，因而又堪称必经之路。正是在这块"练兵场"上，司马相如初试锋芒。他像孔雀开屏一样洋洋洒洒写出《子虚赋》，不仅获得梁孝王的喝彩与推崇，而且许久之后还吸引了汉武帝的眼球。更重要的，他与梁孝王相见恨晚、相处融洽，也为他来日向汉武帝献计、献策、献赋乃至献出后半生的智慧与才华，提供了宝贵的经验。

司马相如之所以舍汉景帝而投梁孝王，因为梁孝王比汉景帝更爱才惜才，也更有"文艺细胞"。绝对属于两类"领导"。在这方面，汉武帝却和梁孝王是同一种人，务实务虚两不误，都比汉景帝显得更见性情、更有体温。因而都能与司马相如一拍即合。只是，司马相如灰溜溜地离开梁园之时，还预料不到未来会有更大的舞台等着自己。就像当代人常自我安慰的：天无绝人之路——上帝给你关上一扇门，还会给你打开一扇窗。司马相如当时可一点也看不见窗户在哪里，只看见满世界的黑暗。

司马相如是因为希望而离开成都、投奔长安的，长安却让他失望。司马相如是因为失望而离开长安、投奔梁园的，梁园给过他巨大的希望，后来又让他再一次失望，甚至绝望。

司马相如就像遭遇四面楚歌再加上十面埋伏的项羽，荷戟独彷徨。虽然也无颜见江东父老，可还是不得不跌跌撞撞地走回头路，厚着脸皮回老家。走过成都北门的驷马桥时，头要埋得更低一点。当年出发时放过"不乘高车驷马，不过汝下"的狂言，别人是否记得不知道了，自己却音犹在耳，此话就像一条鞭子，翻来覆去地抽打着一颗伤痕累累的心。唉，故乡会原谅并接纳失败而归的游子，只是自己不肯原谅。过不了的还是心里的这道关。

自梁园败归成都，给司马相如留下难以磨灭的心理阴影。即使他未来第二次投奔长安，还是忘不掉梁园，那既是一场美梦，又是一场噩梦：政治的凶险，人生的无常，给这位书生狠狠地上了一课。熊伟业《司马相如生平新订》，认定游梁是司马相如一生转折点：自公元前一五〇年以后，司马相如当目睹身历种种阴谋诡计与追查打击，对政治以及社会当有完全不同于游梁之前的感受。再入长安为郎之后，处处小心谨慎，所谓"欲谏，不敢"，直到"未尝肯与公卿国家之事，称病闲居，不慕官爵"，这与"慕蔺相如之为人"的意气风发，"见而说之，因病免，客游梁"的冲动率性，判若两人。平生方向从最初渴望立功最终转到立言，也是其性格与时代纠结后的必然结果。

梁园，毕竟因这一系列喜剧与悲剧的烘托，而像燕昭王的"黄金台"一样，成为中国文化史里的标志性建筑。梁园因梁孝王而出名，梁孝王也因对司马相如的知遇之恩而成为千古文人的知音。

后世李白、杜甫、高适、王昌龄、岑参、李商隐、王勃、李贺、秦观等都曾慕名前来梁园。李白离开长安，在洛阳遇见杜甫，在汴州又邂逅高适，三位诗人结伴畅游开封、商丘等地。尤其这三颗诗歌巨星相会于梁园，醉眼秋共被，携手日同行，是唐朝著名的一阕三人行。在古吹台上，杜甫写下《遣怀》："昔我游宋中，惟梁孝王都。名今陈留亚，剧则贝魏俱。邑中九万家，高栋照通衢。舟车半天下，主客多欢娱。白刃雠不义，黄金倾有无。杀人红尘里，报答在斯须。忆与高李辈，论交入酒垆。两公壮藻思，得我色敷腴。气酣登吹台，怀古视平芜。芒砀云一去，雁鹜空相呼……"高适写下《古大梁行》："古城莽苍饶荆榛，驱马荒城愁杀人。魏王宫观尽禾黍，信陵宾客随灰尘。忆昨雄都旧朝市，轩车照耀歌钟起。军容带甲三十万，国步连营一千里。全盛须臾哪可论，高台曲池无复存。遗墟但见狐狸迹，古地空馀草木根……"李白更是在此地居住长达十年之久舍不得离开，《梁园吟》成为千古名诗："我浮黄河去京阙，挂席欲进波连山。天长水阔厌远涉，访古始及平台间。平台为客忧思多，对酒遂作梁园歌……"李白《书情题蔡舍人雄》一诗中有"一朝去京国，十载客梁园"的记载。这十年里有一个大雪天是最让人难忘的，李白踏雪到梁园的清泠台送别岑征君，写下《鸣皋歌送岑征君》，抒发了"扫梁园之群英，振大雅于东洛"的豪情。此诗原题下注："时梁园三尺雪，在清泠池作。"清泠池，为梁园一景。李白在雪景里题诗的身影，是风景里的风景。李白对梁园的雪景情有独钟，还有一首《对雪献从兄虞城宰》，同样属于对雪放歌："昨夜梁园里，弟寒兄不知。庭前看玉树，肠断忆连枝。"李白借乐府旧题创作的《白头吟》两首（与卓文君的《白头吟》同题），也是在梁园游青陵台，看到相思树时所写。

杜甫"少与李白齐名，时号李杜，尝从白及高适过汴州，酒酣登吹台，慷慨怀古，人莫测也"。有人据此考证，吹台在开封，梁园在开封。李白、杜甫、高适，其实相会在开封的梁园，那时高适在汴州（开封）一带过着"混迹渔樵"的贫困流浪生活，达十几年之久。杜甫《赠李白》，回忆结伴游梁园的这段时光，也可证明："二年客东都，所历厌机巧。野人对膻腥，蔬食常不饱。……李侯金闺彦，脱身事幽讨。亦有梁宋游，方期拾瑶草。"

明代政治家于谦任河南巡抚期间，作七言古诗《题汴城八景总图》："天风吹我来中州，光阴荏苒春复秋。民安物阜公事简，目前景物随冥搜。梁园花月四时好，日落夷山映芳草……"可见梁园已成汴城八景之一。清代蒋湘南《梁园吟和李白韵》："我昔游梁发清兴，驱车遍访夷门山。汴人指点道旁树，黄沙漠漠埋其间。廿载来往怀感多，今年始作梁园歌。不怜艮岳一拳石，不吊蓬池千顷波。"很明显写给开封的梁园。

当然，还有另一种说法：梁国都城并不是开封，而是商丘，梁园也不在开封，而是在商丘，但由于开封历史上曾长期称大梁、汴梁，故使很多人产生误解，以致以讹传讹，把梁园也列入开封范围。也由于商丘、开封两地相近，故把商丘的"梁园雪霁"也列入了汴京八景之一。

商丘、开封，都有梁园。商丘的梁园，我是应河南永城市诗歌学会会长柳歌邀约而去，捎带着还参观了位于芒砀山保安峰的梁孝王墓。开封的梁园又叫禹王台公园，二〇一六年《汴梁晚报》聘请我担任文化顾问，约我在古吹台上接受记者采访，一侧还有三贤祠，明代河南巡抚毛伯为纪念唐代大诗人李白、杜甫、高适曾同登吹台饮酒赋诗而建造。据刘海永介绍："三人酒酣古吹台，放眼四望，信陵君的坟墓已被耕为平地种上庄稼，梁孝王的舞榭歌台早已踪迹皆无，枚乘和司马相如也已灰飞烟灭，不禁感慨万千。忽然听到不远处窗外传来如梦如幻的琴声，三人疑是师旷再生，不禁心生感慨。似醉非醉之间，李白即兴赋诗，挥笔在墙上写下了那首千古名作《梁园吟》……"

在司马相如之后，在李白、杜甫、高适之后，我来梁园，也登上古吹台，即兴写了一首诗《梁园，诗人的家园》。这是一个当代人的"梁园吟"：

找到了梁园
哪怕它已成为废墟

找到了李白题诗的墙壁
哪怕它已成为断垣残壁

找到了杜甫，李白那著名的知己
我也像找到自己

还有高适。唐诗的三巨头
三大男高音，在小小的古吹台上聚齐

孤零零的我，来得太迟了
未赶上巨星彼此唱和的节日

可我还是沾了他们的光。今天的梁园敞开大门
仅仅因为我自报家门：李白的后裔……

　　我猜测，当年李白登古吹台时，是否自视为司马相如的后裔？文章千古事，代代相传，一代先行者有了一代继承者，一代继承者也会有又一代继承者。梁园，既像现实的坐标，又是虚拟的地址：那是一代又一代诗人的理想国，一代又一代理想主义者的精神乐园。

　　东汉末年，曹操"引兵入砀，发梁孝王冢，破棺收金宝数万斤"（也有人说"得金宝十万余斤，运七十二船"），致使"金尽梁王石室空"。金银财宝是留不住的，荣华富贵也被雨打风吹去，但梁孝王最大的一笔遗产，就是梁园，现实中的梁园早已沦为一片废墟，可传说中的梁园依然让人津津乐道。那是一个爱才惜才、人尽其才的理想国，名士云集。有些是因有名望而被梁园吸纳的，更多的则是通过梁园而出名的。

譬如对于司马相如的一生，梁园是极有纪念意义的中转站。他第一次跨进梁园的城门时，尚是无名青年，可正是梁园给了他灵感，一篇《子虚赋》应运而生。《子虚赋》，不知是否算司马相如的处女作？但肯定是他的成名作。

梁园对于司马相如，意味着一段幸福的时光，只不过太短暂。就像一个梦，刚尝到甜头，刚做到一半，就醒了，而且是被惊醒的。

司马相如虽然心有不甘，但也无可奈何。这就是命运。命运让他不得不再次拐弯。

第三章

凤求凰：琴挑

卓文君

一、一曲携得美人归，琴台也是凤凰台

我知道有两个琴台：一个在武汉，一个在成都。

我知道有两个知音的故事：一个是春秋时期的伯牙与子期，另一个是汉代的司马相如与卓文君。

我也就知道了有两个心心相印的乐曲：一个叫《高山流水》，一个叫《凤求凰》。

一个是友谊的颂歌，一个是爱情的绝唱。

汉阳龟山西麓月湖之滨的古琴台，与黄鹤楼、晴川阁并称武汉三大名胜，因为楚国的琴师俞伯牙曾在此抚琴，被路过的樵夫钟子期听出了门道："美哉！巍巍乎志在高山。"伯牙继续弹奏，又被子期识别出弦外之音："美哉！荡荡乎意在流水。"伯牙喜出望外，与子期结交为挚友，约好来年再会。第二年重游故地，子期却已不幸病亡，伯牙悲伤地在子期墓前再弹一遍《高山流水》，就扯断琴弦，摔碎琴身，发誓今后永不鼓琴。

成都通惠门附近的琴台路，原先叫琴台故径，是司马相如与卓文君

当垆卖酒所在地。据《蜀典·器物类》记载,司马相如善鼓琴,所用琴名为"绿绮",系当初应梁孝王之约写了《如玉赋》,梁孝王读后心花怒放,而慷慨回赠的礼物。琴内有铭文曰:"桐梓合精"。司马相如离开梁园,什么也没带走,只有这一张古琴相伴。回到成都,他偶尔弹拨,就追忆起在梁孝王身边那一段春风得意的时光。可惜,如今伴奏的,是秋风萧瑟。他一点没想到,正是这唯一的纪念之物,下面还会派上大用场。司马相如的"绿绮",也就与齐桓公的"号钟"(传说琴仙伯牙弹过此琴)、楚庄王的"绕梁"、蔡邕的"焦尾",并称中国古代价值连城的四大名琴。

汉景帝后元元年(前143),二十九岁的司马相如作为落魄书生,仰慕临邛首富卓王孙之女卓文君美貌,加上知道她也是音乐发烧友,终于找了个机会去卓王孙家做客。当主人见司马相如名琴在怀,要他展示琴艺时,他就在客厅里别有用心地自编自演了一曲《凤求凰》。"卓王孙有女文君新寡,好音,故相如缪与令相重,而以琴心挑之。"

藏在屏风后面窥探的卓文君,见司马相如一表人才,弹拨的琴曲有求偶之意,分明是在表白暗恋,似乎还挑逗自己中夜私奔。"及饮卓氏弄琴,文君窃从户窥之,心悦而好之,恐不得当也。"这就叫一见倾心。

司马相如与卓文君之间有红线相牵,还真得感谢一个关键人物:王吉。他是司马相如的"发小"(少年时的好友),恰巧在临邛做县令,听说司马相如投奔远方屡屡碰壁,退回老家后又无人照应,住在父母留下的破落宅院,连吃饭都成了问题,就有心施以援手,邀请他来临邛小住。走投无路的司马相如,就像抓住一根救命稻草,立马赶赴临邛。从长安到梁园,都是空欢喜,更尴尬的是回到成都也衣食无着,命运对他一次次关上门,可毕竟,又打开一扇窗。苦海无边,回头也没找到任何办法,所幸还有一个好友在招手:临邛是岸。长安、梁园、成都,都是伤心地,都让司马相如失望,好在天无绝人之路,临邛这个小地方,给了他一线希望。只要有希望,就是好地方。

司马相如作为县令的客人,被安排在都亭住下。都亭,相当于县政府招待所吧。老友重逢,免不了喝几盅小酒。司马相如好久没和人尽兴聊天了，借着酒意，把经历的几次起落以及面临的窘境和盘托出，总算宣泄了一把积郁。前半场，王吉都没怎么插得上话，只是默默倾听。边听边想：如何才能帮助落魄的友人渡过难关？他是当个县令就很满足的人，却一直很敬佩司马相如超人的才情和高远的志向，相信他是人中之凤，目前虽落到无枝可栖的田地，但只要能得到一股好风推送，就可趁势直上云霄。

忽然，王吉想到什么，就问："卓王孙你听说过吧？"

司马相如回答："临邛首富，巴蜀名人，谁不知道啊。"司马相如祖父一代于秦灭六国时被强迫迁徙蜀郡，因而他自小就听长辈讲述过卓氏家族的发家史：司马相如祖上是赵国的贵族，卓王孙的祖上是赵国的冶铁业主，秦王政十九年（前228）秦破赵后被强行迁入巴蜀，两个家族的命运原本相似，都是因国破而背井离乡来巴蜀逃命。只不过后来一个无法避免地成了破落户，另一个却飞黄腾达。经关中由古蜀道进入"葭萌"（今广元西南），有了分水岭：赵国迁来的许多富贵人家都不想走了，或实在走不动了，只有卓氏不怕吃苦，要求远迁"汶山之下"，仅因为听说那里土地肥沃，市井发达，坐商行贾排成长队。卓氏两口子还能想出行贿押解官的歪点子，获得允许，推着一辆小车，徒步走到临邛。临邛城南面有盛产铁矿的五面山，境内还有生产天然气的火井、盐井等，卓氏一眼就瞄上这块宝地（在别人眼里只是荒地），仗着拥有祖传的冶铁技术，利用当地特有的自然资源，兴办起从开采到冶铸的工场，广泛营销，很快就东山再起发迹了。卓家第一代的创业精神，传为佳话，在当时是很励志的。真正使卓家的生意做强做大的，是汉文帝时代，卓王孙之父承包邓氏钱的铸造。汉文帝爱好男色，喜欢划御船的黄头郎邓通（乐山人），封为上大夫，并将蜀郡严道铜山（在今荣经北）赏赐给他，准其铸钱。邓通好逸恶劳，把从铸钱到发行一系列业务全承包给擅长经营的卓家，"邓氏钱"作为钦定"法币""流通天下"。卓家既开造币厂，又开银行，利滚利，很快成了一座金山。可惜汉景帝上台后，失去靠山的邓通被贬还乡，又因"徼外"铸钱获罪，被抄家，查没的铜山收归国有，卓家的支柱产业受到冲击。但瘦死的骆驼比马大，作为卓氏家族第三代人物的卓王孙，仍然可以坐享其成。

王吉又问："那卓王孙的女儿卓文君——"

"临邛第一美女，加上又是首富之女，她的故事早传到成都了。据说她琴棋书画样样精通。"

"可惜她十六岁出嫁后，因丈夫病逝，现在又回到娘家寡居。"王吉看着司马相如，开起了玩笑，"她有她的不幸，你有你的不幸，可你俩若是走到一起，绝对是幸运。优势互补，劣势全无，堪称天造地设。"

"人家是豪门，我这穷书生，根本不会被放在眼里。"

"你别灭自己威风。我有办法。卓王孙有一男两女，唯一的儿子体弱多病，没啥出息，操持家业很不在行。卓王孙年纪大了，常有力不从心之感，很需要一个有头脑又有体力的乘龙快婿作为顶梁柱，协助支撑起家族生意，避免日渐萎缩。我觉得你在长安、梁国都经历过磨炼，见多识广，是合适的人选。日后若能成为卓家的继承人，不仅能重振其雄风，对你们司马家，也算光宗耀祖。况且卓家与司马家，祖上都是赵国豪门贵族，会有共同语言，协力互助合情合理。"

于是酒席的后半场，都是王吉在传授机宜。司马相如是一点就通的聪明人，自然明白王吉用心良苦，也就答应一试。

第二天，王吉就开始导演一场名叫《凤求凰》的大戏。首先为司马相如自驾而来的那辆豪华马车（从梁园带回来的）安排了车夫与保镖，让他们载着司马相如在临邛县城里城外逛几圈，仿佛上边来了要人巡视工作、体察民情。坐在高高车厢里、灿烂华盖下的司马相如，换穿了一套平时舍不得穿的高档时装（从梁园带回来的皮大衣"鹔鹴裘"），雍容华贵，气质优雅，在过往行人眼里真是威风凛凛。他们相互打听："远道而来的这位贵客，是哪路神仙？"

从第二天开始，王吉每每有空，就带着各种礼物去都亭看望司马相如，毕恭毕敬，嘘寒问暖。别人问："明廷，你探视的这位贵客，是谁啊？"王吉骄傲地回答："一位大才子，从京师回来的，见过大世面。当过皇帝侍从、梁孝王贵宾。"

王吉以超高标准盛情款待，客人似乎还不大满意，架子很大，一开始还勉强接见，后来就不耐烦，经常托病避而不见，只让陪护的用人出来打声招呼。有时还嚷嚷此地无趣，想走的架势。

堂堂县令王吉，不仅不敢生气，反而加倍谦恭。此事很快传遍全城。

临邛的富商们为巴结县令，想让他有面子，便轮流做东，替县令设宴款待贵宾。县令每次作陪，都尽量找让贵宾开心的话题。但能看出来，他自己也很开心。

首富卓王孙听说了，自然不好缺席这一仪式，也照章办理。给住在都亭的司马相如递上请柬，并邀县令陪同。

县令欣然答应，并早早赶来，见卓王孙府第已有一帮当地有头有脸的人物等候，可见这场家宴的隆重。午时已过，司马相如仍然未到，派专人驾车去迎请，回话是客人身体欠安，来不了。瞧把县令给急的，不仅不敢先吃，还亲自登门相请，终于把摆架子的贵客接过来了。显得司马相如并不想来，完全因为盛情难却，不想让主人扫兴。

这一周折，反而使卓王孙充满感激，觉得门庭生辉。司马相如一落座，果然很有派头，应陪客们礼节性问候，谈起进京与游梁的阅历，尽挑光辉的讲，让众人仰叹。

王吉猜到了：家里举办如此隆重的盛宴，卓文君不可能不关注。为了使司马相如的表现更出彩，更有可能吸引藏在深闺的卓文君注意，王吉把话题转向才艺方面，向众人介绍："长卿弹得一手好琴，随身携带着的正是梁孝王相赠的绿绮琴。当年梁孝王听长卿弹琴如痴如醉，酒杯高举在半空中，直到一曲终了才想起放下来。还感叹一声：妙哉，太美了。大家想不想听一听这能让梁孝王失态的音乐啊？"

卓王孙自然邀请司马相如弹一曲，让满桌宾客一饱耳福。

司马相如抱起绿绮琴，慢条斯理地自问自答："弹什么呢？《高山流水》之类古曲，听得都不新鲜了。如此，还是给大家一个惊喜。今天参加这场盛宴，我忽然有了灵感，想即兴创作一首琴曲，感谢好客的主人。我就边构思边弹唱吧，刚想好的曲名叫《凤求凰》，表达对一位佳人的暗恋。"

在场的宾客顿时感到格外荣幸。今天的宴会太有意思了，连听的音乐都是当场创作，新出炉的。

隔墙有耳。其实卓文君一直在隔壁，倾听宴会席上的高谈阔论。听说家里宴请县令的朋友，是一位京师回来的才子，卓文君很好奇：多大的才子哟？当才子说要现写现弹现唱，卓文君暗暗称赞：就该这样，艺高人胆大嘛。

客厅里变得安静。所有人充满期待。琴声突如石破天惊，随之而来的是司马相如清亮的歌喉：

> 凤兮凤兮归故乡，遨游四海求其凰。时未遇兮无所将，何悟今兮升斯堂！有艳淑女在闺房，室迩人遐毒我肠。何缘交颈为鸳鸯，胡颉颃兮共翱翔！凰兮凰兮从我栖，得托孳尾永为妃。交情通体心和谐，中夜相从知者谁？双翼俱起翻高飞，无感我思使余悲。

当歌声响起，一下子勾住卓文君的心弦，她忍不住悄悄移步到屏风后面，从雕花的缝隙偷看贵客的形象。果然是她最喜欢的那种文艺范儿，风度翩翩。用今天的话来说，就是仿佛梦中情人，如期而至。

卓王孙对《凤求凰》并未听懂，但为了附庸风雅，大声叫好："听得太过瘾了。如果能再来一首，就更过瘾了。"他想看看这位才子到底还有多大的潜力。在他想象中，才华一定跟酒量一样，每多一杯都更上一个档次。

司马相如倒没有推辞，仿佛胸中有唱不完的歌、手下有弹不完的曲：

> 有一美人兮，见之不忘。一日不见兮，思之如狂。凤飞翱翔兮，四海求凰。无奈佳人兮，不在东墙。将琴代语兮，聊写衷肠。何时见许兮，慰我彷徨。愿言配德兮，携手相将。不得于飞兮，使我沦亡。

世传的《凤求凰》，也就有了另一首。

这一首的涵义更明显了。分明就是将琴代语、以歌代言，委婉地传达一种相思。那是对谁的相思呢？不会是对我的吧？卓文君下意识地倒退几步，怀疑歌者发现了自己在屏风后面的身影。我怎么觉得这《凤求凰》就是专门为我而写，又是特意唱给我听？莫非最好的诗歌都如此，让每一个听众都觉得说到自己心里去了？听说话时，她总觉得这位客人似乎话中有话，不只是说给列席者听的，更是说给现场之外的自己听的。听弹琴时，她不再怀疑自己的敏感是自作多情，分明听出了弦外之音。看来这位客人真是有备而来，不只是有心人，还是有情人，就是为了来唤醒自己的心灵感应。

知音最知心。卓文君不仅是司马相如的知音，还是他生命中的红颜知己。司马相如哪是在弹琴啊，分明是在撩拨文君的心弦，以一曲《凤求凰》，一下子就抓住了少女的心。那一年是景帝后元元年（前143），相如大约二十九岁，文君十七岁。文君不仅有灵敏的耳朵，听懂了司马相如琴声里的心声，更有一双慧眼，慧眼识英雄。她一眼就看出了这个两袖清风的书生并非凡夫俗子，置身于一堆官僚与富豪中照样显得鹤立鸡群，日后必当鹏程万里。她还想助其一臂之力，帮他飞得更高更远。其实是在比翼双飞。

曲终人散后，贴身丫头捎来一张字条，说是刚才弹琴的客人委托转交的。卓文君既惊又喜。字条写的内容是什么？卓文君一打开，顿时脸红了，心里有一头小鹿撞击。原来是一句热情似火的邀约：即刻在临邛城门口的都亭会面。大才子啊，你怎么一点也不含蓄？我和你还没有正式见面，更没有彼此对话，你怎么就肯定我会愿意？

也许，这一切都是老天爷安排的吧？否则，怎么能巧合得如梦如幻，又自然而然，浑然天成？既然如此，自己怎么能拒绝呢？这难道不是最憧憬的事情吗？只不过有点不太敢相信：它就在今夜变成了真的。

卓文君犹豫再三，与其说是不愿让热情相约的才子失望，不如说是不愿错过稍纵即逝的良机：豁出去了，试一把吧，看这场戏会有什么下文。今夜的月光多好啊，独自守在闺房里太可惜，不如出去看个究竟，看个彻底。有什么大不了的？遇见一个自己喜欢的人，容易吗？偏偏他又直言相告喜欢自己，两个人想到一块了，更不容易。他如此有勇气，我怎么忍心泼冷水呢？我就当配合他吧，配合他把剧情继续演下去，不要半途而废。

夜深人静，卓文君在丫头陪伴下赴约，发现都亭门前的十字路口，早已有一辆套好的车马等候。从车上下来迎接的人，正是那位弹唱《凤求凰》的才子。他冲过来，只结结巴巴说了几句话："我暗恋你很久了。我家住成都，你要是信任我，就跟我走吧。有什么话咱们路上慢慢说。如果你不愿意，我保证把你送回来。"

就这几句话，偏偏一下子打动卓文君了。她感受到司马相如跟她一样紧张，这种紧张正是出于对爱的迫切与担心，生怕做着的美梦一下子就醒了。

司马相如拉上美人，要连夜赶回老家成都，十万火急的样子。卓文君感到突然，但也能够理解：司马相如是担心卓家察觉千金失踪而追寻过来，那就想走也走不了了。

卓文君也掂量过：自己是豪门的女儿，在娘家守寡，寡妇门前是非多，与司马相如幽会，夜长梦多，一旦被乡里乡亲发现，流言蜚语四起，传入保守的老父亲耳中，肯定坚决反对。家乡是待不下去了，只剩远走高飞这一条路，能把产生的影响最小化。待到木已成舟，再跟家里摊牌吧，老父亲才有可能接受（其实是不得不接受）这既成的事实。否则，连一点商量的余地都没有。既然今夜与这天上掉下来的才子一见钟情，慷慨赴约，等于在美好的月光下私订终身，那么索性跟他走天涯吧，潇洒一回，浪漫一回。自己已过腻了金丝笼里索然无味的日子，终于有一次怦然心动的机缘，千万不能辜负了。跟着感觉走吧。让明月来做证：这一次全身心的豪赌，最后是输是赢。

卓文君嘱咐贴身丫头，回去后就当若无其事。直到家里找不到自己，再也隐瞒不下去，就把责任推到自己身上，说大小姐要求的，一天后再代为向父亲大人请罪：她遇见喜欢的人了，跟喜欢的人去过喜欢的生活了，等到在外地安顿下来，会给家里写信报平安，并详细说明缘由。女儿从不给家里添麻烦，请允许她按自己的意愿活一回吧。

卓文君留下送信人，连换洗衣服都没带，就匆匆忙忙跟着司马相如打马而去。头也没回。她是不敢回头啊，怕看见陪伴自己长大的那条长街、那座城楼，忍不住改变主意。而这个一瞬间打定的主意，正要把自己改造成另一个人。像是梦一样。

真奇怪啊，一个人，只见了一面，就在这一天里改变了自己。让自己由笼中鸟，变成比翼双飞的春燕，按捺不住兴奋地扑扇着翅膀，投身另外的天空。

夜行的马车，借助月光赶路。车厢里，司马相如终于有宽裕的时间详细地自我介绍，给卓文君讲述自己的身世，以及进京、游梁等传奇经历。"当然，最大的传奇是今天，我遇见了你。而且我们坐在同一辆车上，怀着共同的愿望，奔向同一个远方。"

卓文君只问了一个问题："你真的认定我是你最想结伴同行的人吗？"

司马相如斩钉截铁地回答："我敢肯定。"

"哦，你敢肯定，我就敢肯定了。"

司马相如觉得该介绍的身世都介绍了，该表达的衷情都表达了，问卓文君还想听什么。

"郎君不用说了。我最想听的，还是你唱过的那首《凤求凰》。"

司马相如立即端起古琴"绿绮"，把《凤求凰》重新弹唱一遍。如果说第一遍弹唱时，是在卓家的客厅，为满堂宾朋演奏的，这一遍弹唱，则是在马车上的两人世界，专门弹给卓文君听的。在卓文君耳中，这是全世界最温柔的情话。在卓文君眼里，这是全世界最浪漫的事情。

司马相如与卓文君一见钟情，一半要归功于老天爷，但还有一半，是王吉的功劳。即使在今天看来，王吉不是红娘，却胜似红娘。这位县太爷突发奇想，好像是乱点鸳鸯谱，却暗合了老天爷的旨意。老天爷也不忍心让司马相如再受磨难，送了一份大礼。

清人尤侗称赞卓文君是司马相如的第一知己："予谓文君之事，不足为相如病也。以相如之才，事景帝、孝王，皆不能知，而临邛令与诸富人又不足与言，乃文君独能怜才，国士之遇出于闺中，生平第一知己，在汉天子上矣。文君之从相如，不减红拂之识卫公；相如之挑文君，不愈仲容之追貉婢乎！"尤其难得的，这还是个在贫困时期结识的红颜知己。不但可以同甘，更能共苦。一方面说明文君不势利，另一方面也证明她有眼光。女子择偶时不嫌贫爱富，难；慧眼识英雄，难上加难。这得冒多大的风险？这得有多大的勇气？

好在司马相如后来并没有让她失望。没准儿正是她的勇气，也使司马相如变得勇敢。没准儿正是她的信赖，使司马相如对自己对别人更有责任感。没准儿正是她的鼓励，使司马相如真的成了英雄。换句话说，如果司马相如没有遇见她，或者遇见的不是她而是另一个女人，没准儿生活就是另一番模样。

文君夜奔，比红拂夜奔发生得早，一样的月光，一样的心跳。隋末司空杨素家妓红拂本姓张，因手执红色拂尘，故称作红拂女。文武双全的李靖想投靠杨素门下，面试时被拒，站在一侧旁听的红拂却觉得这位访客谈吐不俗、必成大器，托门人跟踪，探得李靖住处，深夜孤身前往敲门，表明愿一路陪伴其创业。天亮后，两人扮成商人离开长安，前往汾阳投奔李渊与李世民。李渊父子起兵后，李靖为创建大唐立下汗马功劳：平定江南，并攻打突厥，活捉颉利可汗，被封为卫国公。红拂自然成了一品夫人。红拂夜奔，是否受到文君夜奔的影响？女人只会为爱情而夜奔。爱情是女人醒着时也会做的梦。文君与红拂，都是做着这个梦奔向远方的。

司马相如是爱江山的，却未被江山所爱。好像是作为一种补偿，他得到了美人。美人也是他的半壁江山啊。有了这半壁江山，他不再一无所有，不再孤苦伶仃。他又恢复了自信。自己终于成了有家有爱的人。家园，也是一种江山啊，普通人的江山。只要有爱，做个普通人又有什么不好呢？在两个人的王国里，自己也是有王后的，不再是孤家寡人。

司马相如经历了出蜀、进京、游梁、还乡，再由成都至临邛，才与卓文君邂逅，正因为极其偶然，更显得有缘。有缘才能千里来相会。临邛位于成都西南百里，在司马相如的时代，也只需一天的行程，好像近得不能再近了，就当串个门吧。可为了到达这个目的地，司马相如此前已无意识地在汉帝国的版图上绕了好大的弯路：原本向往远方，经受挫败而折返，才在家门口或者说离家不远的地方，巧遇美人。真是仕途上失意，情场上得意。这个美人又是其生命中不可或缺的贵人。有美人相助，司马相如才有了新的远方，才有了更为开阔的明天。凤求凰，而得到凰之呼应与陪伴，是司马相如绝望中的希望，失落后的意外收获，构成人生一大转折点。爱的滋润，安慰了他父母双失的孤独，也愈合了他事业上竹篮打水一场空的创伤。

再次回到成都。这一次与上一次不同，司马相如不再两手空空。他还带了个人回来。带了个自己爱的人回来，不是衣锦还乡，却胜似衣锦还乡。

从马车上下来，走进司马相如家的老宅，卓文君看见的是"家徒四壁立"的场景，唯独半边床上堆满了书。想起路上司马相如自我介绍的家世，"父母已双亡"，卓文君对这位书生的命运充满同情与怜恤。幸好，今天你有我了。卓文君以亲人的身份而不是客人的身份，走进司马相如空空荡荡的家宅，空空荡荡的生活。在马车上她还只是司马相如的情人，从跨进家门的那一瞬间开始，她的身份已变成司马相如的亲人，唯一的亲人。虽然眼前贫穷的情景令她吃惊，但她已做好了准备：跟这位书生过苦日子吧。相信苦日子会因自己的到来而很快熬到头的。

蜜月还未过完，为了支撑起小小的家，司马相如就变卖了车马，文君也把自己的头饰当了，夫妻开店，在如今的琴台路一带卖热酒熟食。文君亲自坐在炉边沽酒算账，相如也系上围裙，用写字弹琴的手端盘洗碗，当起了"服务生"。"文君当垆""相如涤器"的典故，由此而来。

只有在忙碌一天、关门打烊之后，相如才搬出琴来，为同甘共苦的爱妻重演一段《凤求凰》，安慰并感激她付出的辛劳。虽然俗话说贫贱夫妻百事哀，司马相如与卓文君却举案齐眉，琴瑟相和。过着苦日子，心情却是甜美的：只要两个人形影不离，一直都是"蜜月"。

有人说按照汉代婚姻制度与婚俗，倡导"夫有再娶之义，妇无二适之义"，丧夫的文君不能"二适"（再嫁），要服丧、守寡，至少要三年。新寡的文君要再嫁，没法明媒正娶，只有采用"私奔"这种似乎显得极端的方式。"私奔"本出于无奈，因遇见真爱而不得不为之，却成为一种另类的美。

我见过一篇文章，标题就叫《历史上最美丽的私奔：卓文君与司马相如》。究竟美在何处？我仔细一想：还是美在文艺吧？这是两个文艺青年的私奔。尤其那个时代，卓文君这样才貌双全又财貌双全的文艺女青年，极其难得。换一种说法也讲得通：历史上最文艺的私奔。甚至不妨更武断点：历史上最完美的私奔。不像是情感的偷渡，简直是携手奔向金光大道，理所当然，理直气壮。这是天作之合啊。美在天意。但说到底，还是两颗心一拍即合，两个人互相激励的勇气感天动地，使天公作美。私奔这种可能变成悲剧也可能变成闹剧的反常规情节，在司马相如与卓文君身上，彻底变成了喜剧，而且是美丽又浪漫的喜剧。

成都的琴台，是绿绮琴大放光彩之处。成都的琴台，喜气洋洋。后来，"绿绮"甚至成了古琴的别称。成语"红拂绿绮"中的绿绮，借司马相如以绿绮琴挑文君的典故，指能于流俗中识名士、敢于追求自己幸福的古代奇女子。卓文君不简单，不仅敢于追求，而且追求成功了。中国古代名琴中，绿绮最让我刮目相看、侧耳倾听，不在于多昂贵，而在于它最知音最知心，因而最知冷知热。一段超凡脱俗的爱情传说，使其有了灵魂，有了记忆，有了非名利富贵所能攀比的荣耀。

在古诗词中，"绿绮"的出场率也很高，例如张载的"佳人遗我绿绮琴，何以赠之双南金"；韦庄的"地覆青袍草，窗横绿绮琴"；谢朓的"鸟去能传响，见我绿琴中"；李白的"蜀僧抱绿绮，西下峨眉峰"；杜甫的"落霞沉绿绮，残月坏金枢"；贺铸的"愁无已，奏绿绮，历历高山与流水"；韦应物的"碧草生旧迹，绿琴歇芳声"；赵抟的"绿琴制自桐孙枝，十年窗下无人知"；戎昱的"绿琴胡笳谁妙弹，山人杜陵名庭兰"；等等。名人写名琴，使名琴更有名了。

司马相如琴挑卓文君，这个"挑"字，当有挑逗之意。但也未尝不可作为挑选来理解。人在挑选琴，琴也同样在挑选人。弹琴的人，也借琴声来表达心声，借琴声来挑选真正的知音与知己。

这哪是琴台啊，分明是凤凰台。这哪是绿绮琴啊，分明是凤凰琴。

这哪是司马相如琴挑卓文君，分明是凤求凰：没有梧桐树，也照样玉树临风；没有金刚钻，也照样完成了瓷器活。爱情自古即是易碎品，可偏偏就有人能使之成为完美无缺的传奇。这哪是流行的佳话，分明是不朽的神话：别人以物易物，你们以心换心。绿绮琴啊，说白了只是道具。关键得看谁的手在弹，谁的耳朵在倾听，谁的眼睛在说话，谁的心在战栗……

司马相如用《如玉赋》换来的绿绮琴，不仅使自己心想事成、抱得美人归，也使自己成为卓文君的如意郎君、一曲定终身。比翼齐飞，双双如意。

二、司马相如与卓文君：世界十大经典爱情之首

汉代刘歆著、东晋葛洪辑抄的《西京杂记》，没有遗漏"卓文君私奔司马相如"这个美妙故事，"文君遂相与谋于成都卖酒"，可见文君与相如夫妻开店的地点就在成都。梁载言作《十道志》，遵从此说，称成都的"琴台即相如与文君赏酒处"。卓文君曾在成都当垆之说，就此成为佳话。

卓文君不仅让司马相如惊艳，也让整个成都惊艳。文君晨起，当垆沽酒之前，是要对镜化妆的，充满仪式感地为自己的爱情与生活，迎来全新的一天。富贵人家的千金，即使沦落市井，也改不掉爱美的习惯。过往的行人，从窗户匆匆偷看一眼，却连卓文君的眉毛都不放过，真是体察如微："司马相如从哪里找到了这位仙女？她怎么把蛾眉画成青山逶迤的造型，太迷人了。"邻街的未嫁女和新嫁娘，来买酒时，顺便向文君请教画眉的技巧。卓文君画的远山眉，就这样流行起来，成为蜀地妇女争相效仿的时尚。

这一轰动性的民间事件，甚至载入《西京杂记》："司马相如妻文君，眉色如望远山，时人效画远山眉。"该书还夸奖文君"脸际常若芙蓉，肌肤柔滑如脂"。后来到了唐朝，才有白居易《长恨歌》"芙蓉如面柳如

眉，对此如何不泪垂"，以及"春寒赐浴华清池，温泉水滑洗凝脂"的描写。形容的是杨贵妃。卓文君虽未像杨贵妃那样入选"四大美女"排行榜，但以一种邻家女子的美，构成更有亲和力的传说。举案齐眉、当垆沽酒，比闭月羞花、沉鱼落雁要温暖。

明代高启的《当垆曲》，为文君配画、配乐、配诗，使这位传奇女子当垆沽酒的动作，也像是舞姿，荆钗布裙，也可以与《霓裳羽衣曲》媲美："光艳动春朝，妆成映洛桥。钱多自解数，筝涩未能调。花如秦苑好，酒比蜀都饶。深谢诸年少，来沽不待邀。"

卓文君堪称"天下最美的老板娘"，也最著名、最经典。可能因了她的缘故，老板娘这一形象，给枯燥乏味的商业活动增添了温软的诗意。司马相如与卓文君，同时还是才子佳人的特型代言人，他们突破了书生与小姐一见钟情的套路，进入故事经常省略的后半部分：两人抛弃一切在一起究竟怎么办？怎么样？司马相如有了卓文君的辅助，成功地解决了这一难题。爱情不只需要空气，也需要面包（或者说粮食）。但有了爱情，面包也会有的，一切都会有的，只要两个人都有一双勤劳的手，就能自食其力。卓文君之于司马相如，不仅不是拖累，也不仅仅是贤内助，上得了厅堂，下得了厨房，而且可以并肩作战于商场。这就是老板娘与老板夫人在概念上的区别，她是可以独当一面的，不只是精神后方，同时也是合作伙伴。卓文君鼓励了司马相如，更鼓励了担心爱情百无一用、离开物质基础就没法活的世人：拥有物质基础不见得就能拥有爱情，但拥有爱情，可以去创造物质基础。当爱情遇见柴米油盐，并不那么可怕，没准儿会增加一种调料、一种燃料、一种力量。身单力薄的人，也可能因爱情多长出一双手、一对翅膀。司马相如怎么也想不到啊，自己会成为天天为稻粱谋的小老板，但因为有卓文君这个老板娘的配合，日子倒也能过得下去，甚至不乏诗情画意。岂止如此，许多大老板都可能羡慕他：有一个善解人意、八面玲珑的老板娘，才是无价之宝。

我们也不妨用当代思维，来进行一番故事新编：司马相如与卓文君，是最早下海的文人。他们告别了琴棋书画，在闹市区开起一家酒店。一个是董事长，一个是总经理。治理有方，生意很红火。卓文君本是富绅家的大小姐，因为爱上穷书生司马相如，遭到父母反对，才私奔的。用今天的话来说，他们是非法同居。再美好的爱情，也离不开柴米油盐，娇滴滴的卓文君遭受到现实生活的磨炼，渐有阿庆嫂之风："垒起七星灶，铜壶煮三江。来的都是客，全凭嘴一张……"而司马相如呢，也开始学会算账了，到哪儿都随身带着计算器。他发现，挣钱比写诗更快乐。几年下来，也算是个大款了。这就是他们在新时代里的新活法。

川菜中有一道"夫妻肺片"，跟司马相如、卓文君本无关系，可我每次听到这菜名，总下意识地联想到成都，联想到成都那一对最著名的夫妻。他们开的小酒馆，早就拆迁了吧。可走过因他们的故事而得名的琴台路，仍然能闻见酒香，不，我闻见的是爱情的味道；仍然能听见琴声，不，我听见的是超越时空的回音。

司马相如与卓文君的《凤求凰》，即使成为绝唱了，仍然有深入人心的回音。每一对在琴台路携手散步的情侣，心里都会有一堵小小的回音壁。

明代宋濂《送天台陈庭学序》中说："成都，川蜀之要地，扬子云、司马相如、诸葛武侯之所居，英雄俊杰战攻驻守之迹，诗人文士游眺饮射赋咏歌呼之所，庭学无不历览。既览必发为诗，以纪其景物时世之变，于是其诗益工。越三年，以例自免归，会予于京师；其气愈充，其语愈壮，其志意愈高；盖得于山水之助者侈矣。"成都，不只有山水，更有比山水更美的传说，激发文人的灵感、游客的遐想。

成都现在被誉为"来了就不想走的城市"，我觉得也算"走了还会再来的城市"。我又来了，记不清这是第几次。为写《司马相如传》，又专门来成都看琴台路。当然，这也可能只是一个美丽的借口。在我想象中，司马相如与卓文君一直是成都的"荣誉市民"，象征着爱情，代言着幸福。

在成都，我听到次数最多的一个词，是"安逸"。成都人最爱说的是"安逸"。我最爱听的也是这个词。听着听着，甚至会生出点妒意来：我嫉妒成都人的生活与心态都显得那么安逸。当然，这首先要怪我自己，比他们多了几分焦虑。在成都的琴台路以及宽巷子窄巷子连着泡了几个晚上，我享受到成都的安逸，以为这是天底下最安逸的地方了。在成都，安逸无处不在，越小的地方越安逸，越古老的地方越安逸。它不仅告诉你安逸是什么，还会让你变得安逸。它不仅告诉你生活是什么（你以为自己原本就懂，其实并没弄懂），还会让你生活得更好，更属于自己。安逸不仅是生活，更是在享受，享受一种生活。要知道，并不是每个人的生活都是在享受的，并不是每个生活的人都懂得享受的。譬如我，在来成都之前，原本以为自己已经很会生活了，来了之后才发现，还差得远呢，自己根本就未懂得生活是什么，以及什么是生活。先要让自己的心变得安详，生活才可能变得安逸。

在我眼中，成都的关键词是安逸。安逸其实就是我们常说的"幸福指数"。成都的幸福指数高，因为其环境生态与居民心态，比别的省会城市更接近自然、回归自然。我这次来成都，表面上是为了寻访司马相如与卓文君生活的遗迹，其实也是为了参观它原汁原味的休闲文化，那才是这座名城的灵魂。既是来享受安逸的，又是来学习安逸的：安逸其实是一堂课，一门学问，短暂地享受一番并不难，真想学到手，学到心里去，也不容易。

《益部耆旧传》：相如宅在州西笮桥北百许步，有琴台在焉。《成都记》：琴台院，以相如琴台得名，而非其旧。旧台，在城外浣花溪之海安寺南，今为金花寺。元魏伐蜀，下营于此，掘堑得大瓮二十余口，盖所以响琴也。隋蜀王秀更增五台，并旧为六。明天启年间修的《成都府志》中有记载：琴台，府城西南五里，汉司马相如宅……嘉靖中学宪陈鎏，建坊于五里铺路傍，题曰琴台。径沿小径，半里许始达琴台遗址，树松柏。

袁庭栋在《成都街巷志》中解释，从晋人李膺的《益州记》中关于"市桥西二百步，得相如旧宅"和"海安寺南有琴台故墟"的记载，大致将司马相如当年的故居（古人笔下的琴台也可能就是指的故居）划定在了今天的西校场到文化公园这一地区："因为汉代市桥的位置相当于明清的金花桥，在今天的西校场东北的同仁路口附近，这一点大致可以肯定。而海安寺相传是在青羊宫范围内，今天琴台路的位置正是在当年市桥的西边，又与青羊宫相邻，所以琴台路的命名应当是有一定根据的。在十二桥南侧，是改革开放之后新建的仿古一条街琴台路。

据《华西都市报》记者肖茹丹采访报道：这块地原本是清代西城墙外的菜地。一九一三年开辟了通惠门之后，沿城墙边修筑了从通惠门到青羊宫的一条小路，名字叫环城左路。一九六〇年，在被拆除的城墙的基础位置修成了一条街道，命名为建设路。不过，这两条路的街名都没有流行，成都人一般都把这条街叫作西门城边街，所以在一九七七年又正式更名为西城边街。在《少城文史资料》中记载，一九八七年五月对此路进行改造扩建，道路两侧改造为仿古建筑，并于是年九月修建了跨街仿古牌楼"琴台故径"，正式将此街命名为"琴台路"。琴台路全长九百二十米，沿街全部仿汉代风格。街道入口处是大牌坊，顶端悬挂的牌匾上书写着"琴台故径"四字，前后配有"乘兴上高台看玉垒浮云古今多变，闲来泛溪水接草堂遗迹风雅长存"等对联。街面全部由青色的汉代画像方砖铺就，画像内容多为凤求凰故事片段，另有汉代宴饮、歌舞、弋射、车马出巡等生活图景。如今的琴台路已经被正式授牌为中国特色商业街和全国百城万店无假货示范街，后又成为"楹联一条街"，变成了成都市最具特色的街道之一。

琴台故径是卓文君和司马相如私奔的地方，在古琴台遗址，一架古琴模型静置琴台之上。文君庭园里的"琴台"有一联云："井上疏风竹有韵，台前古月琴无弦。"

我请本地的《星星》诗刊副主编李自国做我的"重量级导游"。李自国边走边介绍：这条古径由十六万块天然青石砖铺筑而成，北接文化公园，南连百花潭公园、杜甫草堂以及"浣花风景区"，共同形成一个大型古典文化公园区。延伸的琴台路是成都市的珠宝一条街，市内大型珠宝楼在这里荟萃，街头有司马相如驾车塑像。也有一些适合婚宴的餐饮店，因此被当地人称爱情路。

走在这条路上，我相信是司马相如与卓文君的故事使空气中都弥漫着爱情的味道。市声尘嚣，还是遮蔽不住一缕若有若无、若隐若现的琴声。那一定来自失踪了的绿绮琴。那一定叫作《凤求凰》。故琴会失踪，琴曲却不会失传。

诗圣杜甫晚年在成都凭吊司马相如遗迹琴台，当场写下《琴台》："茂陵多病后，尚爱卓文君。酒肆人间世，琴台日暮云。野花留宝靥，蔓草见罗裙。归凤求凰意，寥寥不复闻。"有人评论："言茂陵多病后，尚爱文君，其文采风流，固足以传闻后世矣。"（《杜诗直解》）

成都，先有司马相如的琴台，后来又有杜甫的草堂。司马相如消失了的琴声，照样能给杜甫带来新的灵感。

其实，在杜甫之前，名列"初唐四杰"的卢照邻，就写有《相如琴台》："闻有雍容地，千年无四邻。园院风烟古，池台松槚春。云疑作赋客，月似听琴人。寂寂啼莺处，空伤游子神。"

在杜甫之后，边塞诗人岑参的《司马相如琴台》，更是把千里明月、千古明月所照耀的名人故居，写得悲伤而又不乏一缕悲壮："相如琴台古，人去台亦空。台上寒萧条，至今多悲风。荒台汉时月，色与旧时同。"

琴台在唐朝，快成了同题诗大赛的擂台。田况《题琴台》："西汉文章世所知，相如闳丽冠当时。游人不赏凌云赋，只说琴台是故基。"

韩绛也有一首《题琴台》："车骑拥客安在哉，绮琴何事有遗台。当时卒困临邛辱，异日宁知谕蜀才。园令官闲多病后，茂陵书奏侈心开。文章光焰留千古，陈迹犹存尚可哀。"

到了明朝，冯梦龙《二刻拍案惊奇》卷九，也以琴台映照人间的悲欢离合："从来女侠会怜才，到底姻成亦异哉。也有惊分终不偶，独含幽怨向琴台。"

直至清朝，为琴台唱赞歌的仍络绎不绝。车酉《琴台二首》其一云："抱琴落魄走荒村，寂寞游人欲断魂。弹遍临邛无一语，知音惟有卓王孙。"陈一沺《琴台》一诗写道："琴台秋老木芙蓉，落落铜官第一峰。偏有女儿识名士，人生那不到临邛。"相类似的，有舒位《司马长卿故里》诗中"识曲佳人真绝代，爱才天子况同时"。

成都的琴台，不仅有才子的风雅，而且有佳人的艳情，似乎比武汉的琴台平添了几分温柔与浪漫。武汉的琴台是男人与男人的相互欣赏，成都的琴台则是男人与女人的天作之合。武汉的琴台清高激越，仿佛不食人间烟火，此曲只应天上有，成都的琴台则是市井里建设的伊甸园，虽然也可遇而不可求，但毕竟提供了成功的范例。

武汉的琴台还有个附属地标，一条叫琴断口的古街，分明在诉说生离死别的悲剧性结局。成都的琴台则是喜气洋洋的，象征着琴瑟相和、花好月圆，至少，会让渴望幸福的人们对缘分多一点信心。瞧，他和她在茫茫人海里，不就是这样相遇并且会合的吗？总有一个人会吸引住你的目光，总有一条路会带着你走进他（她）的心里，总有一根线会像琴声一样，把你们拴在一起。

杜甫《醉时歌》："相如逸才亲涤器，子云识字终投阁。"想象着成都一家小酒店里，卓文君当垆、司马相如亲自洗涤食器的情景，仿佛彼此是隔世的邻居。

后来，辛弃疾《贺新郎·韩仲止判院山中见访》词："作赋相如亲涤器，识字子云投阁。"重述杜甫的心事。刘筠《大赋》："旁有相如涤器，卓氏卖脯，乘时射利，鬻良杂苦。"梅尧臣《送李南玉》："买臣尝负薪，相如犹涤卮。"司马相如用作赋的手洗碗端盘，真是既可怜，又可叹，但也很可爱。

唐宣宗大中六年（852），李商隐要离开成都，返回梓州，在饯别宴席上写下《杜工部蜀中离席》："人生何处不离群？世路干戈惜暂分。雪岭未归天外使，松州犹驻殿前军。座中醉客延醒客，江上晴云杂雨云。美酒成都堪送老，当垆仍是卓文君。"借卓文君当垆卖酒的典故，隐晦地透露诗人希望在仕途上被重用的思想感情。《李义山诗解》：义山拟为是诗，直如置身当日，字字从杜甫心坎中流露出来，非徒求似其声音笑貌也。王安石曾指出，唐朝人学习杜甫而真正得到杜诗神韵的就只有李商隐一人而已。李商隐此诗，模仿杜甫的风格而写，把时事感慨融入酬答唱和，与杜甫晚年的七律如《恨别》《登楼》《秋兴八首》等诗颇为神似。其实是在向杜甫致敬。李商隐在成都，怎么可能不想起司马相如与卓文君呢，又怎么可能忘掉杜甫？杜甫的草堂，也和司马相如与卓文君的酒店、琴台一样，成为成都的景点。

文君当垆沽酒，还成为更多诗人灵感的源泉。庾信《春赋》："绿珠捧琴至，文君送酒来。"元稹《和李校书题新乐府十二首·西凉伎》："楼下当垆称卓女，楼头伴客名莫愁。"郑俗《蜀中三首》之一："雪下文君沽酒市，云藏李白读书山。"李百药《少年行》："始酌文君酒，新吹弄玉箫。"罗隐《桃花》："数枝艳拂文君酒，半里红欹宋玉墙。"温庭筠《题城南杜邠公林亭》诗："卓氏垆前金线柳，隋家堤畔锦帆风。"张祜《送蜀客》："莫恋卓家垆，相如已屑屑。"关汉卿《窦娥冤》第二折："这一个似卓氏般当垆涤器，这一个似孟光般举案齐眉。"

如果只有武侯祠、杜甫草堂，代表不了成都生活的全部。怎么能少了司马相如与卓文君的琴台呢？这才是最能体现成都万般风情的景点啊。成都的平民化是一大特色，自古即以宜居著称，当代的广告语更吊人胃口：一座来了就不想走的城市。美景之外，还有美食、美人。

成都的美食文化，因为出过卓文君这样的老板娘（放在今天而言，已成形象大使），不仅色香味俱全，而且更有文化了，也更有人情味了。她可不是花瓶，还是温酒揽客、盘点流水账的女掌柜。她也不是一般的豆腐西施之类老板娘，还是改变了大才子司马相如命运的女人。如果你知道她又是为了爱情而舍弃富贵、放低身段奋斗于市井中的千金小姐，会觉得她更了不起了。简直是完美的女性，把林黛玉与薛宝钗的优点集于一身，不仅在琴棋书画方面与才子有共同语言，为人处世、撑持家业也游刃有余。

司马相如遇见这样的女人，岂止是有艳福，堪称幸运。小夫妻当垆卖酒那一段好像很落魄的经历，使司马相如真正走出了书斋，呼吸到人间烟火，即使他后来成为宫廷文人，也因有过底层生活的滋养而不至于完全丢掉真性情。

就司马相如一生而言，这一时期的形象是最自由、最浪漫、最真实、最有体温的。很多人都因他的这段情史而觉得他有亲和力，跟太多只会掉书袋或名利熏心的文人区别开来。一万个文人里可能只有一个真情种，司马相如绝对是万分之一。一万个情种里可能只有一个流芳百世，司马相如就是万分之一里的万分之一了。

可如果没有卓文君，没有卓文君的配合，司马相如能做到脱颖而出吗？情史，可不是一个人能独自完成的。成功的男人后面都有一个伟大的女人，司马相如与卓文君就是最早的范例。在成都时期，卓文君甚至无法隐身于男人后面，而不得不走向台前，与夫君并肩抵抗生存的压力。她不是幕后的女人，而是女主人。她不是配角，而是女主角。司马相如进入文学史了，卓文君也是文学史里的女人，确切地说，是对文学史有功的女人。助了司马相如一臂之力，也等于助了文学史一臂之力。

作者、作品，固然是文学史的硬实力，但与作者、作品相关的传奇，也能为文学史注入软实力。正因为有类似司马相如与卓文君这样的佳话，中国文学的堂前燕，也一样能飞入寻常百姓家。

从直抒胸臆的《凤求凰》来看，司马相如即使在人生的低谷期也很自信，自视为人中之凤。卓文君在他眼中就是凰，是命里注定的另一半。凤与凰，正如琴与瑟，是绝配，是最佳搭档。独自也能活，但若能有共鸣，有陪伴，不是更好吗？彼此都会大大激发对方的潜能，在改变对方的过程中，自身也得到完善。这样的搭配，这样的爱，就不是相互消耗，而是相互补充。

唐代诗人张祜《司马相如琴歌》，道出了对这段爱情故事的感叹："凤兮凤兮非无凰，山重水阔不可量。梧桐结阴在朝阳，濯羽弱水鸣高翔。"

有人列举了司马相如《凤求凰》对后代文学尤其戏剧的影响。譬如，《西厢记》中张生隔墙弹唱《凤求凰》，说："昔日司马相如得此曲成事，我虽不及相如，愿小姐有文君之意。"《墙头马上》中李千金，在公公面前以文君私奔相如为自己私奔辩护;《玉簪记》中潘必正亦以琴心挑动陈妙常私下结合;《琴心记》直接把相如文君故事搬上舞台……这位佚名的评论家发现了这两首琴歌被后人津津乐道的原因：首先在于"凤求凰"表现了强烈的反封建思想，相如文君大胆冲破了封建礼教的罗网和封建家长制的樊篱，什么"不待父母之命，媒妁之言，钻穴隙相窥，逾墙相从，则父母国人皆贱之"（《孟子·滕文公下》），什么"妇人有三从之义，无专用之道"（《仪礼·丧服》），什么"夫有再娶之义，妇无二适之文"（班昭《女诫》），什么"男女……无币不相见"（《礼记·坊记》），"门当户对"等神圣礼法，统统被相如文君的大胆私奔行动给踩在脚下，成为后代男女青年争取婚姻自主、恋爱自由的一面旗帜……其次，在艺术上，这两首琴歌，以"凤求凰"为通体比兴，不仅包含了热烈的求偶，而且也象征着男女主人公理想的非凡、旨趣的高尚、知音的默契等丰富的意蕴。全诗言浅意深，音节流亮，感情热烈奔放而又深挚缠绵，熔楚辞骚体的旖旎绵邈和汉代民歌的清新明快于一炉。即使是后人伪托之作，亦并不因此而减弱其艺术价值。

司马相如与卓文君这段公元前的自由恋爱，有激情，有勇气，有智慧，有美感，又有力量。到了今天，仍被公认为"世界十大经典爱情之首"。

国外媒体评比时，中国有三对情人入选其中，除司马相如与卓文君位列第一外，唐明皇与杨玉环位列第三，徐志摩与陆小曼位列第十。

我每次来成都，可以不再去武侯祠、杜甫草堂，却总想到琴台路走一走。那才是散步的好地方。虽然司马相如与卓文君的酒馆早拆了，琴台也似是而非，可毕竟这一对情侣的名字是抹不去的，故事是忘不掉的，哪怕只是凭吊一下名存实亡的遗址，也觉得那幕爱情的戏剧仍会重演。只不过剧中人换成了别的情侣的名字。

凤求凰，凤求凰，即使凤凰涅槃了，浴火之后还会重生，还会继续前世的追求。司马相如与卓文君，是成都的荣誉市民，使成都在象征的意义上不只是一座休闲的城市、消费的城市、琴棋诗画的城市，也是一座永远在恋爱的城市。

我在琴台路涮火锅，在宽巷子窄巷子泡吧，或者随便在哪条无名街道的茶座坐坐，都会下意识地关注一下：有没有老板娘啊？老板娘长什么样啊？跟卓文君像不像啊？毕竟，我来到了司马相如与卓文君的地盘。

我也会暗暗打量周围涮火锅、喝茶、搓麻将的成都人，在司马相如与卓文君的时代，他们的顾客，没准儿也是这样的神态、这样的性情。好安逸哟。

三、因为爱情而改变命运

司马相如与卓文君的酒店乃至琴台，为成都增色。可对于故事的男女主人公，当年却是甘苦寸心知。

　　司马相如携卓文君回到成都，日子过得紧巴巴，再美的爱情，光靠喝西北风也无法滋养。司马相如并不是一开始就开酒馆，他也做过相对体面的工作，譬如赶上文翁办学的热潮，在石室郡学当教师。热衷办学而吸引司马相如进入教育界的文翁，正是当年推荐司马相如去长安读书与当官的那位蜀郡太守。只不过当时当教师工资低，加上娶了千金小姐，家庭开支激增，资金链吃紧，司马相如一咬牙一跺脚，不要面子要里子，下海做起小老板。毕竟，当时商人的社会地位不高，开酒馆这种小本生意更是等而下之。可司马相如要养家糊口，也没别的办法，只好豁出去了。

　　司马相如有个在石室郡学当教师的朋友下海，开起酒店日进斗金。司马相如很羡慕，才如法炮制。可他没深想那是因为别人家境好，投资大，加上人脉广，才生意兴隆。自己在成都所开的酒馆，启动资金仅靠变卖了从梁园带回来的那辆高级马车，本小利微，经营过程中卓文君把浑身上下的金银饰品都兑换成现金，添加进去，苦苦撑持，最后还是不得不倒闭。看来百无一用是书生啊，司马相如承受着巨大的压力，整天去市井里闲逛，愁眉苦脸。可回到家，在卓文君面前还得硬撑着，强作笑颜：没事，没事，天无绝人之路，我得多出去考察考察，看下面该改哪一行更容易赚钱。

　　卓文君看在眼里，疼在心里。知道这样下去不行，向夫君建议：要不，还是回一趟我家乡临邛吧？即使我父亲不愿敞开家门，总还能从我哥那里偷偷借到点钱，大不了咱赚到钱后再还他呗。没本钱怎么做生意啊。

　　没本钱怎么做生意啊。卓文君说的倒是真理。她虽然自小养尊处优，从来不知道缺钱啥滋味，但跟随司马相如这段时间，第一次亲自做起小生意，算是火线突击补了一堂课，一下子就明白生存与生活是怎么回事。连生存都岌岌可危，哪有生活啊？即使有，也不堪一击。

　　司马相如自尊心强，本打算混得好点再与卓家建立联系，可自尊心不能当饭吃，小酒馆已关门，眼看着家里也要断炊了，似乎只剩下向卓文君娘家求助这条路了。再耗下去，连回临邛的盘缠都没有了。得，还是硬着头皮试一下吧。看看卓家会有什么反应。不至于见死不救吧？

卓王孙对女儿的私奔很生气，曾放出狠话："女至不才，我不忍杀，不分一钱也。"当女儿在成都过不下去，回到家乡又不敢进家门，托哥哥代向父亲请安，卓王孙的气更大了："别开门。就隔着门告诉她：嫁鸡随鸡，嫁狗随狗，有本事别回来。"

卓文君的哥哥是老实人，偷偷开门把父亲的话转告卓文君："老爷子正在气头上，缓一缓我再劝说他。我这里倒有点闲钱，你们先拿去零花吧。"卓文君接过哥哥递过来的钱囊，觉得到底是兄妹，哥哥做得真有哥哥的样子，可父亲却太不像父亲了，哪有这样对待亲生女儿的道理？

司马相如向卓文君哥哥道谢，然后安慰卓文君："还是回成都继续做点生意吧，等发财了再带着厚礼来向父亲赔罪。"

重新坐上租借的车马，卓文君气得满脸通红，她没想到父亲如此绝情，连家门都不让进。当车马驰过临邛城门口的都亭，卓文君突然叫停："不走了。我们还就在这里住下了。下车。"她和车夫结清了车资。司马相如不知她怎么想的，不好劝阻。

下面的一切，全部听卓文君安排了。她在卓府一街之隔处，租下一间门面，又重操旧业，当垆卖酒。毕竟算老本行了，加上是在老家门口，干起来轻车熟路。吃惊的是街坊四邻："那不是卓王孙的闺女卓文君吗？不是说改嫁到成都去了嘛，怎么回来了，还在娘家对门开起酒馆，这不是唱对台戏吗？给她老爹好看。卓王孙多下不来台啊。""跑堂的伙计，不就是县令招待过的那位贵宾吗？原来他就是卓文君的郎君啊。你别说，两人站在一起，郎才女貌，倒挺般配的。只是，他俩演的是哪一出戏啊？"

卓文君从小就讨人喜欢，在家乡人缘极好，乡亲们也不见外，纷纷走进小店嘘寒问暖，和她聊聊近况，顺便买点散酒卤菜，照顾她的生意。卓文君拉过跑前忙后的司马相如，向他们介绍："这是我的夫君，叫司马相如，是个读书人。"司马相如倒也谦和，跟大家交流新闻旧事，很快打成一片，结识了一大堆远亲近邻。

有一位远房亲戚打抱不平："多好的女婿啊，卓王孙怎么能不让进家门呢？"

卓文君假装伤心："唉，不就是嫌读书人穷嘛，他哪知道读书人有了机会要发达起来，比做生意的强多了。我家的这位读书人，可是给当朝皇帝干过活的。只是因为家里父母双亡，回成都守孝，才不得不辞去吃皇粮的差使。可虎落平阳被犬欺，他哪料到人心如此势利？"

"卓王孙一向很有眼光啊，怎么偏偏看不出自己的女婿是一块能光耀家门的料？连我都看出来了。只能说是他聪明一世，糊涂一时。文君，你别多怪他，找时间我去一劝，他立马就能醒悟过来。"

卓王孙一开始就觉得很丢面子，但还硬撑着，以为不懂事的女儿折腾几天就折腾不下去，自然偃旗息鼓，灰溜溜地回成都去。谁料卓文君在临邛开酒馆，比在成都开酒馆运气好多了，每天都有回头客，座无虚席，不仅把哥哥借的钱连本带利返还，而且根据赢利情况，还准备扩大店面，甚至计划再招几个小工，开连锁店。

卓文君原本想出的是一着"苦肉计"，为了博取父亲的同情与援助，也算是倒逼，以"狠"对"狠"：你作为父亲既然无情，我作为女儿也可以不义，让众乡亲看看，女儿讨饭都讨到父亲家门口，可父亲却一毛不拔，这算哪门子的"首富"啊？铁石心肠够硬的。得，咱就这么耗下去，看谁撑不下去了先妥协。

可随着生意越做越好，夫妻二人歪打正着，找到一条自食其力的谋生之路。倒也不生气了。就这样也挺好，井水不犯河水，大路朝天，各走半边，各吃各的饭，大不了老死不相往来。

卓王孙在生意场上从没服过软，这回却顶不住了。让街坊四邻看我笑话，可这笑话闹的时间也太长了，已传遍方圆百里，砸我的牌子，生意还怎么做？日子还怎么过？你那小店算什么呀，我经手的可都是大生意啊，经不起负面新闻的。气愤归气愤，毕竟是父亲，卓王孙经常爬上文君住过的闺楼，从绣窗偷窥街对面的酒馆，看女儿气定神闲地当垆卖酒。那个"拐骗妇女"的司马相如，我恨死你了，可你居然有脸回来，肩膀上搭条白毛巾跑堂，还跟我女儿谈笑风生秀恩爱，这不是示威是什么？你能把我娇生惯养的宝贝女儿"改造"成这样，我还不得不佩服你有本事，给她灌了什么迷魂汤？考虑过我的感受没有？不过，这小两口起早贪黑地忙碌，太辛苦了。我女儿哪吃过这苦啊？司马相如，要不是看我女儿的面子上，我杀你的心都有。唉，女儿，你咋这么傻呢，明明是大小姐却当起了丫鬟，怎么还老是被他一逗就眉开眼笑呢？

看着看着，眼泪不知不觉掉下来了。

这段时间，老是有亲友登门相劝："看来文君真爱相如，愿意与之同甘共苦。相如人虽穷，志不穷，宁愿自食其力，也不愿沾文君的光向你伸手。你也不缺少钱财，就不必太让这小两口吃苦了。相如是县令的座上宾，也可以成为咱卓家招纳与依靠的人才，派得上用场，为什么要辱他到这般地步呢？"

卓王孙不依不饶："我上辈子作了什么孽，这辈子欠他们的？他们哪是在我家门口讨饭，明明是讨债嘛。还显得比我有理了。算他们狠。"卓王孙心也有点软了，但还是嘴硬。

亲友明察秋毫，看出了松动："要不我跟小两口说一说，该赔礼就赔礼，该道歉就道歉。事实上已是一家人了，还矜持什么？大团圆多好啊。"

"他们就是道歉，我也不接受。有这样气老父亲的吗？天天在门对面欢天喜地的，也不想想老父亲还有几年可以活了。这是折我的寿啊。"卓王孙这回不只气愤，还伤心了。亲友掩嘴笑着走了。

过几天恰巧卓王孙过生日，前来庆贺的宾客济济一堂。最后赶来的是县令王吉。卓王孙急忙上前迎接："明廷，我虽然递送了请柬，还真没敢指望您能来。您是咱临邛最忙、最辛劳的人啊，耽误您的宝贵时间，我太过意不去。"

王吉递上贺礼："我不看你的面子来，看他俩的面子，也得来呀。"跟着王吉进门的，正是卓文君与司马相如。卓文君提着一篮寿桃，司马相如用玉盘托着一份红包，没等卓王孙反应过来，就双双在他面前跪下："父亲大人，我们来给您祝寿。"

卓王孙虽然说过拒绝接受卓文君与司马相如道歉，可人家是来祝寿的，巴掌不好打笑脸人。况且还是跟县令王吉联袂而来，总得给县令一点面子。满堂都是热情道贺的亲朋好友，喜气洋洋，尴尬了，谁都不好看。卓王孙正迟疑怎么应付这出乎意料的场面，早有亲戚过来打圆场，扶伏身跪拜的小两口起来："还不赶紧上桌，就等你们了。人齐了，可以开席了。我们可都饿坏了。"

卓王孙也就找个台阶下，不再说什么。刚回到寿星的位置坐下，大家纷纷上来敬酒。卓王孙乐得合不拢嘴，喝了一杯又一杯，暗自纳闷：憋了这么久的气愤、怨恨，都到哪里去了？怎么一下子就无影无踪了？卓文君与司马相如不期而至，不仅没给自己心里添堵，反而带来一份隐约的惊喜。这两个"小坏蛋"，老夫承认玩不过你们，不过你们也让我输得服气。

当卓文君拉着司马相如过来，再次在卓王孙面前跪下，双双把酒杯举过头顶："祝父亲大人高寿。"卓王孙把两杯酒一饮而尽："看在王县令的面子上，同时为了让亲戚朋友们高兴，我也肚量大点，饶恕你们的过错。"这等于默认了卓文君与司马相如的婚事。卓王孙还是心疼女儿，先拉文君起身："女儿啊，你哪知道老爹多么挂念你。唉。"说着，眼睛红了。转身再拉相如起身，一字一顿："你以后要敢对我女儿不好，别怪我对你不客气。"

相如笑吟吟地回答："我早已发誓跟文君白头到老。"

云开雾散，雨过天晴，这一天的转机就像是奇迹。卓王孙的这次寿宴，喜上加喜，肯定是他一生中过得最开心的一次生日。为了让满堂宾客见证自己的豪爽与大度，卓王孙借着酒兴，当场许诺：分给女儿百万家产。一夜之间，司马相如与卓文君就暴富了。

从第二天开始，司马相如与卓文君在临邛过起了第二次"蜜月"。与成都清贫的蜜月相比，这一次蜜月更像是苦尽甘来的补偿，加倍的甜，加倍的圆满。

文君"当垆"、相如"涤器"的苦日子，戏剧性地开始，也戏剧性地结束。"百万富婆"卓文君，要跟司马相如回成都置地买房，构建经济独立、精神独立的"二人世界"。卓王孙还不放心，又增派百位仆佣，作为卓文君额外的嫁妆。他希望宝贝女儿出门在外建立的小家庭，能够跟在娘家时一样富足。事实证明，卓王孙是一位爱女心切的好父亲。司马相如沾了卓文君的光。从此告别囊中羞涩的人生阶段。

这就成了进入《史记》的爱情故事："分予文君僮百人，钱百万，及其嫁时衣被财物。文君乃与相如归成都，买田宅，为富人。"司马相如因为卓文君而一夜暴富，特意在豪宅的后花园搭建一座琴台，以纪念自己与卓文君因琴曲而结缘。还特意买下一口井，以酿酒合欢。如果说当初开店卖酒时心里还有点苦，此时已彻底变甜了。美人做伴，琴棋书画诗酒花，这种神仙眷侣的逍遥生活，整整过了四年。

这一段真实的爱情，变成了传奇，不仅使琴台出名了，连那口井都未被遗忘，人们美其名曰文君井。不只成都有琴台，在卓文君的娘家临邛，今天的邛崃市临邛镇里仁街，也有琴台，还有文君井，以及文君梳妆台、当垆亭、酒肆、听雨轩等。当地人说，那口井壁为黑黏土、杂有陶片的西汉遗井，就是卓文君取水煮酒的。有《邛崃县志》为证：文君井"井泉清冽，甃砌异常，井口径不过两尺，井腹渐宽，如胆瓶然，至井底径几及丈，真古井也"。形似一口埋入地下的大瓮。

文君井上有一对长联，概括司马相如与卓文君的传奇人生：

君不见豪富王孙，货殖传中添得几行香史；停车弄故迹，问何处美人芳草，空留断井斜阳；天涯知己本难逢，最堪怜，绿绮传情，白头兴怨。

我亦是倦游司马，临邛道上惹来多少闲愁；把酒倚栏杆，叹当年名士风流，消尽茂陵秋雨；从古文章憎命达，再休说，长门卖赋，封禅遗书。

作为文君故里，临邛不仅弥漫着酒香，还弥漫着诗香。李商隐《寄蜀客》："君到临邛问酒垆，近来还有长卿无。金徽却是无情物，不许文君忆故夫。"诗中的金徽即琴徽，指琴，司马相如琴挑卓文君的那把绿绮。故夫指卓文君先夫，其因先夫病故居家，才有缘与司马相如相恋。意思是说，琴做他们的媒介却是那样的无情，致使卓文君不再思念自己的前夫。有琴则无情（忘了旧情），道是无情却又有情，卓文君与司马相如一见钟情，彼此都达到忘我的境界，不亚于一次凤凰涅槃般的新生。到底是擅写无题诗的朦胧诗鼻祖，写有题诗也下笔孤绝、角度独特。

临邛的酒沾了卓文君的光，香飘千里。方干《送姚舒下第游蜀》："临邛一壶酒，能遣长卿愁。"唐彦谦《奏捷西蜀题沱江驿》："锦江不识临邛酒，且免相如渴病归。"钱惟演《小园秋夕》："滑稽还喜鸱夷在，欲取临邛美酒尝。"何逊《扬州法曹梅花盛开》："朝洒长门泣，夕驻临邛杯。"吴均《秋念》："还深长夜想，顾忆临邛卮。"五代前蜀诗人韦庄的《河传》词有一句"翠娥争劝临邛酒"，更是做了活色生香的软广告。

我查阅《中华老字号》，果然有四川文君酒的条目：

　　临邛的酒，远在一千多年前就誉满巴蜀，风闻中华了。邛崃酒厂的前身是"大全烧房"，有十三个老窖相传是明代所建。清代光绪年间，曾生产美人牌大曲酒闻名于世，一九二三年有饮者认为酒质可与贵州茅台媲美，所以一度改用"邛崃茅台"之名，参加四川劝业会获得奖状和奖章。一九六二年定名为文君酒。一九六六年改为邛临酒，一九八〇年又复用"文君酒"。一九八六年，文君酒远销港、澳、台及东南亚地区，实现首批出口；一九八七年，文君酒获中国出口名特产品"八七"金奖；一九八八年，文君酒获中国首届食品博览会金奖、第十三届法国巴黎国际食品博览会金奖、第六届香港国际食品展金奖；一九九一年，文君酒荣获西班牙第七届最佳商品名誉奖、中华国产精品优质奖，文君商标荣获中国首届驰名商标提名奖；一九九二年，文君酒荣获中国优质产品驰名精品奖、保加利亚国际博览会金奖、俄罗斯国际文化基金会荣誉金奖；一九九六年，文君酒厂被评为中华老字号企业，文君酒荣获中国历史文化名酒称号；二〇〇三年，文君酒荣获四川名牌产品称号，四川省著名商标。文君酒因此成为中国十大历史文化名酒，更被民间称作"幸福酒""好运酒""旺夫酒"！

陆游曾在《寺楼月夜醉中戏作》里，猜测文君当垆之美景不可复得："此酒定从何处得，判知不是文君垆。"他到此一游，专门写了《文君井》："落魄西州泥酒杯，酒酣几度上琴台。青鞋自笑无羁束，又向文君井畔来。"现代的大才子郭沫若，追思遥远的风流："卓文君与司马相如的故事，实系千秋佳话，故井犹存，令人向往。"一九五七年十月他到邛崃，踩着陆游的脚印，也写了一首同题的《文君井》："文君当垆时，相如涤器处，反抗封建是前驱，佳话传千古。会当一凭吊，酌取井水中，用以烹茶涤尘思，清逸谅无比。"此诗现已刻在石壁上，立于文君井东。

在陆游与郭沫若之间，碑林里，题文君井的，还有许多名人名篇。譬如赵熙："汉家遗韵井华新，第一风流卖酒人。合为长卿题汲古，好凭牛峤试烧春。恩缘至竟推王吉，庸保归来作使臣。赚得王孙浪悲喜，叨逢武帝似文君。"譬如刘孟伉："万古斯文岣嵝齐，书成封禅又遗讥。墓堂苦语闻和靖，不道斯人未有妻。"

不管是有意还是无心，司马相如因女人而改变命运、改善生活，在某些人眼里总有点吃软饭的味道。司马相如毫不介意，甚至颇为自得，这真叫软饭硬吃。之所以对此很是硬气，还源自与卓文君是真爱。血浓于水，真正相爱的两个人，已经血乳交融，不是血缘关系，胜似血缘关系，我的就是你的，你的就是我的，哪还分得那么清楚？都已是亲密无间的一家人了，又何来软饭硬饭之区分？不都是饭吗？一日三餐是否可口、是否甜美，还得看共同进餐的伴侣感情浓到什么程度，只要真有心灵感应，彼此怜爱，自然能同甘共苦。即使粗茶淡饭，也甘之若饴。别人怎么看待怎么猜测，是别人的事情，与他们两人无关。

　　当然，不仅有人冷嘲热讽司马相如开吃软饭之先河，更有人谴责他还有劫色窃财的嫌疑。直到前些年，王立群在中央电视台百家讲坛，还说司马相如如果"因为卓文君美而琴挑，目的无非是抱得美人归，似乎无可厚非"。但又提出惊人的假设："并不能排除司马相如琴挑文君之后还有其他目的。如果先劫色后劫财，就是一石二鸟，当然，人品就大打折扣了。"这分明是以一种"爱情的阴谋论"，把司马相如置于道德的审判席上。为增强说服力，王立群还引用三位古人的话作为证词。"扬雄第一个提出司马相如是'窃赀'，是劫财。"北朝的颜之推也推波助澜地加了评语"窃赀无操"，唐人司马贞的《史记索隐》更是毫不掩饰地流露出鄙视："相如纵诞，窃赀卓氏。"三点成一线，不同时代的三位文人异口同声的说法，似乎裁定司马相如不仅是高明的盗花贼，还巧妙地顺手牵羊发了一笔横财。司马相如的形象顿时变得复杂了，蒙上一层阴影，让人越来越看不透了。

　　我倒觉得，类似的判断即使不是出于羡慕嫉妒恨，也极可能是以小人之心度君子之腹。司马相如琴挑卓文君，不管是否止于理义，出于情是肯定的，如果无情或伪情，是装不出来演不下去的，好事也会搞砸的。正因为动了真情，琴声才有魔力，抓住美人的心。正因为君子坦荡荡，所作所为才能如行云流水，一气呵成，不带一点磕磕绊绊。司马相如当时眼里只有爱神，并无财神。至于后来因爱而发财，纯粹是爱神施与其额外的奖励，并非强求的，自然也却之不恭了。司马相如肯定是情种，却不见得真是财迷。况且，在爱之外，他确有功名心，也是企望济国安邦、青史留名，绝非见钱眼开，万贯家财就会满足的。人世间他最在乎这两样：一个是情史，一个是青史。如果只能二选一的话，他极可能独取前者。重情才能重义，仗义必然疏财。说实话，即使在他最落魄的时候，也没把钱财真放在眼里、多当回事儿。这种典型文人的典型性格，后来被其仿效者李白表达得淋漓尽致："天生我材必有用，千金散尽还复来。"对自身才华充满自信，使司马相如在钱财面前不可能那么"鸡贼"。那太小瞧他了。他会为江山美人而折腰，却不可能钻进钱眼里，为发家致富而屈膝。

江山美人，其实有一样就够了，就可以满足基本的理想。有了美人，江山也显得不那么重要了。司马相如弹琴，能感染天下人固然好，仅给卓文君一个人听，也不算什么坏事，照样堪称美事。要知道这不只是他的红颜知己，也是他心灵的知音。人生得一知己足矣，夫复何求？

扬雄把司马相如得到富室女卓文君垂青，与蔺相如使秦完璧归赵、商山四皓保护刘邦太子、霍去病开拓河西、公孙弘布衣为丞相、东方朔受赏于汉武帝加以比较："夫蔺先生收功于章台，四皓采荣于南山，公孙创业于金马，骠骑发迹于祁连，司马长卿窃赀于卓氏，东方朔割炙于细君。仆诚不能与此数公者并，故默然独守吾《太玄》。"不管怎么说，司马相如已和自己的偶像蔺相如等各界大腕一起，跻身于成功人士的行列。他设局抱得美人归而成为豪门的乘龙快婿，也算一夜暴富吧，同时，还因这段才子佳人的"绯闻"而一夜成名，进入老百姓的街谈巷议。在当年，绝对是头条话题。

司马相如与卓文君的故事，经过不同的人、不同的心态演绎，出现了许多版本。有的倾向于歌颂爱情的力量：不仅感天动地，还能改变人生。有的则揭露：爱情不过是司马相如的幌子，他实际上自己都不信，所谓的"琴挑"不过是勾引，甚至连一场豪赌都算不上，押上的赌注也就是一把古琴，居然赌赢了，抱得美人归。有的则完全将之归为阴谋论：司马相如居心不良，精心策划了一个连环套，先诱惑卓文君上钩，继而不露痕迹地倒逼卓王孙，使之明知中计却碍于情面不得不钻进圈套，只能认栽。不管哪种版本，都承认这样一个结果：司马相如通过卓文君"脱贫"，乃至发家致富。这一切，似乎都以司马迁的版本为基础，或者说蓝本。对于司马相如与卓文君的故事，司马迁的《司马相如列传》之所以最有公信力，因为他不轻易褒贬，较为客观，但又给后世的演绎者留下了无限的可能性，巨大的想象空间。

《史记·司马相如列传》记载：

会梁孝王卒，相如归，而家贫，无以自业。素与临邛令王吉相善，吉曰："长卿久宦游不遂，而来过我。"于是相如往，舍都亭。临邛令缪为恭敬，日往朝相如。相如初尚见之，后称病，使从者谢吉，吉愈益谨肃。临邛中多富人，而卓王孙家僮八百人，程郑亦数百人，二人乃相谓曰："令有贵客，为具召之。"并召令。令既至，卓氏客以百数。至日中，谒司马长卿，长卿谢病不能往，临邛令不敢尝食，自往迎相如。相如不得已，强往，一坐尽倾。酒酣，临邛令前奏琴曰："窃闻长卿好之，愿以自娱。"相如辞谢，为鼓一再行。是时卓王孙有女文君新寡，好音，故相如缪与令相重，而以琴心挑之。相如之临邛，从车骑，雍容闲雅甚都；及饮卓氏，弄琴，文君窃从户窥之，心悦而好之，恐不得当也。既罢，相如乃使人重赐文君侍者通殷勤。文君夜亡奔相如，相如乃与驰归成都。家居徒四壁立。卓王孙大怒曰："女至不材，我不忍杀，不分一钱也。"人或谓王孙，王孙终不听。文君久之不乐，曰："长卿第俱如临邛，从昆弟假贷犹足为生，何至自苦如此！"相如与俱之临邛，尽卖其车骑，买一酒舍酤酒，而令文君当垆。相如身自着犊鼻裈，与保庸杂作，涤器于市中。卓王孙闻而耻之，为杜门不出。昆弟诸公更谓王孙曰："有一男两女，所不足者非财也。今文君已失身于司马长卿，长卿故倦游，虽贫，其人材足依也，且又令客，独奈何相辱如此！"卓王孙不得已，分予文君僮百人，钱百万，及其嫁时衣被财物。文君乃与相如归成都，买田宅，为富人。

司马迁的《司马相如列传》，最出彩的，是把司马相如与卓文君相恋的来龙去脉，简直写成了言情小说，绘声绘色，一点不吝惜笔墨，却字字有情有意。清人吴见思，把《史记》评价为"唐人传奇小说之祖"，不是没有道理。同意这个观点的大有人在：是司马迁首创了才子佳人小说。整部《史记》，与司马相如、卓文君倾城之恋交相辉映的，是《项羽本纪》里"霸王别姬"的生死恋。一个是才子佳人的喜剧，一个是英雄美人的悲剧。分别有着不同的主题歌。一个是《凤求凰》："凤兮凤兮归故乡，遨游四海求其凰……"一个是《垓下歌》："力拔山兮气盖世，时不利兮骓不逝。骓不逝兮可奈何，虞兮虞兮奈若何！"这两种爱情，都成了经典，在后世的舞台上被没完没了地演绎。

陈泽远认为司马迁在《司马相如列传》中为我们创造了一个"凤求凰"的传奇故事，目的在于突显传主的鲜明形象：

> 司马迁不愧是大文学家，他懂得设置悬念，是构造传奇故事的要件，因此，《列传》的故事从相如落魄回到成都切入。只用两句话交代了他的家境和与"王吉相善"的关系后，笔墨就转向临邛。作者明写"家贫无以自业"的司马相如驾着他的豪华马车，带着随从，风风光光地进入临邛城，一个落魄文士，忽然摆起阔来，像个有钱有势的大贵人。他想干什么？作者不明示，这是吊读者的胃口，引而不发的一种艺术手法，只是用人物的动作和语言来表现。于是，便有王吉"缪为恭敬"的作秀，司马相如"缪与令相重"的表演。及至"琴挑"之后，读者才明白相如"缪"的目的是为了他的心上人卓文君。"琴挑"之后，出现文君夤夜私奔事件，给故事增加了传奇性，但作者也不讲明"私奔"的原因，继续导引读者的期待心理。夫妻俩回到成都后，文君发现相如"家居徒四壁立"，很穷。文君是追随贫穷的丈夫白头偕老还是打离婚？又提出了一个悬念，使故事情节继续向前发展。文君选择了前者，但认为不必"至苦如此"，提出回临邛老家借钱的主张，由于卓王孙的严词拒绝，于是矛盾激化，迫使相如夫妇采用开酒吧的"非常"手段来挑战卓王孙的封建权威。"文君当垆""相如涤器"使这个传奇故事进入高潮，在这一"非常"事件中，司马相如"有异于常人"的个性，得到了充分的、生动的表现。相如敢于放下文化名人的架子，充当"保庸杂作"，彰显了他敢于向传统世俗挑战的勇气和他个性张扬、放诞不羁的性格特点。一个有血肉、有生命、有真实感情的司马相如跃

然纸上。这个传奇故事的谜底，直到矛盾的高潮时才被揭穿。读者从卓王孙"大怒曰：女至不材，我不忍杀，不分一钱也"的话中，才明白了文君"私奔"和"当垆卖酒"都是卓王孙一手造成的。司马迁之所以要夸张司马相如的贫穷，是创造这个传奇故事的需要；也是为了彰显"贫贱不移、富贵不弃"的主题思想。司马相如这种笑傲富豪，率性而为的狂放，对后世的文人有过相当的影响。最典型的要算明朝的唐寅了。"寅慕华虹山学士家婢，诡身为仆，得聚之。后事露，学士反具资奁，缔为姻好"（见赵翼《廿二史札记》引《朝野异闻录》）。这就是"唐伯虎点秋香"的著名故事，唐寅为了得到秋香卖身为奴到华府当差，结果不仅娶了秋香，还获得了一笔不菲的"资奁"。

我也觉得，司马迁描写汉高祖刘邦等成功人士，文笔会变得尖刻，有时甚至冷嘲热讽，可他谈论陷入十面埋伏的项羽、北海牧羊的苏武、失却援助被俘的李陵等落难者或失败者，却能起恻隐之心。包括记述司马相如失业后走投无路却巧遇卓文君这一段，也是隐隐约约动了感情，仿佛就在现场似的，一路陪伴，一路祝福，甚至掩饰不住为这位落魄文人终于峰回路转过上好日子而庆幸。

是临邛令王吉助司马相如吗？是卓文君助司马相如吗？都是。更重要的，是天助司马相如。司马迁无形中也站在老天爷这边，为其从举目无亲的困顿中突围，暗暗地加一把劲儿。对司马相如后来发生的一切，司马迁为什么从不苛求，充满宽容与理解？因为他太了解司马相如的"奋斗史"了，从那么低的起点一点点往上爬，又几乎是孤军奋战，容易吗？太不容易了。司马相如投奔梁孝王是幸还是不幸呢？因站错了队又被打回原形，跌落谷底，若是没有临邛令王吉的帮助、没有卓文君的帮助，故事可能就是另一种结局了。不，可能就根本没有故事了。芸芸众生里，被埋没的英才还少吗？司马迁浓墨重彩勾勒司马相如的传奇人生，不仅因为司马相如个人之文采让其倾倒，还因为司马迁骨子里就是爱才惜才的，希望天公降下的人才能实现价值、完成使命，而不是被种种厄运、困境彻底打磨了棱角、消磨了光彩、耗尽了锐气。或者说，司马迁潜意识里，觉得司马相如就应该活出跟屈原、贾谊不一样的样子，为文人树起另一种典型。文人的命运并不都是悲剧，也有喜剧。文人的命运并不注定不幸，也有幸运。瞧，司马相如这小子，不就有好运吗？还有艳福呢。

司马相如原本就准备这么知足常乐地过一辈子，却还是被打断了。是被另一件好事给打断的。

第四章 写于上林苑的《天子游猎赋》

一、因为《子虚赋》而鲤鱼跳龙门

如果说司马相如以一曲《凤求凰》赢得卓文君的芳心，并因之而脱贫，那么他游梁期间写的《子虚赋》，则震撼了汉武帝。司马相如从仕途上"脱轨"之后，又因这篇旧文重新回到轨道上。他情场上得意，官场上也不再失意，大有重振雄风之势。这种好运气也许不完全是卓文君带来的，但卓文君确实是有"帮夫运"的吉祥女人。司马相如山穷水尽疑无路之时，得以与文君结伴同行，很快就柳暗花明又一村了。不仅有了甜蜜的家庭，成为巴蜀富豪的乘龙快婿，自己的事业也打了个翻身仗，重新回到体制内，在天子脚下大显身手。

是啊，成为豪门的乘龙快婿，表面上风光，其实也有另一种压力：司马相如必须在自己的事业上获得成功，尽快地出人头地，才对得起解囊相助的文君，并避免被周围人误认为吃软饭的。靠老婆发家致富，对于心高气傲的司马相如，自己可以不当回事，既不以之夸耀，也无需为之羞耻。可在世人眼中，吃软饭毕竟不是光荣的事情。司马相如命运中的又一次升级，来得真够及时。

公元前一四〇年，对辞赋没啥感觉的汉景帝病逝，喜欢写诗作赋的汉武帝继位，司马相如的命运也就有了巨大的转机。汉武帝是辞赋文学的"发烧友"与积极支持者，一即位就安车蒲轮征召老作家枚乘来京，枚乘不幸死于半路上，又轮到枚乘的儿子枚皋"待诏"。这个枚皋虽为名家之后，自己同样也是名家，却挺谦让地说："皋赋辞中自言为赋不如相如。"等于承认领军人物非"圣之时者"司马相如莫属，自己不敢冒领，该算谁的还是谁的。从枚皋口中，汉武帝才第一次听说司马相如这个名字。没当回事。倒是对枚皋的谦虚留下深刻印象：这才是虚怀若谷的大家呢。

汉武帝治理朝政之余博览群书，无意间读到《子虚赋》，拍案叫绝，觉得这篇文字写到自己心坎里了。他以为作者是比枚乘还老的老作家，已不在世上，就遗憾不能作一席谈，以"独不得与此人同时"为恨。

负责管理猎犬的官吏杨得意，在一旁听见汉武帝此叹，好奇地瞟一眼他摊在案头的竹简，暗自得意，欣喜地告诉汉武帝："写《子虚赋》的人叫司马相如，还活着，是我的老乡，随时可召来一见。他不仅是巴蜀写文章写得最好的才子，还被当地民众艳羡为最有艳福的人，靠一首琴曲《凤求凰》，就娶了临邛首富卓王孙的千金卓文君。一夜之间成为百万富翁，那首歌该多值钱啊。况且那卓文君不仅是大美女，还是大才女，琴棋书画样样精通，这小两口目前正在成都过着神仙眷侣的日子。"

杨得意知道汉武帝爱听八卦，就绘声绘色地把司马相如与卓文君的爱情传奇描述了一遍。弄得汉武帝都想亲耳听一听司马相如弹琴了：啥《凤求凰》啊，我倒要亲自见识一下，究竟有什么样的魔力？不过，这《子虚赋》的魅力我倒是领教到了，真是让人荡气回肠。

汉武帝问杨得意："听你描述的司马相如，是个弹琴说爱的情种，可他写的《子虚赋》大气磅礴，算得上洪钟大吕。他怎么能站到这么高的境界？"

"哦，《子虚赋》啊，那是司马相如在梁孝王门下做幕僚时所写，赞美梁园的。好多人因为读到此赋，慕名前往梁园参观，弄得梁园恨不得收入园费了。司马相如先给梁孝王写过一篇《如玉赋》，梁孝王立马以名琴绿绮相赠。后来见到《子虚赋》，又是送豪华马车，又是送皮大衣鹔鷞裘，都不知该如何奖赏了。司马相如写赋，能给梁孝王增光。若是朝廷把他召来，他就更有用武之地，可以歌颂整个大汉了。还能站到更高的境界。这对于他是更上一层楼啊。"

杨得意会说话，让汉武帝听了很是舒服，加上他已对这个司马相如产生强烈的好奇，立马下一诏书到蜀郡，通知当地政府安排司马相如入朝。

这如同天外来音，把沉浸在温柔乡里的司马相如惊醒。又像一个更大的梦境：他想不到多年前写下的《子虚赋》，能在自己对功名早已绝望之后，带来迟到的惊喜。

后来，王素《题琴台》咏叹此事："长卿才调世间无，狗监君前奏《子虚》。自有赋词能讽谏，不须更著茂陵书。"类似的诗歌，还有钱起《过王舍人宅》："承恩金殿宿，应荐马相如。"武元衡《暮春郑居寄朱舍人》："回首知音青琐闼，何时一为荐相如。"皇甫曾《奉寄中书王舍人》："圣主好文谁为荐，闭门空赋子虚成。"彭伉《寄妻》："莫讶相如献赋迟，锦书谁道泪沾衣。"潘唐《下第归宜春酬黄颇饯别》："承明未荐相如赋，故国犹惭季子贫。"戎昱《苦辛行》："悲来却忆汉天子，不弃相如旧家贫。"

刘蜕《与京西幕府书》，对司马相如"居蓬蒿而名闻于天子"的传奇经历充满艳羡，感叹自己："独蜕居有甚困，白身三十，过于相如者，盖无人先闻《子虚》于天子。"

司马相如再次由成都赶赴长安，已非前一次形单影只可比，蜀郡太守特意派了一队兵马护送：这可是当今皇上亲自点名邀请的客人，安全第一。

走过成都的升仙桥，司马相如终于昂起了头。他没穿那件有点显旧的皮大衣"鹔鷞裘"，卓文君特意为他定制了好几套同样名贵的礼服："人靠衣裳马靠鞍，见皇上更得注意形象。"穿着新衣裳，骑着高头大马，在卫兵簇拥下疾驰过升仙桥，为了赶路，快马加鞭，司马相如来不及细细玩味喜出望外的心情，但他知道不乘高车驷马、不从升仙桥的牌坊下经过的人生誓言，没有落空。自己已是远近闻名的富人，升仙桥上的过往行人无不对这个当年的穷书生刮目相看。再回来的时候，还可能会成为贵人，既富且贵，比自己梦想的还要圆满。高车驷马，当年觉得难于上青天，现在想想，不也就是这么回事吗？

又踏上蜀道了。又遇见剑门关了。上一次觉得七十二峰如一群拦路虎，这一次却改换了表情，像是在笑脸相迎。司马相如很疑惑：是山势变了，还是我的眼光变了？哦，是心情变了。一路上，司马相如不仅头昂得高高的，腰杆也挺得笔直。怀里揣着汉武帝亲笔的诏书，怎么可能不雄起呢？走蜀道也如履平地。长安，这回你总算知道我是谁了。

司马相如奉诏来京，就一件事，见汉武帝。见到之后就看出汉武帝气宇轩昂、豪迈爽朗，与性格内敛的汉景帝风格相反，似乎更吻合司马相如心目中理想君主的形象：我愿意辅佐这样大气的帝王，只有与这种帝王相遇，我才可能真的成为蔺相如。

司马相如拜倒在玉阶下，由衷地感谢他的赏识。

汉武帝可能积攒了好多问题，最想打听的还是《子虚赋》是怎么写出来的：真是妙手啊，怎么就能把一个个方块字排兵布阵，组合成气势恢宏的一盘大棋？我都想跟你对弈一局了。

司马相如投其所好，说那写的只是诸侯的事，与天下相比，只能算一个角落，如蒙允许，我为圣上专门写一篇新赋，一定更加精彩："此乃诸侯之事，未足观也。请为天子游猎赋，赋成奏之。"司马相如说得含蓄，但态度明确：您才是最高峰啊，能够为高峰中的高峰唱赞歌，才是我最终的目标、最大的福气。

司马相如担心与梁孝王的旧缘，会成为自己履历里的一段阴影，所以对《子虚赋》轻描淡写。其实多虑了。在汉武帝眼中，梁孝王已是过眼云烟，梁国也已分崩离析，整个天下都是自己一个人的，已无需像汉景帝那样小肚鸡肠，狭隘地划分阵营：所有的疆土、山水、财富、人才，都是我的，我只需要物尽其用、人尽其才，让天、地、人统统增值。如果能把国土面积、国库资产翻一番，才好呢，而这需要更多的人才、更好的人才来鼎力相助。梁孝王器重过的人才，只会加分。

司马相如急于表忠心，也是对的。汉武帝爱听好话，可光说好话也不够啊，最好的表忠心就是献艺，献上一份全新的厚礼：过去的履历都翻过去了，一切重新开始。

这位外地才子不顾旅途劳累主动要求献技，太让汉武帝高兴了，命令专司文书奏章的尚书官，给司马相如提供一个安心创作的环境。

武帝为此赋之诞生做足了铺垫，请司马相如现场观摩皇家的游猎，也就是那个时代的军事演习："武帝命李广领军到上林出猎，然后尚书令奉旨给相如送笔札，请作赋。相如成《上林赋》，拜为著作郎，荣极一时。"

渭水之南的上林苑，原本是秦代著名的五苑之一。汉取代秦，萧何为了改变风气，计划辟为良田，刘邦没答应，估计有点舍不得。文帝、景帝等多次到此打猎，不亦乐乎。到了武帝时代，决定将上林苑扩建为皇家第一园林。上林苑自建元三年（前138）开始进行大规模的扩充，据说已经超出秦代修建于渭南的范围，扩大到渭河两岸，乃至今天整个西安市的周围。

《汉书·东方朔传》记载：

初，建元三年，微行始出，北至池阳，西至黄山，南猎长杨，东游宜春。微行常用饮酎已。八九月中，与侍中常侍武骑及待诏陇西北地良家子能骑射者期诸殿门，故有"期门"之号自此始。微行以夜漏下十刻乃出，常称平阳侯。旦明，入山下驰射鹿豕狐兔，手格熊罴，驰骛禾稼稻粳之地。民皆号呼骂詈，相聚会，自言鄂杜令。令往，欲谒平阳侯，诸骑欲击鞭之。令大怒，使吏呵止，猎者数骑见留，乃示以乘舆物，久之乃得去。时夜出夕还，后赍五日粮，会朝长信宫，上大欢乐之。是后，南山下乃知微行数出也，然尚迫于太后，未敢远出。丞相御史知指，乃使右辅都尉微循长杨以东，右内史发小民共待会所。后乃私置更衣，从宣曲以南十二所，中休更衣，投宿诸宫，长杨、五柞、倍阳、宣曲尤幸。于是上以为道远劳苦，又为百姓所患，乃使太中大夫吾丘寿王与待诏能用算者二人，举籍阿城以南，盩厔以东，宜春以西，

提封顷亩，及其贾直，欲除以为上林苑，属之南山。又诏中
尉、左右内史表属县草田，欲以偿鄠杜之民。吾丘寿王奏事，
上大说称善。时朔在傍，进谏曰："臣闻谦逊静悫，天表之应，
应之以福；骄溢靡丽，天表之应，应之以异……"

上林苑方圆三百余里，有离宫七十余所，容得下千乘万骑。另有池
塘十五座。苑中养百兽，天子秋冬射猎取之。

司马相如进入上林苑，不再是无名小卒，而是作为汉武帝尊贵的客
人，整场游猎仿佛是为他一个人精心准备的。不，又像是汉武帝陪同他
检阅仪仗队——生龙活虎的羽林军。这可是皇帝的亲兵啊。今天，却面
向一位书生展开操练的队形，仅仅为了能唤起他的灵感。上林苑是汉武
帝尚武之地，是皇家园林，又是露天的军营，此处驻扎的羽林军，一度
由大将军卫青统领，属于嫡系部队中的嫡系部队，不仅装备精良，而且
政治上的忠诚度很高。"羽林"的创设时间，文献记载一致。《汉书·百
官公卿表》："羽林掌送从，次期门，武帝太初元年初置。"又有《后汉
书·顺帝纪》注引《汉官仪》曰："武帝太初元年，初置建章营骑，后
更名羽林骑。"可见这是汉武帝亲自设置的。钱文子《补汉兵志》说：
"汉用六郡良家补羽林、期门，盖三辅园陵赖为藩蔽，故取其子弟以备
宿卫。"《史记·天官书》曰："北宫玄武，虚危……其南有众星，曰羽
林天军。"《史记正义》："羽林四十五星，三三而聚，散在垒壁南，天军
也。"所谓天军，即天子的亲军或者说近卫军，以羽林这种星名来象征，
既反映了武帝求助于星辰、天威保佑以增加安全感的心理状态，也反映
了这支部队的精锐与可靠。还有"如羽之疾""为王者羽翼"的意思。

今天，这支部队兵分左右两翼，在有山有水的上林苑忽分忽合、包
抄合围，表面上是追逐珍禽猛兽，其实又在训练排兵布阵。皇家园林立
马演变成杀机四伏、杀声四起的战场，把站在山顶亭子里观望的司马
相如感染得热血沸腾。要知道，司马相如虽是书生，可并非手无缚鸡之
力。他也是练过剑的。忍不住把礼服换成战袍，向陪同的警卫借了一张
弓、讨了一壶箭，骑上马就加入一支正围猎黑熊的小分队。经过一番集

体射杀，躲在丛林中的黑熊变成了巨型刺猬，失去反扑的力量。将士们蜂拥而上，用渔网将其罩住，又用绳索将其五花大绑。这是他们的战利品，抬回宿营地就能换取奖赏。

这是司马相如平生第一次打猎，其实是观摩军事演习。归来后仍激动不已。

《上林赋》写得比《子虚赋》快多了，因为司马相如观察出汉武帝有一点不仅与汉景帝不同，也与梁孝王不同：他是个急性子。他的好奇心更重，占有欲也更强烈。

没过几天，司马相如把宣传皇家辉煌兼而歌颂天子德政的《上林赋》，敬呈给汉武帝："这是专门为圣上的上林苑而写。相信它超越了为梁园而写的《子虚赋》。"

正急于建功立业的年轻皇帝几乎是抢了过来读，并且一下子就读懂了：纵横运笔描写天子的苑囿之大、游戏之乐，使之压倒齐楚二国。这不只是在宣扬天子的威风，也是在宣告天子至高无上的地位。最后写天子主动解酒罢猎、弃奢崇俭，进而崇儒术、改制度，最终天下大治，前途一片光明。

汉武帝感叹：这正是我想要的，司马相如不简单，刚刚见面就揣摩出我内心最大的梦想，而且如此淋漓尽致地表达出来。既然他在梁园写《如玉赋》就获得梁孝王以名琴相报，我可比梁孝王更加大方。给他点什么呢？给他个惊喜吧。

汉武帝微笑着，当场封司马相如为郎官（帝王的侍从官）。这绝对属于"破格提拔"。

周围的文武百官一片赞叹：圣上不仅重视而且重用人才啊，重奖之下，谁都有机会，咱们也得更努力呀。

司马相如靠写一篇赋就当上了"新郎官"，堪称传奇。赋对于渴望跳龙门的年轻才子，抵得上敲门砖（而且是敲门的金砖）。但也能看出：汉武帝求贤若渴，舍得下本钱。

这篇内容上与《子虚赋》相衔接的《上林赋》，更见风采，假托"子虚""乌有先生""亡是公"为人物，设为问答，彼此唱和，纵横铺写，以维护国家统一、反对帝王奢侈为主旨，描绘统一大帝国四海之内无可比拟的盛世景象，又对帝王将相有所讽谏，开创了汉代大赋的一个基本主题，日后几乎成了"主旋律"。

跟上一次入京为郎跻身宦海不同，司马相如这次被皇家刮目相看，确因自己的特长，真正是脱颖而出。先有《子虚赋》，后有《上林赋》，奠定了司马相如的地位，他如愿以偿地成为天子身边数一数二的"御用文人"。他是因为有名篇而成为名人的，属于实力派加偶像派。不管怎么说，有慧眼识英雄的汉武帝作为第一大粉丝（或者说热心读者），大大提高了司马相如的身价。

王世贞《艺苑卮言》："《子虚》《上林》材极富，辞极丽，而运笔极古雅，精神极流动，意极高，所以不可及也。"此曲只应天上有，难怪能让汉武帝"惊艳"呢。

汉武帝召见司马相如，也带着如见天人的心情。而这个天才笑脸相迎，表示愿效忠于鞍前马后，更是给了汉武帝天大的惊喜。汉武帝是想干大事的，正广纳人才，身边的武将并不缺，缺的是能够以笔为旗的文豪。原本征召文坛老帅枚乘，可惜因其病亡路上而打乱了自己的计划，但眼前的这位年轻才俊，恰恰能弥补这一空缺。司马相如《子虚赋》与《上林赋》里那股挡不住的朝气，应和了少年天子胸怀中冉冉升起的雄图伟略。

清代陈重《咏史》说："梁园推赋手，孰知马长卿。子虚兼上林，赋成天子惊。如何卓王孙，遽以贫贱轻。"《子虚赋》与《上林赋》成为传奇，其作者司马相如自然是更大的传奇。司马相如因为一篇赋而鲤鱼跳龙门，无形中也为汉武帝求贤若渴做了最好的广告。

许多人认为"此赋虽两篇，实则一篇"，属于同一篇作品。由此可见，因《史记》全文转载而幸存的这篇作品，就是《天子游猎赋》，由《子虚赋》与在此基础上加上天子游猎的场面加工润色遂成定稿的《上林赋》合成。所谓《子虚赋》，虽曾经汉武帝圈阅，其实早已失传。

二、写于上林苑的《天子游猎赋》

那就让我们来一览《天子游猎赋》的庐山真面目。原文如下:

楚使子虚使于齐,王悉发车骑与使者出田。田罢,子虚过姹乌有先生,亡是公存焉。坐安,乌有先生问曰:"今日田,乐乎?"子虚曰:"乐。""获多乎?"曰:"少。""然则何乐?"对曰:"仆乐齐王之欲夸仆以车骑之众,而仆对以云梦之事也。"曰:"可得闻乎?"

子虚曰:"可。王驾车千乘,选徒万骑,田于海滨。列卒满泽,罘罔弥山。掩兔辚鹿,射麋脚麟。骛于盐浦,割鲜染轮。射中获多,矜而自功。顾谓仆曰:'楚亦有平原广泽游猎之地,饶乐若此者乎?楚王之猎,何与寡人乎?'仆下车对曰:'臣楚国之鄙人也。幸得宿卫,十有馀年,时从出游,游于后园,览于有无,然犹未能遍睹也,又恶足以言其外泽者乎?'齐王曰:'虽然,略以子之所闻见而言之。'

"仆对曰:'唯唯。臣闻楚有七泽,尝见其一,未睹其馀也。臣之所见,盖特其小小者耳,名曰云梦。云梦者,方九百里,其中有山焉。其山则盘纡弗郁,隆崇律崒,岑岩参差,日月蔽亏。交错纠纷,上干青云;罢池陂陀,下属江河。其土则丹青赭垩,雌黄白坿,锡碧金银。众色炫耀,照烂龙鳞。其石则赤玉玫瑰,琳瑉琨珸,瑊玏玄厉,瑌石武夫。其东则有蕙圃蘅兰,芷若射干,穹䓖菖蒲,江蓠麋芜,诸柘巴且。其南侧有平原广泽,登降陁靡,案衍坛曼,缘似大江,限以巫山。其高燥则生葴菥苞荔,薛莎青薠;其卑湿则生藏莨蒹葭,东蘠雕胡。莲藕菰卢,菴闾轩芋。众物居之,不可胜图。其西则有涌泉清池：激水推移，外发芙蓉菱华，内隐钜石白沙；其中则有神龟蛟鼍，玳瑁鳖鼋。其北则有阴林巨树，楩柟豫章，桂椒木兰，檗离朱杨，樝梨梬栗，橘柚芬芬；其上则有赤猿蠷蝚，鹓鶵孔鸾，腾远射干；其下则有白虎玄豹，蟃蜒䝙犴，兕象野犀，穷奇獌狿。

"'于是乃使专诸之伦，手格此兽。楚王乃驾驯驳之驷，乘雕玉之舆，靡鱼须之桡旃，曳明月之珠旗，建干将之雄戟，左乌号之雕弓，右夏服之劲箭。阳子骖乘，孅阿为御，案节未舒，即陵狡兽；蹴蛩蛩，蹴距虚。轶野马而轊騊駼，乘遗风而射游骐。倏眒凄浰，雷动熛至，星流霆击，弓不虚发，中必决眦，洞胸达腋，绝乎心系。获若雨兽，掩草蔽地。于是楚王乃弭节裴回，翱翔容与，览乎阴林，观壮士之暴怒，与猛兽之恐惧。徼𪡀受诎，殚睹众物之变态。

"'于是郑女曼姬，被阿緆，揄纻缟，杂纤罗，垂雾縠，襞积褰绉，纡徐委曲，郁桡溪谷。衯衯裶裶，扬袘恤削，蜚襳垂髾。扶舆猗靡，翕呷萃蔡；下靡兰蕙，上拂羽盖；错翡翠之葳蕤，缪绕玉绥。缥乎忽忽，若神仙之仿佛。

"'于是乃相与獠于蕙圃，媻姗勃窣上金堤。掩翡翠，射骏鸃，微矰出，纤缴施。弋白鹄，连驾鹅，双鸧下，玄鹤加。怠而后发，游于清池。浮文鹢，扬桂枻，张翠帷，建羽盖。罔瑇瑁，钓紫贝。摐金鼓，吹鸣籁。榜人歌，声流喝。水虫骇，波鸿沸，涌泉起，奔扬会。礧石相击，硠硠礚礚，若雷霆之声，闻乎数百里之外。将息獠者，击灵鼓，起烽燧，车案行，骑就从，纚乎淫淫，般乎裔裔。

"'于是楚王乃登云阳之台，泊乎无为，澹乎自持，芍药之和具而后御之。不若大王终日驰骋而不下舆，脟割轮淬，自以为娱。臣窃观之，齐殆不如。'于是齐王无以应仆也。"

乌有先生曰："是何言之过也！足下不远千里，来贶齐国：王悉发境内之士，备车骑之众，以出田，乃欲戮力致获，以娱左右也，何名为夸哉？问楚地之有无者，愿闻大国之风烈，先生之馀论也。今足下不称楚王之德厚，而盛推云梦以为高，奢言淫乐而显侈靡，窃为足下不取也。必若所言，固非楚国之美也。有而言之，是章君之恶；无而言之，是害足下之信。彰君之恶而伤私义，二者无一可，而先生行之，必且轻于齐而累于楚矣！且齐东有巨海，南有琅邪，观乎成山，射乎之罘，浮勃澥，游孟诸。邪与肃慎为邻，右以汤谷为界。秋田乎青丘，彷徨乎海外，吞若云梦者八九，其于胸中曾不蒂芥。若乃俶傥瑰玮，异方殊类，珍怪鸟兽，万端鳞萃，充仞其中者，不可胜记，禹不能名，契不能计。然在诸侯之位，不敢言游戏之乐，苑囿之大；先生又见客，是以王辞而不复，何为无以应哉？"

亡是公听然而笑曰："楚则失矣，齐亦未为得也。夫使诸侯纳贡者，非为财币，所以述职也。封疆画界者，非为守御，所以禁淫也。今齐列为东藩，而外私肃慎，捐国逾限，越海而田，其于义固未可也。且二君之论，不务明君臣之义而正诸侯之礼，徒事争游猎之乐、苑囿之大，欲以奢侈相胜，荒淫相越，此不可以扬名发誉，而适足以贬君自损也。

"且夫齐楚之事，又焉足道乎！君未睹夫巨丽也，独不闻天子之上林乎？左苍梧，右西极。丹水更其南，紫渊径其北。终始霸浐，出入泾渭；酆镐潦潏，纡馀委蛇，经营乎其内。荡荡乎八川分流，相背而异态。东西南北，驰骛往来，出乎椒丘之阙，行乎洲淤之浦，径乎桂林之中，过乎泱莽之野。汩乎浑流，顺阿而下，赴隘陕之口，触穹石，激堆埼，沸乎暴怒，汹涌彭湃，滭弗宓汩，湢测泌瀄，横流逆折，转腾潎冽，澎濞沆溉；穹隆云桡，蜿灗胶戾，逾波趋浥，涖涖下濑，批岩冲壅，奔扬滞沛，临坻注壑，瀺灂霣坠；湛湛隐隐，砰磅訇礚；潏潏淈淈，湁潗鼎沸，驰波跳沫，汩濦漂疾，悠远长怀，寂漻无声，肆乎永归。然后灏溔潢漾，安翔徐回。翯乎滈滈，东注大湖，衍溢陂池。

　　"于是乎蛟龙赤螭，鮔鰽鰬鰡，禺禺魼鳎，捷鳍擢尾，振鳞奋翼，潜处乎深岩。鱼鳖谨声，万物众夥，明月珠子，玓瓑江靡，蜀石黄碝，水玉磊砢，磷磷烂烂，采色澔旰，丛积乎其中。鸿鹔鹄鸨，鴐鹅属玉，鵁鶄䴋目，烦鹜鷛䴔，䴙鹕鵁鸬，群浮乎其上。泛淫泛滥，随风澹淡，与波摇荡，掩薄草渚，唼喋菁藻，咀嚼菱藕。

　　"于是乎崇山矗崒，崔巍嵯峨，深林巨木，崭岩参嵯。九嵏巀嶭，南山峨峨，岩陁甗锜，摧萎崛崎，振溪通谷，蹇产沟渎，谽呀豁閜，阜陵别岛，崴磈嵔瘣，丘墟崛嵬，隐辚郁䃁，登降施靡，陂池貏豸，沇溶淫鬻，散涣夷陆，亭皋千里，靡不被筑。掩以绿蕙，被以江离，糅以蘪芜，杂以流夷。尃结缕，攒戾莎，揭车衡兰，稿本射干，茈姜蘘荷，葴橙若荪，鲜枝黄砾，蒋芧青薠，布濩闳泽，延曼太原，离靡广衍，应风披靡，吐芳扬烈，郁郁斐斐，众香发越，肸蚃布写，晻暧芯勃。

　　"于是乎周览泛观，瞋盼轧沕，芒芒恍忽，视之无端，察之无崖。日出东沼，入乎西陂。其南则隆冬生长，踊水跃波；其兽则镛旄獏犛，沈牛麈麋，赤首圜题，穷奇象犀。其北则盛夏含冻裂地，涉冰揭河，其兽则麒麟角端，騊駼橐驼，蛩蛩驒騱，駃騠驴骡。

　　"于是乎离宫别馆，弥山跨谷，高廊四注，重坐曲阁，华榱璧珰，辇道骊属，步檐周流，长途中宿。夷嵕筑堂，累台增成，岩突洞房。俯杳眇而无见，仰攀橑而扪天，奔星更于闺闼，宛虹拖于楯轩。青虬蚴蟉于东箱，象舆婉蝉于西清，灵圉燕于闲观，偓佺之伦暴于南荣，醴泉涌于清室，通川过乎中庭。磐石裖崖，嵚岩倚倾，嵯峨礜磼，刻削峥嵘，玫瑰碧琳，珊瑚丛生，瑉玉旁唐，玢豳文鳞，赤瑕驳荦，杂臿其间，垂绥琬琰，和氏出焉。

　　"于是乎卢橘夏孰，黄甘橙楱，枇杷橪柿，楟柰厚朴，梬

枣杨梅，樱桃蒲陶，隐夫郁棣，楉櫁荔枝，罗乎后宫，列乎
北园。崺丘陵，下平原，扬翠叶，扤紫茎，发红华，秀朱荣，
煌煌扈扈，照曜钜野。沙棠栎楮，华汜檘栌，留落胥余，仁
频并闾，欓檀本兰，豫章女贞，长千仞，大连抱，夸条直畅，
实叶葰茂，攒立丛倚，连卷累佹，崔错癹骫，阬衡闲砢，垂条
扶于，落英幡缅，纷溶萧蔘，猗狔从风，浏莅卉吸，盖象金石
之声，管籥之音。柴池茈虒，旋环后宫，杂遝累辑，被山缘
谷，循坂下隰，视之无端，究之无穷。

"于是乎玄猿素雌，蜼玃飞鸓，蛭蜩蠖猱，蟃胡豰蛫，栖
息乎其间，长啸哀鸣，翩幡互经，夭蟜枝格，偃蹇杪颠，于是
乎隃绝梁，腾殊榛，捷垂条，踔稀间，牢落陆离，烂曼远迁。

"若此辈者数百千处，嬉游往来，宫宿馆舍，庖厨不徙，
后宫不移，百官备具。

"于是乎背秋涉冬，天子校猎。乘镂象，六玉虬，拖蜺
旌，靡云旗，前皮轩，后道游。孙叔奉辔，卫公骖乘，扈从横
行，出乎四校之中，鼓严簿，纵猎者，江河为阹，泰山为橹，
车骑雷起，隐天动地，先后陆离，离散别追，淫淫裔裔，缘
陵流泽，云布雨施。生貔豹，搏豺狼，手熊黑，足野羊。蒙鹖
苏，绔白虎，被豳文，跨野马，凌三嵏之危，下碛历之坻；径
陵赴险，越壑厉水。推蜚廉，弄解豸，格瑕蛤，铤猛氏，羂騕
褭，射封豕。箭不苟害，解脰陷脑，弓不虚发，应声而倒。

"于是乘舆弭节裵回，翱翔往来，睨部曲之进退，览将率
之变态。然后浸潭促节，倏夐远去。流离轻禽，蹴履狡兽；辖
白鹿，捷狡兔。轶赤电，遗光耀，追怪物，出宇宙，弯繁弱，
满白羽，射游枭，栎蜚虡。择肉后发，先中命处。弦矢分，
艺殪仆。然后扬节而上浮，凌惊风，历骇飙，乘虚无，与神
俱。轔玄鹤，乱昆鸡，遒孔鸾，促鵔鸃，拂鹥鸟，捎凤凰，捷
鸳雏，掩焦明。道尽途殚，回车而还。消摇乎襄羊，降集乎
北纮，率乎直指，闇乎反乡。蹷石阙，历封峦，过鳷鹊，望露

寒，下棠梨，息宜春。西驰宣曲，濯鹡牛首，登龙台，掩细柳，观士大夫之勤略，均猎者之所得获。徒车之所辚轹，乘骑之所蹂若，人臣之所蹈蹢，与其穷极倦劾，惊惮慑伏，不被创刃而死者，佗佗藉藉，填坑满谷，掩平弥泽。

"于是乎游戏懈怠，置酒乎昊天之台，张乐乎缪辐之宇，撞千石之钟，立万石之钜，建翠华之旗，树灵鼍之鼓。奏陶唐氏之舞，听葛天氏之歌，千人唱，万人和，山陵为之震动，川谷为之荡波。巴、渝、宋、蔡，淮南干遮文成颠歌，族居递奏，金鼓迭起，铿锵铛嵤，洞心骇耳。荆、吴、郑、卫之声，《韶》《濩》《武》《象》之乐，阴淫案衍之音，鄢郢缤纷，《激楚》《结风》，俳优侏儒，狄鞮之倡，所以娱耳目而乐心意者，丽靡烂漫于前，靡曼美色于后。若夫青琴、宓妃之徒，绝殊离俗，妖冶娴都，靓妆刻饰，便嬛绰约，柔桡嫚嫚，妩媚姌嫋，曳独茧之褕袇，眇阎易以戍削，媥姺徶徶，与俗殊服，芬芳沤郁，酷烈淑郁，皓齿粲烂，宜笑的皪，长眉连娟，微睇绵藐，色授魂与，心愉于侧。

"于是酒中乐酣，天子芒然而思，似若有亡，曰：'嗟乎，此泰奢侈！朕以览听馀间，无事弃日，顺天道以杀伐，时休息以于此，恐后世靡丽，遂往而不返，非所以为继嗣创业垂统也。'于是乃解酒罢猎而命有司曰：'地可以垦辟，悉为农郊，以赡萌隶，隤墙填堑，使山泽之民得至焉。实陂池而勿禁，虚宫馆而勿仞。发仓廪以振贫穷，补不足，恤鳏寡，存孤独。出德号，省刑罚，改制度，易服色，更正朔，与天下为始。'

"于是历吉日以斋戒，袭朝服，乘法驾，建华旗，鸣玉鸾，游于六艺之囿，骛乎仁义之涂，览观《春秋》之林，射《狸首》，兼《驺虞》，弋玄鹤，舞干戚，载云罕，掩群雅，悲《伐檀》，乐《乐胥》，修容乎《礼》园，翱翔乎《书》圃，述《易》道，放怪兽，登明堂，坐清庙，恣群臣，奏得失，四海之内，靡不受获。于斯之时，天下大说，向风而听，随流而化，喟然兴道而迁义，刑错而不用，德隆于三皇，功羡于五帝。若此，故猎乃可喜也。

"若夫终日暴露驰骋，劳神苦形，罢车马之用，抏士卒之精，费府库之财，而无德厚之恩，务在独乐，不顾众庶，忘国家之政，而贪雉兔之获；则仁者不繇也。从此观之，齐楚之事，岂不哀哉！地方不过千里，而囿居九百，是草木不得垦辟，而民无所食也。夫以诸侯之细，而乐万乘之所侈，仆恐百姓被其尤也。"

于是二子愀然改容，超若自失，逡巡避席，曰："鄙人固陋，不知忌讳，乃今日见教，谨受命矣。"

司马迁在《史记·司马相如列传》里，赞叹司马相如的想象力："相如以'子虚'，虚言也，为楚称；'乌有先生'者，乌有此事也，为齐难；'亡是公'者，亡是人也，明天子之义。故空借此三人为辞，以推天子诸侯之苑囿。"

司马相如以讲故事的方式来写赋，假托了子虚、乌有、亡是公三个人，安排这三个虚构出来的人物依次出现，设计了声情并茂的人物对话，同时变换描述的对象和场景。先是吹牛大王子虚说他出使齐国时，齐王约他狩猎，他趁机吹嘘楚地云梦泽的浩瀚，渲染楚国地大物博、物产丰美以及楚王田猎歌舞之盛，此举招来乌有先生的责难："不称楚王之厚德，而盛推云梦以为高，奢言淫乐而显侈靡""然在诸侯之位，不敢言游戏之乐，苑囿之大"，借此贬抑诸侯，说明身为诸侯，应守礼制，述职天子，无权享乐。最后，由亡是公批评齐楚偏执和狭隘，极力夸耀天子上林苑之大，天子田猎之壮观，齐楚根本无法相比。三人通过辩论，比较了诸侯与天子的异同，最终归结到天子，归结到江山大一统：那才是最大的，那才是至高无上的。而这一切，一切的一切，都是司马相如设想出来的。

当然，他天马行空想象出来的世界，有现实的影子。他所下的结论，对中央集权的提倡与力挺，代表当时士人经过一百多年的思索而作出的判断：国家需要强大的统治，无论对内对外。"张天子以抑诸侯"，正是儒家大一统思想的体现，君权的名实、皇权的巩固高于一切。

司马相如在《天子游猎赋》（或称《上林赋》）里，逐一盘点许多名果异卉、珍稀植物，还真不是瞎吹牛，在《西京杂记》中有详尽的记载，可相互印证。《三辅黄图·上林苑》也说总数达几千，"帝初修上林苑，群臣远方，各献名果异卉三千余种植其中，亦有制为美名，以标奇异"。《史记·大宛列传》记录："宛左右以蒲陶为酒，富人藏酒至万余石。久者数十岁不败。俗嗜酒，马嗜苜蓿。汉使取其实来。于是，天子始种苜蓿、蒲陶肥饶地。及天马多，外国使来众，则离宫别观旁尽种蒲陶、苜蓿极望。"

有人认为在众多名果异卉中特别值得注意的是《上林赋》中提到的"樱桃蒲陶"：西域与中国相通不始于汉武帝时代，但是中国与西域大规模的交往确实始于张骞出使西域的建元三年（前138）。后来，武帝李夫人之兄李广利破大宛，得蒲陶种归汉。根据《三辅黄图·甘泉宫》载，武帝甚至在上林苑西建造"葡萄宫"。《资治通鉴》注明："蒲陶，本出大宛。武帝伐大宛，采蒲陶种植之离宫，宫由此得名。"

司马相如以天子游猎为着眼点，弘扬了令诸侯相形见绌的皇家风范，其实是致力于强化帝国的等级制度，不仅投当时的最高统治者汉武帝之所好，也对政治秩序潜在的挑战者有警戒作用：思想大一统的原则是政治大一统立场的体现，而政治大一统才能巩固江山大一统。《天子游猎赋》不只是美文，也是变相的政论文，不只有美学意义，更有政治意义。

在梁孝王手下担任幕僚的经历，反过来也使司马相如切身体会到王侯将相一旦失去自律以及外在的约束，难免野心膨胀，对皇权构成怠慢与威胁，而这种矛盾最容易动摇帝国的根基。司马相如设身处地为天子着想，觉得有必要为中央集权唱赞歌。

司马相如曾经为王侯服务，可今非昔比，现在他已是天子的人了，就得换位思考：天子最爱听什么，最想听什么，最需要听什么？司马相如所说的，正是天子所思所想的，只不过还没来得及说，或不方便自己说。这正给了文人以用武之地。

司马相如发现并自发领取了非同寻常的使命：对于没头脑的天子，能做他的智囊最好；对于有头脑的天子，能做他的喉舌就够了。汉武帝无疑是有主见的，自己只需要摸透他想什么或怎么想的，遵循这条思路走下去，就不会出什么错，甚至可能立大功。天子的喉舌，就是代言人啊。做天子的代言人，不敢说只是一人之下，但也是万人之上啊。

鲁红平、马积高等学者，认为司马相如《天子游猎赋》是大赋的奠基之作：

> 赋中虽然沿袭了枚乘赋体的形式，但作了极大的改造，改造之后就像为武帝量身定做的一件新衣。枚乘的《七发》是典型的藩国文学，司马相如的《天子游猎赋》却是一种典型的天子宫廷文学。武帝登位时非常年轻，对田猎着迷，经常微行出猎，喜欢射杀熊罴，驰逐野兽，还命吾丘寿王起上林苑。因此，写田猎，武帝肯定感兴趣。司马相如在赋中极力铺陈齐王、楚王的田猎，又以天子的田猎压倒齐楚，投武帝所好，这似乎带有纵横策士色彩。但司马相如写田猎不是单纯地献媚取宠，而是通过田猎来表达"张天子以抑诸侯"的思想主题，以形象手段为武帝的大一统政治服务。《天子游猎赋》还确立了"劝百讽一"的大赋体制：司马相如在文中大肆铺陈君王的宫殿、苑囿、车马、服饰、田猎，非常华丽，末尾却让天子自己"芒然而思"，自己感叹"此太奢侈……非所以为继嗣创业垂统"，以此讽谏武帝。同时希望罢废上林，赈济贫民，革新政治，而长治久安。这一结构形式往往因前面夸饰过分，表现出尚美的倾向，而使后面的讽喻意图淡化或者被掩盖，达不到讽喻的目的。

文人刻意以文学来表现政治，往往心有余而力不足，司马相如也未能例外。但他毕竟在一定的高度上展示了自己的"政治正确",而且是"劝"与"讽"的双向正确,体现了高空走钢丝(也可说是走"政治高压线")的超级平衡能力。《毛诗序》,"正得失,动天地,感鬼神,莫近于诗。先王以是经夫妇,成孝敬,厚人伦,美教化,移风俗",要求文章担负起讽谏教化作用。知识分子的批判精神,在司马相如身上虽然不明显,但仍然若隐若现,至少可以肯定,并未被完全阉割。"劝"与"讽"的勾兑比例,并不完全出自司马相如明哲保身的"小聪明",而更基于其政治立场:他其实也跟汉武帝一样"好大喜功",或者用正面的形容词就是积极进取。

司马相如铺张扬厉的大赋,恰恰是汉武帝"好大喜功"政治思想在文学中的倒影。这一君一臣,在政治与文学两大领域,不约而同地定了同样的调门,一亮嗓子就是高音。如果他们中有一个低调了,就很不协调,天衣无缝的"二重奏"将难以唱下去。

司马相如多聪明啊,当然知道谁是主角谁是配角。能配合好一贯高调的汉武帝,就很不容易了。关键是司马相如并非以假声假唱来配合,在汉武帝强大的气场之下,他真的被感染了,真的想这么唱。正如许结著《赋者风流:司马相如》所说:"就汉文化的整体结构而言,相如等作家创制大赋作品表现的思想正与强盛的帝国行政模式,经学家宇宙同人事、阴阳五行同王道政治结合的大一统思想匹配,以其独特的赋家之心建构起宏伟壮丽的艺术殿堂。"

有人认定辞赋与经学的真正结合是从司马相如开始的,我们不能只看到司马相如赋作中大肆铺陈、歌功颂德的地方,而看不到与儒家思想一致的地方。汉赋与经学之间一直彼此渗透,双向互动,有着不解之缘。

司马相如正是通过《子虚赋》偶然进入汉武帝的视野,又献《上林赋》,更上一层楼,走进汉武帝的心里,拉近了彼此的距离。没有《子虚赋》《上林赋》,就不可能有他后来所写的《喻巴蜀檄》等一系列作品。没有《子虚赋》《上林赋》,就不可能有他后来的一切。

汉赋的"二把手",与司马相如齐名的扬雄,在《羽猎赋序》中,也对上林苑加以描绘：

> 武帝广开上林，东南至宜春、鼎湖、御宿、昆吾，旁
> 南山而西，至长杨、五柞，北绕黄山，滨渭而东。周袤数
> 百里。穿昆明池，象滇河，营建章、凤阙、神明、馺娑，渐
> 台、泰液，象海水，周流方丈、瀛洲、蓬莱。游观侈靡，
> 穷妙极丽。虽颇割其三垂以赡齐民，然至羽猎，甲车戎马，
> 器械储偫，禁御所营，尚泰奢丽夸诩，非尧、舜、成汤、
> 文王三驱之意也。又恐后世复修前好，不折中以泉台，故
> 聊因《校猎》，赋以风之，其辞曰……

总结起来就是一句话：上林苑，汉帝国的一大奢侈品，价值连城。

刘朝谦《司马相如与汉武帝遭遇事件的诗学解读》，论述了司马相如与汉武帝相遭遇的事件直接导致了汉代诗学的转向，而其中最巨大的转向是倾诉个体性之人的哀情之诗学向国家、权力诗语的转向：

> 汉初的骚体赋文语境应是由贾谊贬谪长沙时发现屈原其人、其文，并立即摹仿屈骚创作《惜誓》等作品而始创构出来的（注：万光治先生所辑《汉赋今存篇目》，贾谊之前赋家仅有虞公、陆贾。但二人作品《丽人歌赋》和《孟春赋》均已佚。所以，汉代的赋家，实自贾谊始）。贾谊的创作忠实于楚辞的地方，就在于他的《惜誓》《吊屈原赋》和《鹏鸟赋》等作品都是赋家发自个体性人生处境的哀情诉说。这种创作倾向在汉初蔓延为骚体赋文的普遍的、主要的语境。除了枚乘的《七发》是一个例外之外，像庄忌的《哀时命》、武帝的《李夫人赋》、东方朔的《七谏》和《客难》，都无一不是赋家切己的生命私语。这些作品要么宣言着文人对沦丧的政治伦理原则的诉求（《客难》），要么在死亡的逼迫下守望自己危若游丝的生命（《鹏鸟赋》），要么寄此岸之深爱至彼域亡魂（《李夫人赋》），

要么拒绝着屈原式的诗人之死。骚体赋家所代表之汉初诗学精神，因此是反思、恐惧、焦虑、愤怨和批判交织在一起的悲剧精神，对于赋家来说，骚体赋在总体上被吟唱为汉代文人的命运急剧下沉到极点（中国知识分子在战国之崇高地位，至汉代沦落为俳优之列）的无尽挽歌。《子虚》《上林》创起的汉大赋展现的则是另一番诗学境象。汉大赋对人和物的个体性以及作为文学形象的掏空、取消，都表明汉大赋纯然是一种文学符号化的天下，国家之政治权力话语。对文人自我生命的沉思完全让位于对人的外在事功的夸饰和炫耀。文人对自身生命的镜映与投射终止，代之而起的是汉大赋在好大喜功的时代心理躁动下掀起的帝王话语的喧哗与狂欢。可以总括地说，从个体转向群体，从私人转向公共，从文人转向帝王，从批判转向颂美，从哀诉转向欢呼，这就是司马相如与武帝遭遇之历史事件给汉代诗学带来巨大转向的具体内涵。上述汉赋诗学的转向，如按文学自身的艺术与美的尺度来衡量，它的负面性远大于它的正面性，因为屈骚所开启的是文学自觉的审美创作道路，本来，如果两汉对这一道路坚执并拓展，则两汉即可成为中国文学的自觉时代。然而，汉大赋之经由汉武帝的推崇而迅速成为汉代新的代表性的赋文范式，这就掐断了骚体赋所秉承的楚骚的文学自觉精神，汉代诗学的向北方倾斜，结果使它在很大程度上重归先秦那种文学不自觉的诗学道路，中国文学审美自觉的进程被延宕，至魏晋南北朝才重见曙光。

刘朝谦一针见血地指出:《子虚》《上林》的夸饰意向性客观上与汉武帝多欲好利的心理欲求是重合的，这种意向性重合上升为帝国时代的整体的基本精神，这就是司马相如和汉武帝最终共有"非常"的英雄人格和价值渴求。

三、《谏猎书》与《哀二世赋》

汉武帝建元三年（前138），汉武帝换上戎装，一马当先，率领警卫部队，去长安城西南一带扩大的上林苑狩猎。吾丘寿王等为讨武帝欢心，特意为上林苑规划区域界线，提出具体的扩大方案，作为天子游猎行乐专用之地。尽管东方朔上书表示异议，还是改变不了武帝的态度。扩建工程完成，武帝要以一场狩猎来代替验收。他没忘记带上司马相如："走，跟我去上林苑打猎去。看看比你写《上林赋》时，有了哪些变化。"

用今天的话来说，司马相如属于"战地记者"，而且是首席。领导要上前线巡视，必须有文人伴随，跟踪报道，记录花絮。司马相如不屑于做"记者"，他想做高参。高到什么程度？最高目标，自然是帝王师。

司马相如知道：汉武帝想把猎场当成战场，宣泄被琐碎公务遮盖的血性，同时，也希望自己再写一篇《上林赋》那样的作品。汉武帝跟司马相如说过：可以把《天子游猎赋》写成系列。

司马相如却厌倦了重复自己。如果把大赋不断复制，固然高产，那又与匠人何异？写一百篇也等于在写同一篇。他想换一个新角度，注入一些新思想。让武帝看看，相如不只会玩弄词藻，更是有想法有观点的。写赋，如果满足于逗帝王一乐，太低级了，不就等于挠痒痒吗？要能使之一愣，然后好好想一想，才算有营养，而不只是有口感。

司马相如联想到：上次随从武帝到长杨宫打猎，目睹热爱冒险的武帝仗着年富力强，登山涉水，率先追逐野兽，差点马失前蹄，跌落溪谷。司马相如和追随的侍卫骑兵吓了一跳，赶紧上奏中止狩猎、打马回宫，汉武帝却不当回事，过河后继续向深山老林骑行，直到射中一只麋鹿才回头。

从那天起，司马相如认识了另一个汉武帝，汉武帝背后的汉武帝，原来是一个喜欢豪赌的冒险家。在宫中沉稳淡定，一出宫就变成莽撞小青年，热血沸腾，横冲直撞，令随行者暗自捏一把冷汗。不能再鼓励他大张旗鼓游猎了，得好好劝一劝。他不是让我再写《天子游猎赋》新篇吗，我正好反其道而行之，借题发挥，提交一篇《谏猎书》。看他读后什么反应。别人想说而不敢说的，就让我来吧，以写文章的形式说清楚。

相如上疏劝诫，认为天子游猎很危险，应避免不测之祸："虽万全而无患，然本非天子之所宜近也。"

这篇《谏猎书》的语气就像在唠叨家常，体现出君臣之间的近距离，到了无话不说的地步，其实是在借谏猎来倾诉衷肠，表达对君王安全的关心。

《谏猎书》原文如下：

> 臣闻物有同类而殊能者，故力称乌获，捷言庆忌，勇期贲、育。臣之愚，窃以为人诚有之，兽亦宜然。今陛下好陵阻险，射猛兽，卒然遇轶材之兽，骇不存之地，犯属车之清尘，舆不及还辕，人不暇施巧，虽有乌获、逢蒙之技，力不得用，枯木朽枝尽为害矣。是胡越起于毂下，而羌夷接轸也，岂不殆哉！虽万全而无患，然本非天子之所宜近也。且夫清道而后行，中路而后驰，犹时有衔橛之变。而况涉乎蓬蒿，驰乎丘坟，前有利兽之乐，而内无存变之意，其为祸也不亦难矣。夫轻万乘之重不以为安，而乐出于万有一危之途以为娱，臣窃为陛下不取也。盖明者远见于未萌，而智者避危于无形，祸固多藏于隐微而发于人之所忽者也。故鄙谚曰："家累千金，坐不垂堂。"此言虽小，可以喻大。臣愿陛下留意幸察。

转录佚名译者的译文，更适合当代读者来体会其中的语重心长：

> 臣子听说，万物中有的虽是同类而能力却不同，所以说到力大就称赞乌获，谈到轻捷善射就推崇庆忌，说到勇猛必称孟

贲和夏育。我愚昧，私下以为人有这种情况，兽也应该有这种情况。现在陛下喜欢登上险峻的地方，射击猛兽，突然遇到轻捷超群的野兽，在你毫无戒备之时，它狂暴进犯，向着你的车驾和随从冲来，车驾来不及旋转车辕，人们也没机会施展技巧，纵然有乌获和逢蒙的技巧，才力发挥不出来，枯萎的树木和腐朽的树桩全都可以变成祸害。这就像胡人、越人出现在车轮下，羌人和夷人紧跟在车后，岂不是很危险吗？即使是绝对安全而无一点害处，但这本不是天子应该接近的地方。况且清除道路然后行走，选择道路中央驱马奔驰，有时还会出现马口中的衔铁断裂、车轴钩心脱落的事故，更何况在蓬蒿中跋涉，在荒丘废墟上奔驰，前面有猎获野兽的快乐，而内心里却没有应付突然事故的准备，大概出现祸患是很容易的了。至于看轻君王的高贵地位，不以此为安乐，却乐意出现在虽有万全准备而仍有一丝危险的地方，我私下以为陛下不应该这样做。大概明察之人能远在事情发生之前，就预见到它的出现，智慧之人能在祸害还未形成之前就避开它。祸患本来多半都隐藏在暗蔽之处，发生在人们疏忽之时。所以谚语说："家中积累千金，就不坐在堂屋檐底下。"这句话虽然说的是小事，但却可以用来说明大事。我希望陛下留意明察。

武帝感动地收下这篇《谏猎书》，既夸赞司马相如以情相谏，又将其作为美文欣赏。

从《天子游猎赋》，到《谏猎书》，同一个作者所写，在题材上也彼此有呼应，都围绕天子游猎而展开，可语气却判若两人。司马相如，随着自己身份地位的升迁，也更换了视角与论调。写《天子游猎赋》时，司马相如除了跟从梁孝王在梁园游乐兼而打猎之外，对真命天子在御苑的狩猎，还只是道听途说，加上不受限制的想象，因而妙笔生花：上林苑不仅充斥着珍禽异兽，而且美轮美奂，不仅应有尽有，而且如梦如幻，仿佛平地而起的人间天堂。到了写《谏猎书》时，司马相如已非皇宫御苑的门外汉，天子在其眼中也不再神秘如神仙，而是一个有血有肉的人，更重要的是，自己恰恰是为这个特殊的人服务的，光有空想的激情无用，还得恢复理智，想他所未想，拾遗补阙，多提一些合理化建议，方能真正地起到作用。

写《天子游猎赋》时，司马相如可能还满足于炫耀才华、语惊四座，以求得帝王刮目相看。到了写《谏猎书》时，司马相如才真正地进入角色，把国事当作家事来看待：比发现美更重要的，是发现问题。同样，比发现问题更有出息的，是还能兼而提供答案。

《天子游猎赋》只是宣传天子游猎之美，说给天下人听的，司马相如极尽铺张扬厉之能事，渲染得天花乱坠，反正吹牛不上税。《谏猎书》则是一种善意的提醒，提醒天子游猎之险，是说给一个人听的，因而返璞归真，直奔主题：游猎有多美就有多危险，身负重任的君王，不该冒险，而应该避险。从《天子游猎赋》，到《谏猎书》，是务虚转变为务实，是凌空蹈虚转变为脚踏实地，司马相如以最快的速度找到了新的定位，其实是找到了新的自我。他已是天子的身边人，就不能以局外人的心态，把帝国发生的一切当成风景来看。他不再坐在观众席上，已幸运地置身于舞台，而且是很接近中心的一个位置，自然而然就平添一份责任感：自己的一言一行，说与不说，做与不做，有可能影响剧情的发展。

从《天子游猎赋》，到《谏猎书》，是一个新的开始，象征着司马相如从文学人物到政治人物的转变。

唐代士大夫对司马相如能犯颜真谏（也就是在皇帝面前敢于说真话说实话）的态度，非常赞赏，并常以相如为例劝谏。虞世南《谏猎书》劝阻唐太宗围猎："是以马卿直言于前，张昭变色于后，臣诚微贱，敢忘斯义？"魏征《谏格猛兽表》："今陛下骋六飞驰不测之山，如有马惊车败，陛下纵欲自轻，其奈高庙何？孝武好格猛兽，相如谏曰……"

清代吴祖修《读司马相如传》诗中有"后人嗤点凌云赋，曾读当时谏猎书"一联，张问陶《读司马相如传》诗中有"君王只取凌云赋，不爱长杨《谏猎书》"一联。马君毅、赵望秦《清代诗人笔下的司马相如形象初探——以咏史怀古诗为探讨中心》，加以比较后发现："（两者）

都积极肯定了司马相如创作大赋的文学成就，只不过后者在肯定其文学成就的同时，委婉地批评了汉武帝只喜好司马相如肆意铺陈、词藻华丽、雄肆豪迈的赋作，而对司马相如所写的谏言、奏疏重视程度不够。如此进一步指出了司马相如不单具有文学创作的才能，也有着非同寻常的政治才能。”

《谏猎书》令汉武帝对司马相如刮目相看，也令世人对这位风流才子刮目相看。清代田雯《读司马相如传》一诗，肯定了这一点："犊鼻裈寒四壁荒，风流犬子擅词场。才人自古谁能料，好色翻成谏猎章。"

狩猎归来，过宜春宫，天色已晚。《三辅黄图·甘泉宫》："宜春宫，本秦之离宫，在长安城东南，杜县东，近下杜。"秦时在宜春宫之东有宜春苑，汉称宜春下苑，即后所称曲江池者。宜春宫附近有秦二世墓地，俗称"胡亥墓"。

汉武帝告诉相如："秦二世墓，值得一看。索性在旁边的宜春宫住一晚吧。"

晚饭后，司马相如陪同武帝散步，只见秦二世墓地方向断碑残柱，荒草凄离。君臣二人，不由得感慨天道无情，人间沧桑。胡亥墓坐落在原坡地带，环境幽僻，迥异于秦汉以来宏大壮美的帝王陵墓，虽然名义上称作"秦二世皇帝陵"，但却显得萧条。

武帝问相如："秦二世胡亥死时只有二十四岁，后来被以黔首的仪式埋葬，和始皇帝嬴政一样，没有后来皇帝的谥号和庙号，为什么呢？"所谓的黔首，即百姓，因为秦朝崇尚穿黑衣。秦二世在赵高胁迫下自杀，发生在秦二世三年（前207）。

相如回答："倒不是因为别的，而是由于秦朝实行中央集权制，维护君主的绝对权威，禁止臣下对君主议论评价。"是啊，到了汉朝，治国思想由儒家取代法家，谥号和庙号才相继出现。

胡亥，秦始皇的第十八个儿子。早年曾从中车府令赵高学习狱法。秦始皇三十七年（前210），始皇出巡死于沙丘，宦官赵高拉拢丞相李斯，伪造诏书，废公子扶苏，立胡亥为帝，称二世皇帝。秦二世属于典型的昏君加暴君，残暴程度超过秦始皇。他在埋葬秦始皇时，竟下令把后宫无子女的宫女全部殉葬，又怕泄露陵墓内的秘密，把修陵的工匠也全部活埋。为了巩固自己的地位，不仅杀蒙恬、冯去疾等大臣，而且杀害了兄弟姐妹二十多人。秦二世元年（前209）七月，秦二世下令征调淮河一带贫苦农民九百人到渔阳（今北京密云）戍守。指定的屯长，一个叫陈胜，一个叫吴广。在秦尉的监督下，这九百名戍卒行至蕲县大泽乡（今安徽宿县西寺坡乡刘村集），忽逢连日大雨，道路被泥石流冲垮，按期到达指定地点已不可能。按秦法，戍卒误期要处斩。陈胜、吴广见横竖都是死，一怒之下杀掉秦尉，发动戍卒起义，号称"大楚"，陈胜自立为将军，吴广为都尉。戍卒们"斩木为兵，揭竿为旗"，引燃了中国历史上第一次大规模农民战争的燎原大火。正是这把火，把秦始皇乃至二世铁打的江山烧毁了。

武帝想起相如的《谏猎书》，又问："听说秦二世好游猎，豢养了大量的狗马禽兽，造成咸阳粮草不够用，便令各郡县官吏逼迫人民征送。这是谣言，还是确有其事？"

相如回答："真有这么回事。当时咸阳饥荒，下令各郡县官吏逼迫人民征送。运输粮草的人，要自带干粮，不许吃咸阳三百里以内的粮食。"

武帝叹息："养骏马养猎犬本无罪，但不能玩物丧志，饿死活人啊。好游猎是一种瘾啊，我也该听你的劝诫了，至少，要有所约束。"

武帝在秦二世墓地前若有所思。相如又见机行事，回宫后加班加点作《哀二世赋》，哀二世之行失，实借以讽谏武帝应留意自己的行动。把秦二世"持身不谨兮，亡国失势；信谗不寤兮，宗庙灭绝"，以致落得"坟墓荒秽而不修兮，魂无归而不食"的下场，作为反面教材，提请因文治武功而如日中天的汉武帝不要骄傲自满，规避秦朝速朽的悲剧。

原文如下：

> 登陂陁之长阪兮，坌入曾宫之嵯峨。
> 临曲江之隑州兮，望南山之参差。
> 岩岩深山之谾谾兮，通谷豁乎谽谺。
> 汨淢噏㩌以永逝兮，注平皋之广衍。

观众树之墉菱兮，览竹林之榛榛。

东驰土山兮，北揭石濑。

弥节容与兮，历吊二世。

持身不谨兮，亡国失势；

信谗不寤兮，宗庙灭绝，呜呼哀哉！

操行之不得兮，坟墓芜秽而不修兮，魂亡归而不食。

敻邈绝而不齐兮，弥久远而愈休。

精罔阆而飞扬兮，拾九天而永逝。

呜呼哀哉！

转录佚名译者的译文：

登上那倾斜的阪坡啊，走上那层叠的山峦。

面对这曲折的江岸哦，眺望那参差的南山。

高耸的群山巨人般排列啊，深幽的山谷空旷渺远。

河水急湍飘忽地永远流逝啊，蔓延在高平的广岸。

看那树林浓荫蓊郁哦，看那竹林青葱绵绵。

我且向东快马飞尘登上丘山哦，我且向北激踏水石涉过溪泉。

让我停下脚步稍作徘徊吧，专程前来凭吊二世秦王。

修持自身不知勤谨啊，失却了权势家国亦亡；

听信谗言竟不醒悟啊，先王宗庙必遭毁殃。

啊啊！是你未养成良好的操行啊，

墓冢秽乱又肮脏啊，魂魄回归也无有安身之场。

长久人迹罕至而无人供奉啊，随时光永逝而被世人遗忘。

你精魂将彷徨无依飞向高天啊，愿你飘逝去那九霄的天堂！

呜呼，哀伤啊哀伤！

司马相如一语双关，旁敲侧击，并不是为了作秀以示敢于讽谏，还真是出于一番苦心。汉武帝听明白了吗？听进去了吗？汉武帝答复司马相如，倒是挺爽快："你的《谏猎书》与《哀二世赋》，我会常置案头，作为座右铭。"

"过秦"，作为圣王理想的反面教材，自汉初开始成为一大思潮，体现了"归本于儒"的倾向，必然也反映到汉赋的创作中。司马相如《哀二世赋》，堪称汉赋中最早的"过秦"作品。有人认为《哀二世赋》作为整个赋史上第一篇直斥秦朝暴政的作品，具有鲜明的思想倾向和强烈的现实意义："全文只有一百五十八个字，写得情致蕴藉，感慨深沉，警策凝练，与《天子游猎赋》的铺排夸张、雄浑宏丽形成对照，开后代抒情小赋的先河。"大赋小赋，司马相如都能玩得转，得心应手。要么举重若轻，要么由小见大，他总是能表现到极致。难怪被誉为汉赋的集大成者。

司马光《资治通鉴·汉纪十四》："班固赞曰：汉承百王之弊，高祖拨乱反正，文、景务在养民，至于稽古礼文之事，犹多阙焉。孝武（即汉武帝）初立，卓然罢黜百家，表章《六经》，遂畴咨海内，举其俊茂，与之立功。……如武帝之雄才大略，不改文、景之恭俭以济斯民，虽《诗》《书》所称何有加焉！臣光曰：孝武穷奢极欲，繁刑重敛，内侈宫室，外事四夷，信惑神怪。巡游无度，使百姓疲敝，起为盗贼，其所以无异于秦始皇几矣。然秦以之亡，汉以之兴者，孝武能尊先王之道，知所统守，受忠直之言，恶人欺蔽，好贤不倦，诛赏严明，晚而改过，顾托得人，此其所以有亡秦之失，而免亡秦之祸乎！"司马光以秦始皇来比照汉武帝，觉得像得不能再像了：穷奢极欲、繁刑重敛、好大喜功、穷兵黩武……仿佛这才是跨代的"秦二世"，一个模子里刻出来的。同样的品行，为何造成不同的结果：秦亡而汉兴？真让人想不通啊。秦始皇的缺点，汉武帝似乎都有，可他身上多出来的一大优点，却是秦始皇没有或不屑拥有的：能尊崇先王之道，知道应该遵守什么。尤其是晚年能改过，自我调整，把握住平衡，用人有道，才避免了亡秦之祸。

也就是说，汉武帝表面上跟秦始皇一样刚愎自用，听不进逆耳之言，譬如一怒之下就对坚持己见的司马迁处以宫刑，但你若能换一种更策略点的说法，他还是能听取意见的。司马相如在《谏猎书》之后又写《哀二世赋》，呈献给汉武帝，含蓄提请他别重蹈前朝之覆辙，他不仅没生气，而且确实听进去了。当然，司马相如的方法也很巧妙，没说秦始皇这种有争议的帝王有什么不好，只拿秦二世胡亥开刀，毕竟，其作为昏君、暴君是世人公认的。

像秦始皇、汉武帝这样欲望过剩、个性鲜明的帝王，其实也是双刃剑，关键在于要对先王之道有所敬畏，听得进群臣规劝，再加上自我约束，才能避免像脱缰野马一样造成灾难性后果。其实，脱缰野马并不可怕，只要听得进警告，擅长自我反省，就有可能悬崖勒马。正如有人总结汉武帝的两面性：一面是"雄才大略，拓土开疆或曰击溃匈奴"；另一面则是"好大喜功，穷奢极欲或曰穷兵黩武"。

人无完人，天子也不例外，衡量帝王的功过得失，也要看"性价比"：他的建设性必须大于破坏性，他的成就必须超过所支付的代价，才能在历史中站得住脚。比较而言，同样是好大喜功、劳民伤财，开疆拓土的汉武帝至少是略有赢余，因而使汉朝登临顶峰；扫六国、修长城的秦始皇只能算打个平手，埋下祸根，再传一代就难以为继。至于挖运河的隋炀帝，虽然造福后世，但毕竟在当时入不敷出，形成难以填平的负数，远水解不了近渴，只能破产，自己也落得个国破人亡的下场。

秦始皇、汉武帝、隋炀帝，皆属于功过是非大有争议的帝王，这三人都想做事、敢做事、能做事，效果却有差异。在他们中，汉武帝算是最聪明的，悬崖上跑马，但毕竟没掉下来。冒险了，也让别人捏一把汗，可还是算得上成功者。用现在的话说，就是他带来的正能量怎么也超过了负能量，因而虽有争议，但总体上仍是正面形象。

东汉史学家班固称赞："巴、蜀、广汉本南夷……及司马相如游宦京师诸侯，以文辞显于世，乡党慕循其迹。后有王褒、严遵、扬雄之徒，文章冠天下。"在司马相如时期，赋的地位得到很大提高，因为赋通过司马相如和帝王发生了更密切的联系。你可以说司马相如成为最典型的"御用文人"，赋毕竟也因之而成为"御用文体"，最终发展为汉帝国的一大文化象征——汉赋。能被文学史命名为汉赋，说明一个时代有一个时代的文学，它不仅能代表那个时代的文学，同样也能代表那个时代。那个时代的政治、经济、文化、思想、情感，都能在赋中留下投影。

汉赋汉赋，是那个时代的标本。它的潮涨潮落，不仅与赋家的人生沉浮相伴随，也能管窥那个时代的盛衰兴亡。

使汉赋达到巅峰状态的，正是司马相如。

而使司马相如登上黄金台的，正是汉武帝。

在文学史上，汉武帝是站在司马相如背后的人，不仅仅作为背景，更提供了具有决定作用的助推之力。他推举司马相如的同时，就是在推举汉赋。司马相如给他争光的同时，汉赋也在往他脸上贴金。

四、汉武帝为何赏识司马相如？

汉武帝建元三年（前138），《谏猎书》与《哀二世赋》诞生的那一年，汉武帝与司马相如正处于"蜜月期"，君臣二人一见如故，形成无话不谈的亲密关系，一直延续到汉武帝元光六年（前129）。这时，两人好到了彼此开玩笑，好到了可以做交易，譬如商量交换文思，据《汉武故事》载："上少好学，招求天下遗书，上亲自省校，使庄助、司马相如等以类分别之。尤好辞赋，每所行幸及奇兽异物，辄命相如等赋之，上亦自作诗赋数百篇，下笔即成，初不留意。相如作文迟，弥时而后成，上每叹其工妙。谓相如曰：'以吾之速，易子之迟，可乎？'相如曰：'于臣则可，未知陛下何如耳。'上大笑而不责也。"

司马相如除了追求卓文君时写爱情诗算是立等可取，写其他文字都是深思熟虑，慢工出细活。包括在梁园写《子虚赋》，就闭门不出达数月。而汉武帝写诗作赋更为放松，倚马可待，信手拈来，一气呵成。若同时命题作文，汉武帝肯定抢着先交卷的。君臣二人，一个是急性子，一个是慢性子，一个有激情，一个有理智，倒也算互补。司马相如的慢，使汉武帝因快而获得自信。可司马相如的慢并非笨拙，其实是后发制人，又像是吊足了读者的胃口，一旦完成，总有令人拍案叫绝的巧妙。每每带给汉武帝更多的惊喜。这正显示出他们写作心态的区别：汉武帝是为自己写的，司马相如是为别人写的。汉武帝写赋是为了自我欣赏，司马相如写赋是求得别人欣赏，后者比前者肯定要考虑得多一些、周全一些。司马相如的文火慢炖，好像不如汉武帝的快餐淋漓尽致，但火候上掌握得更好，不仅不露任何破绽，而且巧夺天工。

桓谭《新论》言汉武"即位而开发大志，考合古今，模获前圣故事，建正朔，定制度，招选俊杰，奋扬威怒，武义四加，所征者服；兴起六艺，广进儒术，自开辟以来，惟汉家最为盛焉"。汉武帝不仅政治业绩突出，而且重视文化、爱好文艺，是西汉唯一一位有辞赋作品传世的皇帝。《汉书·艺文志》载："上所自造赋二篇。"颜师古注云："武帝也。"

这两篇赋中的一篇应是《汉书·外戚传》载录的《李夫人赋》，被誉为中国文学史上悼亡赋的开山鼻祖。明人王世贞以为其成就在"长卿下、子云上"（《艺苑卮言》），评价非常之高，等于是界定此赋在司马相如一人之下，万人之上。要知道汉武帝毕竟只是"业余作者"，在日理万机的繁忙政务外偶尔为之，能让当时乃至后世的专业人士真心认可，没有一点"硬通货"是行不通的。而《李夫人赋》绝对是能让内行外行都点赞的"硬通货"。没别的窍门，纯粹是以情感人。

汉武帝元封三年（前108）之后、太初元年（前104）之前的一个秋天，李夫人卒。此时汉武帝在四十九岁到五十三岁之间，对李夫人之死非常悲痛，因思念李夫人，不能自拔，作赋以哀悼。《李夫人歌》与《李夫人赋》仅见于《汉书·外戚传》："上愈益相思悲感，为作诗曰：'是邪，非邪，立而望之，偏何姗姗其来迟！'令乐府诸音家弦歌之。上又自为作赋以伤悼夫人，其辞曰……"

《李夫人赋》原文：

> 美连娟以修嫮兮，命樔绝而不长。饰新宫以延贮兮，泯不归乎故乡。惨郁郁其芜秽兮，隐处幽而怀伤。释舆马于山椒兮，奄修夜之不阳。秋气憯以凄泪兮，桂枝落而销亡。神茕茕以遥

思兮，精浮游而出畺。托沉阴以圹久兮，惜蕃华之未央。念穷极之不还兮，惟幼眇之相羊。函荽获以俟风兮，芳杂袭以弥章。的容与以猗靡兮，缥飘姚虖逾庄。燕淫衍而抚楹兮，连流视而娥扬。既激感而心逐兮，包红颜而弗明。欢接狎以离别兮，宵寤梦之芒芒。忽迁化而不反兮，魄放逸以飞扬。何灵魄之纷纷兮，哀裴回以踌躇。势路日以远兮，遂荒忽而辞去。超兮西征，屑兮不见。寖淫敞荒，寂兮无音。思若流波，怛兮在心。

乱曰：佳侠函光，陨朱荣兮。嫉妒阘茸，将安程兮。方时隆盛，年夭伤兮。弟子增欷，洿沫怅兮。悲愁于邑，喧不可止兮。响不虚应，亦云己兮。嫶妍太息，叹稚子兮。悂栗不言，倚所恃兮。仁者不誓，岂约亲兮？既往不来，申以信兮。去彼昭昭，就冥冥兮。既下新宫，不复故庭兮。呜呼哀哉，想魂灵兮！

汉武帝不仅在治国方面大刀阔斧，奉行扩张主义，在文学创作的题材与风格上，同样开疆拓土：《李夫人赋》是中国文学史上第一篇悼亡赋，在辞赋题材方面具有开拓意义。古文学史专家马积高认为此赋乱辞一段"写得颇亲切，为后世悼亡之作所祖"。

汉武帝《李夫人赋》，就像发现一片处女地，并且耕下第一犁。之后，在悼亡赋这块新大陆上，继作不断。如曹丕《悼夭赋》、曹植《思子赋》、王粲《伤夭赋》《思友赋》、曹髦《伤魂赋》、潘岳《悼亡赋》、南朝宋武帝刘裕《拟汉武帝李夫人赋》、江淹《伤爱子赋》《伤友人赋》、宋人李处权《悼亡赋》等，皆属此类。但开悼亡赋风气之先的，还是汉武帝。

在中国历史上雅好诗赋的皇帝中，汉武帝算是出色的。东方朔、吾丘寿王等文人，在辅助汉武帝执政之余，经常陪伴他吟诗作赋。自从有了司马相如这样的专业人士作为文学侍从，汉武帝的写作热情就更高了。他的诗作《瓠子歌》《天马歌》《西极天马歌》《李夫人歌》《思奉车子侯歌》《柏梁台诗》等，继承了高祖刘邦《大风歌》的慷慨激昂，有王者之气，被徐祯卿《谈艺录》誉为"壮丽宏奇"。《秋风辞》影响很大："秋风起兮白云飞，草木黄落兮雁南归。兰有秀兮菊有芳，怀佳人兮不能忘。泛楼船兮济汾河，横中流兮扬素波。萧鼓鸣兮发棹歌，欢乐极兮哀情多。少壮几时兮奈老何！"

司马迁《史记·河渠书》云："天子既临河决，悼功之不成，乃作歌曰：'瓠子决兮将奈何……'余从负薪塞宣房，悲《瓠子》之诗而作《河渠书》。"这一"悲"字，可见汉武帝《瓠子歌》曾令笔下入木三分的太史公动情、动容，恢复了一颗柔软的心。要知道，他是很吝啬于赞美所有得势的帝王的。《汉书·沟洫志》："上既临河决，悼功之不成乃，乃作歌曰：'瓠子决兮将奈何……'"很明显，《汉书》沿袭了《史记》的记载。而在《武帝纪》中，对《瓠子歌》诞生的时间记载得更详细："（元封）二年冬十月，行幸雍，祠五畤。春，幸缑氏，遂至东莱。夏四月，还祠泰山。至瓠子，临决河，命从臣将军以下皆负薪塞河堤，作《瓠子之歌》。"

《瓠子歌》原文：

元封二年，帝既封禅。乃发卒万人，塞瓠子决河。还自临祭，令群臣从官皆负薪。时东郡烧草薪少，乃下淇园之竹以为楗。上既临河决，悼其功之不就，为作歌二章，于是卒塞瓠子，筑宫名曰宣房。

一

瓠子决兮将奈何，浩浩洋洋兮虑殚为河。
殚为河兮地不得宁，功无已时兮吾山平。
吾山平兮钜野溢，鱼弗忧兮柏冬日。
正道驰兮离常流，蛟龙骋兮放远游。
归旧川兮神哉沛，不封禅兮安知外。
为我谓河伯兮何不仁，泛滥不止兮愁吾人。
齿桑浮兮淮泗满，久不返兮水维缓。

二

河汤汤兮激潺湲，北渡回兮汛流难。

搴长筊兮湛美玉，河伯许兮薪不属。

薪不属兮卫人罪，烧萧条兮噫乎何以御水。

颓林竹兮楗石菑，宣防塞兮万福来。

汉武帝元光三年（前132），黄河决入瓠子河，东南由巨野泽通于淮、泗，梁、楚一带连岁被灾。汉武帝亲临黄河决口现场，即兴赋诗。至汉武帝元封二年（前109），武帝在泰山封禅后，始发卒万人筑塞，还亲自临祭，沉白马玉璧祭河伯；令以薪柴并伐淇园竹制楗堵塞决口，功成，筑宣防宫。汉武帝与黄河、与泰山，都结有不解之缘。

张玉毂在《古诗赏析》中评《瓠子歌》云："悲悯为怀，笔力古奥，帝王著作，弁冕西京。"

明代徐祯卿《谈艺录》高度评价武帝的创作："孝武乐府，壮丽宏奇。"

王世贞《艺苑卮言》也承认："自三代而后，人主文章之美无过于汉武帝、魏文帝者。"

鲁迅《汉文学史纲要》也未遗漏武帝的文采："武帝词华，实为独绝。……虽词人不能过也。"

毛泽东诗词《沁园春·雪》，点评了秦皇汉武，唐宗宋祖，以及成吉思汗，表现出他对这五大帝王的关注："江山如此多娇，引无数英雄竞折腰。惜秦皇汉武，略输文采；唐宗宋祖，稍逊风骚。一代天骄，成吉思汗，只识弯弓射大雕。俱往矣，数风流人物，还看今朝。"毛泽东敢笑秦始皇只会焚书，敢笑唐宗宋祖枉为唐诗宋词盛世之国君，敢笑成吉思汗没文化，但说汉武帝"略输文采"，有点苛求了。汉武帝恰恰是这五大帝王中最有文采的一位。当然，"略输文采"也讲得通，那是跟他自己的赫赫武功相比。以其开疆拓土的政绩作为参照物，文采只能算小巫见大巫。

汉武帝，以及汉武帝的时代，是司马相如正式登台亮相直至发迹的背景。他的扬名立万，与汉武帝的扶持不无关系。为什么景帝看不上他而武帝却垂青于他？说明他的价值被武帝发现，对景帝无效却对武帝有用。

武帝固然尚武，却又追求全能，同样热衷文治，不管武将文臣，只要有过人之处，都能给你派上用场。用现代的话来说，就是既重视枪杆子，又不轻视笔杆子。加上他本人就有文学青年情怀，相信文化的力量不亚于雄兵百万，司马相如的辞赋正好跟他的审美趣味、价值取向合拍，简直严丝合缝，他立马觉得天降此人助我也。正如武将中的霍去病是他一手打造的，汉武帝同样希望在文学领域，也能亲自扶植一位标志性的领军人物。司马相如出现在面前，这不正好吗？没有谁比他更合适的了。就是他了。

汉武帝曾对征伐统帅卫青道出了劳师伐远的必要性："汉家庶事草创，加四夷侵陵中国，朕不变更制度，后世无法。不出师征伐，天下不安，为此者不得不劳民。"程世和《代天子立言：司马相如文本的精神解读》，据此发现汉武帝为后世创久安之势而忍受"道义"指责的内心孤独：在汉武帝内心，不惟有对远大图景的渴望，而且有难为世人理解的孤独。汉武帝虽贵为天子，但倘若长期处于这种孤独中而缺少理解与支持，难免会动摇其对远大图景的渴望。所幸的是，汉武帝登位初，相如即以独异方式与汉武帝建立起深微的精神联系。汉武帝由慨叹"不得与此人同时"而幸与相如同时，反映出相如对汉武帝的特殊意义。需要追问的是，相如赋文有怎样的内容使得汉武帝激动不已？对于这一需要追问的问题，我们惟有将相如赋文与汉武帝放置于特定历史情境中，才可能作出接近历史真实的解答。程世和特意提醒读者：不要忘记《子虚赋》《上林赋》分别产生于汉武帝即位前与即位初，而不是汉武帝盛世形成之后。确认这一点，是正确读解以上两赋的前提。

如果说司马相如与卓文君的相遇，是一次美丽的相遇，那么，司马相如与汉武帝的相遇，则是一次壮丽的相遇。彼此都相见恨晚。

司马相如与汉武帝真是一拍即合，是一对精神上有强烈互动的君臣：相互激荡，交相辉映。司马相如创作上显示的浪漫雄健，传达出囊括天下、"万端鳞崒"的盛汉时代精神，正对汉武帝胃口，与其的盛世理想追求相契合。司马相如偏重崇高的审美个性，用今天的话来说就是高、大、上，也正中汉武帝下怀。他最需要的就是这样既有远大理想又能积极进取的人才。"天降斯人助我也"，汉武帝读了《天子游猎赋》就忍不住破例当场封司马相如为郎，肯定激动地这么想。

刘朝谦《司马相如与汉武帝遭遇事件的诗学解读》，指出司马相如与汉武帝遭遇是文学史上一个家喻户晓的事件，但其重大的诗学意义一直未得到追问："在诗学精神方面，这一事件是时代英雄进取、崇高文化心态的诗学表现。汉代诗学以此一事件为分水岭，西汉初期文学诗学话语由个体性转为公共性，悲剧性转为帝国的话语狂欢；中国诗学话语以北方为中心，南方边缘的旧人格局被颠倒过来；文学体式从以南方骚体赋为主，转变到以融合南北诗学的大赋为主，汉代的标志性文学体式得以确立。"刘朝谦以诗一样的文笔感叹："在与汉武帝谋面之前，司马相如就已经与汉武帝心灵相通。总之，汉武帝与司马相如以大赋为中介的遭遇是两个'好大喜功'之人的历史交接，是渴求崇高、实践伟业并热衷于自我表现的两个天才的人生轨道的交叉，是汉代时代精神的政治代表与文学代表的亲密交往，是一个自恋的文学接受主体对一个同样自恋的文学创作主体的发现。因此，对司马相如以赋取悦君王的心理意向的第二种价值判断，即认为相如的以赋悦君是功利的、庸俗的、丧失文学家品格的，这种判断是站不住脚的。司马相如与汉武帝犹如当时夜空中的双子星座，守望着他们创造并表现的英雄时代。"

至于司马相如遭遇汉武帝事件对于汉代诗学有着怎样的重要性呢？刘朝谦归纳了以下几点：首先，这次遭遇重构了汉代诗学在赋文领域里的格局，为汉代寻找到了自身的代表性的文学范式。事件之后，虽然文人继续在写骚体赋，但汉代文学的重心已然转移到汉大赋的创作与欣赏了。汉代文学因此与战国之屈骚划清了界限，有了自身独立的家园。其次，事件为汉代诗学带来了崇高、神圣和英雄崇拜等诗意内涵，这些构成了汉代诗学精神中最基本也是最主要的部分。这种向外扩张、大肆铺陈、炫耀巨美的诗学气性使汉代在整个中国诗史上都是独一无二的。甚至在世界诗学史上，也只有古罗马的诗学风格与之差堪相近。再次，汉大赋一方面延宕了中国文学自觉的历史进程，但另一方面，它却确立了中国文人对文学语言美的价值的认可，如扬雄所说："诗人之赋丽以则，辞人之赋丽以淫。"这就为魏晋文论的自觉扫清了思想的迷雾。最后，事件对中国古代作家的身份是一个宿命般的隐喻，指涉的是古代作家总是以政治主体——文学主体身份在场的，而且在作家的自我意识里，政治总是他的第一生命。汉大赋在文学史上的特殊性，无非是在赋家这样的生命结构的功能驱动下，总体上成了一种帝王文学罢了。由此延伸出去，人们因此也可以把这一事件阐释为君臣之间的知遇与被知遇。有了上述重要性，汉大赋、司马相如和汉武帝便都在诗学的视界内步入永恒。

李凯《司马相如与巴蜀文学范式》，认为司马相如之赋产生于汉武帝时期这个国力强盛、进取精神极为浓厚的时代，是汉帝国时代精神在艺术上的典型体现：

> 相如之赋本身就是一个崇高时代的写照。他笔下之描写，不仅是文人的想象，还有着现实的基础。这使我们很容易想起古罗马著名文论家郎吉弩斯对崇高精神的呼唤，因为他所处的时代本身就是缺乏崇高精神的时代。但大汉帝国却不缺乏这些。除了汉帝国这一土壤之外，我们不能忽视巴蜀这一方土地以及相如本人的个性。巴蜀四面环山、多山多水的地理环境，是比较适宜于产生崇高观念的，西方美学家博克对自然界崇高对象的分析，颇适用于分析高山、大川、大漠、海洋容易产生出崇高的原因。当然，地理环境和时代氛围只是一种可能，是否一定会产生出具有崇高风格的作品又是另一回事。上述两种可能加上司马相如自己的尚武好侠的个性，这种结合终于使司马相如的赋显示出浪漫刚健和偏向崇高的审美特征。

有了汉武帝鼓劲，司马相如浑身上下仿佛有了用不完的力气。有了汉武帝打气，司马相如的气场大大地增高、拓宽、加深，写起赋来如有神助。更重要的，是汉武帝激发起司马相如建功立业的雄心壮志，并且挖掘出他身上沉睡的潜能。

第五章

出使西南夷：《喻巴蜀檄》与《难蜀父老》

一、"危机公关"：《喻巴蜀檄》

司马相如第一次入京，无意于仅仅做一个陪伴天子狩猎的贴身保镖，因而转投梁孝王门下。第二次入京，得到汉武帝重用，但他同样不满足于做一个歌功颂德的宫廷诗人。他梦想着建立自己的功绩。《资治通鉴》卷十七载："上自初即位，招选天下文学材智之士，待以不次之位。……庄助最先进，后又得吴人朱买臣、赵人吾丘寿王、蜀人司马相如、平原东方朔、吴人枚皋、济南终军等，并在左右，每令与大臣辨论，中外相应以义理之文，大臣数屈焉。"司马相如名列汉武帝钦定的文豪榜，也就成为这位个性十足的帝王麾下的高级幕僚之一。《汉书·淮南衡山济北王传》载："时武帝方好艺文，以安属为诸父，辩博善为文辞，甚尊重之。每为报书及赐，常召司马相如等视草乃遣。"

汉武帝热衷于开疆拓土，也感染了司马相如。他觉得自己能发挥比纸上谈兵更大的作用。这样的机会居然还真被他等到了。

那是一个风起云涌的大时代。汉武帝一继位就大显身手，着力于外定四边、内兴文教。首先北征匈奴，以武力解除北方边患，对匈奴的战争取得决定性胜利，稳定了大汉王朝的根基，相当于吃了一颗定心丸。尝到甜头之后，汉武帝又把视线投向版图的西南：在四川西部、南部和云南、贵州一带居住着一些少数民族，被统称为西南夷。这些地区的民族经济发展不平衡，相当滞后。其中部分定居，主要从事农业生产；大部分从事游牧渔猎或半农半牧。"秦时尝破，略通五尺道，诸此国颇置吏焉。"（《汉书·西南夷两粤朝鲜传》）早在秦王朝时，就开通了西南夷，设置郡守官吏加以管辖，与巴蜀地区建立商业上的往来，唇齿相依。西汉初期，百废待兴，由于困于诸侯王内乱和防御匈奴的南侵，中央政权把注意力集中于内部的巩固和北边的安宁，精力有所收缩，一度无暇顾及西南地区，和西南夷的联系减少，暂时出现了空白。现在汉武帝腾出手来了，进一步拓展大汉王朝的西南疆域，随即被提上了桌面。这不仅出于汉王朝大一统的现实政治需要，也是促进民族融合的历史发展的必然要求，更重要的是解除西南边患跟解除北方边患一样，能满足汉武帝的自大心理和成就感。"好大喜功"是汉武帝的深层心理意识，开疆拓土则是其进攻方略，开发西南夷自汉武帝开始，是其成就文治武功的又一个试验场。此后一直成为汉王朝基本国策，直至汉末也不曾改变。

汉武帝建元六年（前135），东越（闽越）趁机出兵攻打南越，南越告急，请求汉王朝支援。汉武帝派大行令王恢率军队出豫章攻打东越。事情平息后，王恢派番阳（江西鄱阳县）令唐蒙去南越，通报有关情况，并借以显示汉王朝的兵威。

唐蒙在南越吃到蜀地产的枸酱，很吃惊，再调查其由蜀传销到南越的路线，觉得可行，出于制伏南越的目的，产生了开发（应该说是重新开发）西南夷的设想。他有了这个点子，预感到胜利可期，直接向汉武帝上书建议："南越王黄屋左纛，地东西万馀里，名为外臣，实一州主也。今以长沙、豫章往，水道多绝，难行。窃闻夜郎所有精兵，可得十馀万，浮船牂柯江，出其不意，此制越一奇也。诚以汉之强，巴蜀之饶，通夜郎道，为置吏，易甚。"唐蒙认为从南方长沙、南昌往南越，水道阻绝，往往难通，不如由夜郎浮江而下，可出其不意；加上汉兵的强大，巴蜀的富饶，通道夜郎，为置官吏，这样由制越进而开发西南就很是容易了。

汉武帝怎么回答呢？想都没想就答应了。不，他早已在内心深处想过了，想过了一遍又一遍，只是没有摆上台面，只是没有提上日程。他在等，等着有人倡议。唐蒙，就是他等到的那个人。武帝采纳番阳令唐蒙的建议：南通夜郎，以便由水道出奇计取南越。"乃拜蒙为郎中将，将千人，食重万馀人，从巴蜀笮关入，遂见夜郎侯多同。蒙厚赐，喻以威德，约为置吏，使其子为令。"因为一着锦囊妙计，唐蒙得到重用，被任命为郎中将，准许带领士兵千人前往巴蜀，践行特殊使命。唐蒙得到千人相随，因征途遥远，还发动一万多巴蜀民夫转运粮食，违抗者即以军情裁制。民工们纷纷抗议。唐蒙毫不手软，雷厉风行，不仅拉壮丁扩充军队，还把强硬路线进行到底，继续强征数万巴蜀民工修路凿通夜郎。巴蜀民众大为惊恐，或逃亡或自杀。

汉武帝元光五年（前130），劳民伤财好几年了，凿通夜郎的路还没有完工。加上唐蒙用战时军法诛杀一些少数民族首领，以示警告，却用力过猛，弄得人心惶惶，引发巴蜀大骚乱。

汉武帝担心巴蜀民变越闹越大，想派人去"救火灭火"，责备唐蒙，并向民众解释，说这不是朝廷的意思。就这样，又等到了第二个人。

司马相如主动请缨，理由很充分，说那里是自己的老家，比较熟悉情况，便于对症下药："父老乡亲们都知道我是从巴蜀出来，进京为官的，若是由我来传递皇上的旨意，他们不仅不会怀疑，而且能听得进去。"

汉武帝想不出还有比司马相如更合适的人选，"乃使相如责唐蒙，因喻告巴蜀民以非上意"，授权司马相如以特使身份前往巴蜀巡视。

司马相如手持皇帝的旄节，风雨兼程抵达巴蜀，招抚邛、笮、冉、駹一带各族首领。

当时形势动乱，沿途能看见被情绪失控的民众打砸的店铺、烧毁的公共设施。司马相如临危不乱，他太了解这些老百姓，知道他们一定是被逼急了，才豁出去了，不惜玉石俱焚。

　　为了让自己的声音到达得更快，传播得更远，司马相如在鞍马之上构思，夜宿时写了一篇公告来传达朝廷旨意，稳定民心。要求巴蜀各地各级政府广为传抄，四处张贴。

　　这就是著名的《喻巴蜀檄》：先声夺人，用对外征讨的声威和虽被征招而无隐患来震慑与安抚，分析唐蒙和地方官吏的责任，以为皇帝本意辩解，说唐蒙"发军兴制，惊惧子弟，忧患长老，郡又擅为转粟运输，皆非陛下之意也"；再树边民为榜样，以当官享乐传名来规范和开导百姓，并在对比中寻过责怪巴蜀吏民，说"当行者或亡逃自贼杀，亦非人臣之节也"；最后说明作檄之旨意，要求及时传达。《喻巴蜀檄》成了司马相如的开路先锋：维护皇帝威信，斥责官吏过失，开导百姓放心，扬威以慑之，示安以慰之，示范以规之，示利以导之，寻过以责之。尤其把通西南夷纳入汉武帝开边与反击匈奴的大格局中来论说其重大意义，告喻巴蜀之民加以理解，无需惊恐，"急国家之难，而乐尽人臣之道"，在变局中迎接挑战也把握机遇。主题先行，人未到而心意已到。恩威并施，效果良好，一下子就稳定了民心。

　　司马相如特意选择檄文的形式，檄原本是用于声讨的一种文体。飞檄如同鸣镝、闪电，以惊人的速度与效率，声传百里，光照千里。司马相如渴望把《喻巴蜀檄》作为一支响箭射出去，直击乱局之穴位，化干戈为玉帛。果然，已露出苗头、一点就燃将成燎原之势的战乱，得以避免。《喻巴蜀檄》因而成为盟檄之"德音"，虽然斥责巴蜀吏民的"罪""过"，但伸缩有度、软硬兼施，客观上以理服人、以德服人，相当于不战而屈人之兵，兵不血刃地化解了社会矛盾造成的冲突。司马相如虽非武士，但用一篇檄文，力挽狂澜于既倒，也算创造了人间奇迹。当然，他自己最清楚：借助了皇恩帝威，作为特使之手笔，《喻巴蜀檄》才获得额外的力量，力透纸背，力透人心。

　　《喻巴蜀檄》是司马相如第一次巧妙地运用权术，全盘平衡，纵横辩说。他也尝到了权力的甜头：一语也可以定乾坤。临阵写檄，比宫中写赋还要过瘾，更有现场感。

　　当司马相如抵达蜀郡，骑马入城，看见自己赶写的《喻巴蜀檄》

已先入为主：城门洞以及十字路口，都张贴着这份"安民告示"，过往的行人正在围观，表情变得轻松，或者说如释重负。而周围的店铺，又重新开门，恢复了平静。与他出行路上所见的情景，已大为好转。

前来迎接的蜀郡太守，对司马相如大加赞美："一篇《喻巴蜀檄》，就让巴蜀民众吃了宽心丸，我终于领教到什么是大手笔了。"

《喻巴蜀檄》全文如下：

告巴蜀太守：蛮夷自擅，不讨之日久矣，时侵犯边境，劳士大夫。陛下即位，存抚天下，辑安中国。然后兴师出兵，北征匈奴，单于怖骇，交臂受事，诎膝请和。康居西域，重译请朝，稽首来享。移师东指，闽越相诛；右吊番禺，太子入朝。南夷之君，西僰之长，常效贡职，不敢怠堕，延颈举踵，喁喁然皆争归义，欲为臣妾；道里辽远，山川阻深，不能自致。夫不顺者已诛，而为善者未赏，故遣中郎将往宾之，发巴蜀士民各五百人，以奉币帛，卫使者不然，靡有兵革之事，战斗之患。今闻其乃发军兴制，惊惧子弟，忧患长老，郡又擅为转粟运输，皆非陛下之意也。当行者或亡逃自贼杀，亦非人臣之节也。

夫边郡之士，闻烽举燧燔，皆摄弓而驰，荷兵而走，流汗相属，唯恐居后；触白刃，冒流矢，义不反顾，计不旋踵，人怀怒心，如报私仇。彼岂乐死恶生，非编列之民，而与巴蜀异主哉？计深虑远，急国家之难，而乐尽人臣之道也。故有剖符之封，析珪之爵，位为通侯，居列东第。终则遗显号于后世，传土地于子孙，行事甚忠敬，居位甚安佚，名声施于无穷，功烈著而不灭。是以贤人君子，肝脑涂中原，膏液润野草而不辞也。今奉币役至南夷，即自贼杀，或亡逃抵诛，身死无名，谥为至愚，耻及父母，为天下笑。人之度量相越，岂不远哉！然此非独行者之罪也，父兄之教不先，子弟之率不谨也，寡廉鲜耻，而俗不长厚也。其被刑戮，不亦宜乎！

陛下患使者有司之若彼，悼不肖愚民之如此，故遣信使晓喻百姓以发卒之事，因数之以不忠死亡之罪，让三老孝悌以不教诲之过。方今田时，重烦百姓，已亲见近县，恐远所溪谷山泽之民不遍闻，檄到，亟下县道，使咸知陛下之意，唯毋忽也。

转录佚名译者的译文：

告知巴郡、蜀郡太守：周边少数民族不顺从朝廷搞对立，却没有受到军事打击已经很长时间了，还时常侵犯边境，使官吏劳苦。当今皇上登位，体恤安慰天下百姓，团结稳定中原内地，然后发动并派出军队到北方征讨匈奴。匈奴王恐惧，拱手屈服，下跪求和。康居等西方属国，即使需要中介语言翻译才能沟通，也请求来朝廷庆贺，毕恭毕敬地跪拜进献贡礼。于是转移军队东征，致使闽越王被弟弟杀掉；又乘势向右攻下南越，南越王派太子来朝廷作人质。南方西方各少数民族的君长不断效力进贡，不敢懈怠，伸长脖子踮起脚跟，人人仰慕倾心，竞相争先归顺，都想被使唤；只因路途遥远，山川阻隔很严重，不能亲自来朝拜。不顺从的已被讨伐，然而表现好的还没奖赏，所以派中郎将唐蒙去礼节性访问西南各少数民族君长。在巴郡、蜀郡征招士兵各五百名，只是去搬运作为礼品的财物和保卫使者以防意外，并没有军事行动和投入战斗的忧患。现在听说他却启用了军事法则，使青年惊惧，老人忧虑；州县又擅自派人去转运粮食和缴纳物。这些都不是皇上的旨意。另一方面，应征的人有的逃跑，有的自杀，这表明他们缺乏作为普通百姓的品德。

边境地方的人，一听说烽火燃起，就都拿上弓箭骑马奔赴，或扛着武器跑来，汗水不断线地流淌，还唯恐落后。他们顶着刀口，冒着飞箭，义无反顾，还主动献计献策，计策也神速见效，人人心怀愤怒，如报个人仇恨。难道他们喜欢死讨厌生，不是中国籍的人，与巴蜀的人不是同一个皇上吗？是他们考虑得深远，因而乐意尽老百姓的义务。因此有人立了功，得到封官职、授爵位的凭证，生前当公侯，住豪宅，死后留美名扬后世，传封地给儿孙。他们做事很忠实敬业，然后才能当官享受安乐，名声永远流传，功勋显著，永不磨灭。因此贤人君子肝脑涂原野，膏血润野草也不逃避。现在干点儿搬运礼品到南方的差事，就自杀或逃跑被杀，人死了又无好名声，被称为最蠢的人，还影响到父母也蒙受羞耻，被天下人嘲笑。人的胸怀见识相差岂不是太远了吗？然而这不只是应征人的罪过，父兄教育没有率先垂范，子弟遵循教导就不会严谨，就缺少好品德和耻辱感；而且当地社会风气也不纯朴诚实，那些人被处罚、杀头，不也是应该的吗？

当今皇上忧虑使者唐蒙和郡县官吏像上述那样，担心不成器的愚民又是如此，所以派亲信使者把征招士兵的事明确告诉百姓，顺便用自杀逃跑是对朝廷不忠的罪名来斥责他们，用没教育好的过失来责怪乡村小吏。现在正值农忙时期，不想轻易召集人众，给农民添麻烦，已经亲自会见附近县的人，还担心远处高山深谷的人不能普遍知晓。这檄文一到，赶紧下发各县，让百姓都知道皇上的心意，希望不要疏忽。

司马相如在《喻巴蜀檄》里，话分两头说，一面责怪唐蒙让民众受惊了，这绝不是皇帝所愿意的；一面又说当差者逃亡以躲避劳役，也有损良民的形象。两边各打一巴掌。好在毕竟替民众出了口气，民众虽然也被批评，也还能接受。司马相如貌似中立、公正，其实还是站在汉武帝这边，蒙蔽民众。但因为蒙蔽得巧妙，民众并无怨言，事态很快平息。实际上，手握重兵的唐蒙，这时已由巴郡的笮关（四川合江县西）进入夜郎，会见了夜郎侯多同，并和多同达成协议，使夜郎归附汉朝。唐蒙回长安报告后，武帝就在那里建立了犍为郡。

司马相如帮了汉武帝大忙，相当于一次成功的"危机公关"，使大事化小、小事化了，巴蜀酝酿中的社会动乱被及时化解。《喻巴蜀檄》不只是一篇文章，它起到了比动用一支军队更良好的效果。

司马相如与唐蒙，一文一武，一个唱白脸一个唱红脸，配合得非常默契，既把汉武帝"开发大西南"的强硬战略继续推进，又以怀柔政策减少了阻力，避免了后果更严重的摩擦。你可以说司马相如不遗余力地帮着汉武帝蒙蔽人民，但他毕竟是以讲道理的方式，耐心说服，他懂得怎么跟百姓讲道理，更重要的是他讲的道理确实有道理，百姓才听得进去。司马相如讲的道理乃至做的事情，是符合国家利益的，从长远来说也符合人民利益。他的形象并没有什么不光彩。

司马相如新官上任，接受的第一项光荣而艰巨的任务，就是回巴蜀调解社会矛盾，替汉武帝当"说客"，说服抵触情绪严重的民众，属于临危受命。好在他由衷地赞同汉武帝的国家战略，又因有底层生活经验而熟悉民情民心民意，知道症结在哪里，没有误判，没有激化矛盾，很快就使巴蜀的天空云开雾散，多云转晴。如同庖丁解牛，干净利落。

《喻巴蜀檄》不只是一篇文章，对于当地百姓而言，更是一颗定心丸。他们对从巴蜀闯荡到京城当官的司马相如有一种天然的信任，这利于司马相如代表朝廷消除误会。加上司马相如讲的道理有情有义：皇帝不是想折腾你们虐待你们，皇帝一直是爱你们的，为你们好的，也会感谢你们为国家做出的牺牲与贡献。

自古至今，老百姓都是通情达理的，也容易满足。关键是你要跟他们讲清道理。汉武帝用司马相如，算是用对人了。他太会说话了，不仅能说得皇上高兴，还有办法说得百姓高兴。这才是真本事。问题是好多官员只会拍上司马屁（这方面倒无师自通），在百姓面前却不讲究说话的态度和方式方法，要么把小事闹成了大事，要么把好事办成了坏事。连说话都不会，还怎么做事？尤其做大事，说话的技巧太重要了。那些在老百姓面前不会讲道理或懒得讲道理的官员，真得跟司马相如学学。把《喻巴蜀檄》多读几遍吧。

二、持节出使西夷:《难蜀父老》

司马相如平息唐蒙事件,稳定了汉在巴蜀的统治,保证了通西南夷的顺利进行。借着司马相如稳定了后方的大好形势,唐蒙掠取并收服了夜郎,一不做二不休,还要继续开通西南夷的道路。又陆续征发巴、蜀、广汉的士卒,参加筑路的有数万人。元光五年(前130),再次大规模征发巴蜀民修治南夷道的行动,又引发骚乱。博士公孙弘奉使巡视,还奏事,认为通西南夷疲弊中国,拓地无用。蜀地民众不乏反对之声,朝廷举棋不定,怕再次惹起风波。这时候司马相如的态度就极其重要了。

司马相如在巴蜀访贫问苦同时,得到可靠消息:邛、筰的君长听说南夷已与汉朝交往,得到很多赏赐,因而多半也想归顺汉朝,希望参照南夷的待遇,请求汉朝委任他们以官职。这是一个好消息。说明汉武帝的边疆政策经过调整,在南夷实践得比较成功,对其他地方也产生了吸引力。也说明司马相如悄悄进行的西南夷谈判很成功,"邛、筰、冉、駹、斯榆之君皆请为内臣"。

汉武帝元光六年(前129),司马相如回京汇报工作时,当面向汉武帝提出通使西夷比通使南夷更为有利:"邛、筰、冉、駹者近蜀,道亦易通,秦时尝通为郡县,至汉兴而罢。今诚复通,为置郡县,愈于南夷。"就是说这一系列重要地点与蜀为邻,道路容易接通,加上秦朝时就已设置郡县,到汉朝建国时才废除,如今真要重新开通,设置为郡县,其价值超过南夷。

这个建议正合汉武帝心意。汉武帝对西南夷,不想"武治"而偏向于"文治",同意设置一个都尉,十多个县,附隶蜀郡。委托司马相如执行。司马相如是文人出身,不至于像唐蒙那么鲁莽,会使用巧劲,正好弥补唐蒙的缺陷。

司马相如把握住了建功立业的好时机,被汉武帝任命为中郎将,建节出使西夷。中郎将秩比二千石,司马相如的官阶升了一格。建节,即持节，相当于后世的尚方宝剑。司马相如有了钦差大臣的派头。

前途是光明的，道路却是曲折的，甚至可以说一波三折。首先是蜀郡父老不赞成开通西南夷："穷乡僻壤没有用，浪费人力物力，实在不值得。"并把这种意见告到了朝廷。

朝廷开会讨论，诸位大臣也以为蜀郡父老的意见对："西南夷反复无常，屡屡发兵镇压，耗费无功。"刘安提交的《上疏谏伐闽越》，代表了反对开发一派华夷之别的文化地理观。

一看风头不对，司马相如想打退堂鼓了。加上当时汉匈战争越打越大，考虑到汉朝国力不能四处出击、把战线拉得太长，司马相如改变立场，有意劝谏汉武帝作出政策调整。但此事原是他建议起来的，又不敢进言暂停开发，那不是自己打自己嘴巴嘛。

同样出使巴蜀的公孙弘，在朝廷之上公开反对开发，"言其不便"，后又"数言西南夷害，可且罢，专力事匈奴"，说的都是重话，企图动摇武帝开发西南的决策与信心。

公孙弘的倡议，汉武帝未置可否，等于不予采纳。

汉武帝可不允许司马相如像墙头草一样摇摆，让他表明态度。司马相如看出来了，这是汉武帝要他站出来驳斥公孙弘。

司马相如陷入了两难境地。只好鼓足勇气回答，亮明底牌，把当初向武帝的建议重复一遍，说给诸位大臣听："邛、筰、冉、駹者近蜀，道亦易通，秦时尝通为郡县，至汉兴而罢。今诚复通，为置郡县，愈于南夷。"认为川西南地区道路易通，汉以前就曾经是中央王朝的郡县，只是汉以后才废弃。如果现在重新开通西南夷，为置郡县官吏进行管理，那会比通南夷的好处更多。倾向于主张设郡置县，开发邛、筰等蜀之西南地区。

《资治通鉴》建元三年（前138）载："上自初即位，招选天下文学材智之士，待以不次之位。蜀人司马相如等，并在左右，每令与大臣辨论，中外相应以义理之文，大臣数屈焉。"可见汉武帝已习惯了以司马相如为喉舌，来反驳自己不赞成的大臣观点。

受刘安《上疏谏伐闽越》激发，司马相如觉得笔战比舌战更能显示自己的强项，他知道自己嘴笨，越激动还越容易结巴，还是写文章来代替唇枪舌剑的辩论，更能表达清楚内心的思路。为了增强说服力，司马相如退朝后又连夜赶写一篇《难蜀父老》，设辞为文，借蜀父老的口，而已责问辩论，一面暗示天子，一面又宣明自己奉使的动向，令百姓知道这原是天子的意图。司马相如针对当时"蜀长老多言通西南夷之不为用，大臣亦以为然"的情况，"欲谏，业已建之，不敢，乃著书"，以文代言，借《难蜀父老》说服教育持异议的蜀父老，也批判性地答复了朝廷反对开发西南夷的大臣，反映了主开发者的地理扩张与文教传播并进的大一统的文化地理观。

《难蜀父老》跟《喻巴蜀檄》一样，就像司马相如根据现实自编自导的辩论赛，有着主开发与反开发两方：蜀中父老对朝廷开发西南夷使"百姓力屈""而功不竟"意见很大，认为邛、笮、西僰等少数民族与中原并存久矣，过去的仁德之君、强盛之国尚不能加以兼并，使之臣服。而今汉王朝却"割齐民以附夷狄，敝所恃以事无用"，这是不可行的。这一观点很有代表性，附和者众。作为另一方的司马相如，针对这种错误的论调，勇敢地站了起来，尖锐批判：如果真像蜀父老所言，那巴蜀地区将永远处在蛮夷状态而不会变服异俗了。他更相信事在人为，以及真理也可能掌握在少数人手里：贤明的君王所追求的是发表博大的见解，以雄心壮志开基创业，为后世树立典范，因而既不会拘守成法旧规，也不会媚俗从众。他的胸襟应兼容并包天下万事万物，他的思虑是如何成为一个顶天立地的英雄人物。如果天地间不能得到他的恩泽，他就要感到耻辱。

司马相如在文中不再像在现实中那样骑墙观望、模棱两可，而是旗帜鲜明地支持汉武帝开疆拓土的政策，堪称其代言人，舌战蜀中父老，其实也是说给力挺蜀中父老的诸位大臣听的。

这场一半真实一半虚拟的辩论，使司马相如勇往直前的形象脱颖而出。对开发西南夷进行政策上的解释和理论上的阐述，为之奠定了坚实的理论基础和政策基础，并提供了文化意义上的支持：在"中国"与四夷关系处理上，汉武帝开边决策是对羁縻文化政策的重要补充。

司马相如的雄辩，如同秋风扫落叶，一举扫清了舆论上的障碍。更重要的，是准确表达了汉武帝经营边陲四夷的高远志向，维护其声威和尊严，打消其开边的犹豫，使其信心更为坚定。同时，也得体地安慰了民心、安定了民意，有利于自己完成即将开始的神圣使命。

在《难蜀父老》文中，这样一段话确实很精彩："盖世必有非常之人，然后有非常之事；有非常之事，然后有非常之功。非常者，固常人之所异也。"

司马相如话里有话，画外音缭绕《难蜀父老》一文始终：开发西南夷与一般人所做的事不同，是"非常之人"所要做的一件"非常之事"，是武帝所要建立的"非常之功"。这种事情开始阶段往往不被民众理解，甚至使民众感到惊惧或不可思议而反对，但一旦成功，则天下安定，民众必然成为受益者，也就能理解并感激。

绕来绕去，不知大家是否听明白了：这是在夸当朝天子呢。谁听到如此有逻辑性的话，都会留下深刻印象。更重要的是，汉武帝不仅听明白了，而且流露出很爱听甚至听得很陶醉的表情：知我者，司马相如也。二十三年后，元封五年（前106），这位爱听好话的皇帝还在诏书中借用了这段话："盖有非常之功，必待非常之人。"这么多年过去，他也没忘掉司马相如说的话啊。

司马相如的话，不只是说给蜀中父老听的，说给藏身蜀中父老背后的文武百官听的，也是说给似乎置身局外，其实掌控一切的汉武帝听的。可兼有这样的效果：不只是说给汉武帝听的，也是说给天下人听的。出一个非常之皇帝多么重要啊，才能做出非常之壮举、开创非常之时代，天下人有幸躬逢盛世，天下人有福共享繁荣。难怪后来刘勰《文心雕龙·檄移篇》对此赞不绝口："相如之《难蜀老》，文晓而喻博，有移檄之骨焉。"历代文人又美誉不断。明朝王维桢："先叙事起，而后诡为问答之词。其事虽非，而其文则腴。"金圣叹："曲折顿挫，极尽文态。"清朝王文濡："表面虽是难蜀父老，说得堂皇正大，而其讽天子，好大喜功之意，却以隐约出之，此文之所以名贵也。"

当然你可以说，这是司马相如在借天子之权威教化天下人，同时又忙里偷闲拍汉武帝的马屁，但马屁能拍得如此漂亮、如此理直气壮，也算本事。关键是这话不仅汉武帝爱听，天下人听了，也不反感，还觉得很有道理。话里话外的道理，放在哪里都能站得住脚。这样才有全方位的说服力。即使放在今天来说、来听，也不会过时。不仅励志，而且绝对正能量。这就不是一般的道理了，堪称真理，放之四海而皆准。

此文一出，司马相如在汉武帝心目中立马加分，形象变得高大：看来他不同于那类要么掉书袋要么风花雪月的酸腐文人，不只会写《子虚赋》《上林赋》，还有非凡的膂力执掌尚方宝剑号令一方，对此也充满强烈的愿望。可用之材啊。

见多了空想家、空谈家，汉武帝太需要能严丝合缝贯彻自己旨意的实干家了。这不就是现成的一位吗？不仅能想，而且敢做。更难得的，还会说。把想出的点子、做出的事情，都说得那么清楚，让人一听就明白，一听就服气。看来非常之君，也需要非常之臣啊，想自己所想，做自己所做，说自己欲说而不知怎么说或不方便亲自说的。君主之道，也需要执行者与代言人。

鲁红平《论司马相如的儒家思想》，认为司马相如出使西南夷时所写《喻巴蜀檄》《难蜀父老》，不是一般出使外方的说辞：在这两篇作品里他用了赋体惯用的铺陈夸饰的手法，以一种生动活泼的形式既宣讲国家政策和皇上本意，又非常巧妙地赞颂大一统政治，成功地将文学与政治结合起来。他认为武帝开西南夷道虽然劳民，却是史无前例的壮举，称得上是"非常之人"的"非常之功"。在文中一再称武帝为"至尊""天子""王者"，还提到"受命之符""封禅之事"，文中已经开始将武帝圣王化。

司马相如擅长往帝王脸上贴金，使之神化、圣化、偶像化。他贴在人脸上的金箔，也像真长出来的皮肤。这不是一般的化妆术，司马相如歌功颂德，在感动别人之前，首先感动了自己。司马相如毕恭毕敬地要把汉武帝扶上圣坛，汉武帝也是人，也爱听好话，怎么可能拂了他的一片心意？

《难蜀父老》是中国文学史上首篇论难文，开创了一种新文体。所谓"难"，即《难蜀父老》中"而已诘难之"的"诘难"之意。"难"作为文章形式，其实早已有之。先秦西汉著作，多以虚设对问作结构，辞赋如楚辞之《卜居》《渔父》，文章如《孟子》诸篇、宋玉之《对楚王问》等，或本身就是对问、对策，如《二世、李斯责问书对》《公孙弘对天文、地理、人事之纪》等。就一个具体现实事件而虚设论难写成一篇完整文章，后代明确以"难"作篇名，《难蜀父老》还是第一篇。

《难蜀父老》原文如下：

> 汉兴七十有八载，德茂存乎六世。威武纷纭，湛恩汪濊，群生澍濡，洋溢乎方外。于是乃命使西征，随流而攘，风之所被，罔不披靡。因朝冉从骈，定莋存邛，略斯榆，举苞满，结轨还辕，东乡将报，至于蜀都。耆老大夫荐绅先生之徒二十有七人，俨然造焉。辞毕，进曰："盖闻天子之于夷狄也，其义羁縻勿绝而已。今罢三郡之士，通夜郎之涂，三年于兹，而功不竟，士卒劳倦，万民不赡，今又接以西夷，百姓力屈，恐不能卒业，此亦使者之累也。窃为左右患之。且夫邛、莋、西僰之与中国并也，历年兹多，不可记已。仁者不以德来，强者不以力并，意者殆不可乎！今割齐民以附夷狄，弊所恃以事无用。鄙人固陋，不识所谓。"

> 使者曰："乌谓此乎？必若所云，则是蜀不变服而巴不化俗也，余尚恶闻若说。然斯事体大，固非观者之所觊也。余之行急，其详不可得闻已。请为大夫粗陈其略：

> "盖世必有非常之人，然后有非常之事；有非常之事，然后有非常之功。非常者，固常人之所异也。故曰非常之原，黎民惧焉，及臻厥成，天下晏如也。

> "昔者，鸿水浡出，泛滥衍溢，民人登降移徙，陭㟧而不安。夏后氏戚之，乃堙鸿水，决江疏河，漉沈赡灾，东归之于海，而天下永宁。当斯之勤，岂惟民哉？心烦于虑，而身

亲其劳，躬胝无胈，肤不生毛，故休烈显乎无穷，声称浃乎于兹。

"且夫贤君之践位也，岂特委琐握龊，拘文牵俗，循诵习传，当世取说云尔哉！必将崇论闳议，创业垂统，为万世规。故驰骛乎兼容并包，而勤思乎参天贰地。且《诗》不云乎：'普天之下，莫非王土；率土之滨，莫非王臣。'是以六合之内，八方之外，浸淫衍溢，怀生之物有不浸润于泽者，贤君耻之。今封疆之内，冠带之伦，咸获嘉祉，靡有阙遗矣。而夷狄殊俗之国，辽绝异党之域，舟舆不通，人迹罕至，政教未加，流风犹微，内之则犯义，侵礼于边境，外之则邪行横作，放弑其上，君臣易位，尊卑失序，父兄不辜，幼孤为奴，系累号泣。内乡而怨，曰：'盖闻中国有至仁焉，德洋而恩普，物靡不得其所，今独曷为遗己？'举踵思慕，若枯旱之望雨，鸷夫为之垂涕，况乎上圣，又恶能已？故北出师以讨强胡，南驰使以诮劲越。四面风德，二方之君，鳞集仰流，愿得受号者以亿计。故乃关沫若，徼牂柯，镂零山，梁孙原，创道德之涂，垂仁义之统，将博恩广施，远抚长驾，使疏逖不闭，阻深暗昧，得耀乎光明，以偃甲兵于此，而息讨伐于彼。遐迩一体，中外禔福，不亦康乎？夫拯民于沉溺，奉至尊之休德，反衰世之陵迟，继周氏之绝业，斯乃天子之急务也。百姓虽劳，又恶可以已哉？

"且夫王者固未有不始于忧勤，而终于佚乐者也。然则受命之符，合在于此。方将增泰山之封，加梁父之事，鸣和鸾，扬乐颂，上咸五，下登三。观者未睹指，听者未闻音，犹鹪明已翔乎寥廓，而罗者犹视乎薮泽，悲夫！"

于是诸大夫茫然丧其所怀来，而失厥所以进，喟然并称曰："允哉汉德，此鄙人之所愿闻也。百姓虽劳，请以身先之。"敞罔靡徙，迁延而辞避。

转录佚名译者的译文：

汉朝建立七十八年了，已传六代帝后，都心存美德，十分威武，深恩广施，百姓受惠；恩泽还洋溢到境外。于是派遣使者西征，阻碍随流而退，声势影响到的地方，没有不服服帖帖归顺的。乘势使冉族、駹族服从，平定筰族，安抚邛族，攻克斯榆族，略取苞满族，然后车辆络绎返回，即将向东回朝廷报捷，到了成都。蜀地有影响的老人和地方官员二十七人，郑重拜见使者，寒暄结束就进言说："天子对于边境少数民族，按理说联络来往不断绝就行了。现在弄得蜀地的人疲惫不堪，去开通到夜郎国的道路，至今已经三年，却没能成功，不仅士兵劳苦疲倦，而且万民不安；现在又接着开辟西部边境，百姓人力、物力用尽，恐怕也不能完成这件事。这也是使者的忧患，我们私下为您担忧。况且邛、筰、西僰这些边境属国与中原内地并列，经历的年数已经多得记不清了。仁慈的帝王不能凭恩德感召来，强悍的帝王不能靠武力吞并掉，推想起来那大概是不能降伏的吧！现在却损害平民去使边境少数民族归附，使朝廷依靠的国民疲困，去干没有效用的事。我们见识短浅，不知说得对不对。"

使者说："怎么说出这种话呀！真像你们说的那样，那就是巴蜀人不会改变从前的服装、习俗了。我几乎讨厌听你们这样说。然而这事关系到大局，意义重大，确实不是旁观者能够洞察的，也不怪你们。我行程紧迫，那些详细情况不能说了。请让我为你们粗略陈述一下概要吧。

"世间一定要有不寻常的人，然后才有不寻常的事；干了不寻常的事，然后才有不寻常的功绩。不寻常，本来就是常人感到奇怪诧异的。所以说不寻常的事刚开始，百姓就害怕它；而等到它获得成功，天下就安然无恙了。

"从前洪水涨溢，泛滥弥漫，人们就跋山涉水迁移，艰难奔走而不能安身。夏禹为此悲愁，赶紧堵塞洪水，开通疏浚江河，使深水分流，灾民安定；洪水东流归海，普天下永久安宁。

承担这些辛勤劳苦的，难道仅仅是百姓吗？夏禹内心被忧虑烦恼，又亲身参加劳动，手脚磨起厚茧，皮肤不生汗毛。因此美好的功业永远昭彰，名声和颂扬流传到现在。

"而且贤能的皇帝登位，难道只抓琐事小节，缩手缩脚，拘泥陈规，被俗议牵制，顺从舆论，仿效流俗，迎合讨好世人算了吗？不！他一定会支持采纳远见卓识的议论，开创大业传给子孙，成为万代的典范。所以他能广泛涉猎，一并收集，在高阔如同天地的心胸中深刻思考。况且《诗经》中的《北山》诗不就说过吗：'普天之下，无处不是君王的土地；四海之内，无人不是君王的百姓。'所以应使天地之内，八方之外，恩泽弥漫，一切生物如果有没得到恩泽浸润的，贤能的帝王就会为此感到耻辱。现在国境之内，穿汉人衣服的人，都获得了幸福，没有一个人不满足。但是不同风俗的少数民族，遥远而和别的民族相接的地方，车船不通，人迹罕到，先进政治、良好教化还没施行到那里，美好的风俗还很少。吞并他们就在边境损害了礼仪，让他们独立就会歪风邪气横行：赶走、杀害他们的头领，君臣交换位置，上下秩序打乱，父兄无辜被害，小孩成为孤儿沦为奴仆，捆绑号哭，就向着中原内地埋怨说：'听说中国有最好的仁政，德惠多，恩泽广，万物没有得不到相宜的处所的，现在为什么唯独遗弃了我们呢？'踮起脚跟盼望，像枯干的草木渴望下雨一样。凶狠的人也会替他落泪，更何况皇上圣明，又怎么能无动于衷呢？所以向北方出兵讨伐强悍的匈奴，向南方派使者谴责强劲的南越。四方都传扬恩德，南方和西方各属国的君长像鱼群仰头迎向流水一样，希望能接受号令的人需要用亿来计数。因此才在沫水、若水设关口，在牂牁划疆界，凿通灵关道，在孙源河架桥。开创远播道德的通路，让仁义的统治继续传下去。这将会大恩广施，长久安抚和驾驭远方，使边远地方不闭塞，阻隔严重昏暗蒙昧的地方也能照耀着阳光，从而消除我们这里的用兵之患，平息他们那里的争位攻杀，使远近同一体制，中外安宁幸福，不是更安乐吗？从深水淹没中拯救百姓，让他们分享到皇帝的美德，挽回衰世的败落，延续中断了的周文王周武王的事业。这才是皇上的当务之急。百姓虽然劳苦，又怎么可以停止呢？

"况且帝王的事业本来没有不从忧患开始，而到安乐结束的。既然这样，那么承天赐福的征兆就完全在我们这里了。正要达到成功，将在泰山、梁父山举行封禅大典，摇响和铃、鸾铃，高唱颂歌，与三皇五帝等同有加。可是旁观的人没看到趋向，旁听的人没听出意旨。这就犹如鷾明鸟已翱翔在辽阔的天空，而张网的人还盯着湖泊。可悲呀！"

于是各位地方官员茫然失去了他们来时的心情，也抛弃了觐见的目的和主张，感叹称颂说："汉皇的恩德，令人信服啊！这正是我们希望听到的。百姓虽然懈怠，请让我们走在百姓前面。"怅惘退后，于是磨磨蹭蹭地告辞溜走了。

从《喻巴蜀檄》到《难蜀父老》，司马相如的立场在转变，思想在成熟，张大可《论司马相如》发现："司马相如最高的人生理想是建功立名，但他的盖世文才遮蔽了他的政才，留下遗憾。但司马相如抓住了瞬间的机遇，在政治活动中留下了可圈可点的一笔，产生了两篇流传千古的政论文。《喻巴蜀檄》《难蜀父老》是司马相如在政治活动中留下的两篇政论文，具有警世的价值，也是透视司马相如人生轨迹的重要资料，值得细说。这两篇政论，是具有赋体风格的散文，质而不俚，说理透辟，内容充实，气势雄浑，有贾谊、晁错之风骨，堪称汉代政论散文的极品。这两篇政论的写作背景均来自司马相如出使巴蜀通西夷的历史事件，是前后相承的姊妹篇。乍一看，两文的主旨都是宣扬大汉的圣德和军威，告喻巴蜀之民，要体察皇上汉武帝开边是非常之人建非常之功，皇上是伟大的明君。细究两文的内容，主旨似同而实异，司马相如的立场由鼓吹者转变为务实者，由无条件支持，转而为主张调整政策，开边不忘民生。"

还有人戏称：司马相如既是中国古代第一位百科全书式的巴蜀（中华）文化巨人，更是"西部开发第一人"。

《喻巴蜀檄》与《难蜀父老》堪称姊妹篇，对于后世政论及告喻文体，提供了典范。司马相如不是一般的作家，更是文体家，不仅在美文如辞赋方面集大成、在诗歌与乐府方面有造诣（早年的《琴歌》二首收入南朝徐陵辑《玉台新咏》，晚期还为武帝所立乐府造诗赋如《郊祀歌》，晋崔豹《古今注》云："司马相如作《钓竿》诗，遂传为乐曲。"可见歌词写得好），对政论文、议论文等实用文体也有创意与革新。司马相如还是学问家，精通小学。小学是对古代语言文字学的传统称谓，包括音韵学（释音）、文字学（释形）、训诂学（释义）三种学问。他写有字书《凡将篇》。此书虽在宋代佚亡，但《说文》《文选·蜀都赋旧注》《艺文类聚》《茶经》等书均有引文，可窥见此书之一鳞半爪："乌啄桔梗芫华，款冬贝母木檗蒌，芩草芍药桂漏芦，蜚廉藿菌荈诧，白敛白芷菖蒲，芒消莞椒茱萸。"

相如出自巴蜀，后来也成了四川文化一大代言人。《汉书·地理志》云："景武间，文翁为蜀守，教民读书法令。未能笃信道德，仅以好文刺讽，贵慕权势。及司马相如游宦京师诸侯，以文赋显于世，乡党慕其迹。后有王褒、严遵、扬雄之徒，文章冠天下。由文翁倡其教，相如为之师。"班固此语，肯定了相如为促进蜀中文化，立下汗马功劳。

三、衣锦还乡也有风险

司马相如出使西夷，经过激烈的讨论之后，由于汉武帝鼎力支持，还是成行了。在一年之内，两度衣锦还乡，深得皇帝亲信，官越做越大。加上有副使王然于、壶充国、吕越人等跟随，乘坐四匹马驾驭的传车，浩浩荡荡地重返巴蜀。此情此景，与他早先的诗句"凤兮凤兮归故乡"颇为吻合。只不过这一回不是求其凰，而是求其功名，求其前程。

前程似锦，终于成为帝国精英的司马相如，也该扬眉吐气。

司马相如奉汉武帝之命出使西南，一路受到热情招待，尤其在四川，蜀郡太守亲自到城门外恭候，县令作为先导，背负着弓箭在前面开路，当地官民都热烈欢迎这位青云直上的老乡。

回成都，乘坐驷马高车的司马相如，以天子特使的身份过升仙桥，本地富豪排行榜上有名有姓的，全列队站在桥头迎接，争相进献礼品和一睹风采。

有童年的玩伴，如今在桥边开店，从幌子下探出头来，恰巧看见微笑着冲路人点头的司马相如，下意识地叫出其小名："这不是狗子吗？"

集体前来希望有缘叙一叙旧的街坊邻居，赶紧呵斥："别乱喊。人家现在已是皇上的特使。"果然，司马相如看见他们了，挥了挥手。

司马相如就像梦游一样从夹道欢迎的人群中通过。这正是他少年时做过的梦，居然变成了真的。后来，清代诗人杨燮《驷马桥》一诗，推测彼时的司马相如快要与蔺相如并驾齐驱了："天朝气象万情摅，秦尚通夷况汉与。冉筰更开千里道，华夷从此一家如。雅闻天子索遗草，难见美人陪著书。濯锦江边烟树合，慕君慕蔺两相於。"

特地从临邛赶来的老丈人卓王孙，正捧着礼盒，挤在一大堆商贾的队列里，脸上笑开了花，向左右夸耀："那是我的女婿。"旁边人纷纷奉承："你女儿好有眼光啊，也好有福气。"也有不知情的人小声嘀咕："真的假的？他喝多了吧，怎么敢跟特使攀亲戚？"卓王孙假装没听见，心里想：马上让你们瞧瞧。

司马相如的车马驶过这一段，一看见卓王孙，又惊又喜，立刻叫马夫停车。他接过卓王孙递上的礼盒，撩起衣襟，就准备下车叩拜。卓王孙连忙拦住："免礼。贤婿啊，你此行是皇上的特使，身份不同了，要以国事为重。我能看你一眼就知足了。我和文君在成都的家里等你，你忙完公务，咱们找时间再团聚。继续赶路吧。"你别说，这老丈人还真挺通情达理的。司马相如本想再说点什么，老丈人已退回路边，笑吟吟地挥手致意。

司马相如从车上一次次回头，看见老丈人仍站在原地，目送他前行，眼睛忍不住有点湿了。这个时刻，这一对翁婿，体会到从来没有过的亲密与牵挂，此时无声胜有声。这两个男人，是因为一个女人，因为卓文君，而建立起了不是血缘胜似血缘的亲情，成为一家人。司马相如虽然父母双亡，但不是孤儿，他在成都、在临邛，都是有家的，有亲人就有家啊。

"你好有福气啊，不仅有宝贝女儿，还有这么能干的女婿，家族更兴旺了。"周围人的羡慕与赞叹，使卓王孙脸上有光，兴奋不已。必须承认，乘龙快婿让自己今天太有面子，全城的人都知道了：特使是卓王孙的女婿。还得感谢宝贝女儿，卓文君没有白白地继承父姓，确实具有远见卓识，今天感受到的骄傲，也是她给带来的。

卓王孙回到卓文君在成都的家，把全城欢迎司马相如的盛况，描绘给女儿听，赞赏女儿慧眼识英雄：你当初怎么看出来的，相如会有这般出息？

卓文君笑了："说实话，我也没想到会苦尽甘来。当时都准备一辈子跟他开小酒馆了，能养家糊口就挺满足。只要他对我好就够了。"

卓王孙听到此话，流下了眼泪，为自己曾经有眼无珠而羞愧，"自以为得使女尚司马长卿晚"。觉得当初给卓文君的嫁妆都有点少了。作为补偿，卓王孙又主动追加一笔，使卓文君分得的家产，与儿子相同。卓文君赢得了与男子等同的继承家产的资格。沾了这个光，司马相如的家财更上一层楼，永远也不用为物质生活发愁了。

此时的司马相如是汉武帝开疆拓土的鼓吹者、支持者，也是坚定的执行者，正处于自己政治生涯的高峰期。他以大禹治水为榜样，过家门而不入，马不停蹄地直奔西夷，履行使命。他没有辜负汉武帝的期望，兵不血刃地抚平西夷，拆除旧有的关隘，扩大蜀郡十多个县的疆域。西边到达沫水和若水，南边到达牂牁，以此为边界，开通了灵关道，在孙水上建桥，直通邛、筰，为汉武帝在西南夷地区设置郡县奠定了坚实的基础，把诸多蛮荒之地纳入大汉帝国的版图。

司马相如出使西南夷，使汉朝与西南夷地区的经济、文化联系得以加强，增强了西南夷对汉王朝的政治认同，将西南夷民族团结统一于大汉疆域，被称为"安边功臣"，名垂青史。这也是他用行为、用实际行动，为大汉的宏图伟业献上的一篇"大赋"、大作品，添上的一段华彩。

唐宣宗《遣宋涯宣慰安南邕管敕》肯定相如开西南夷的历史意义："昔司马相如奉汉廷之命，通西南夷路，飞檄晓谕，不劳师征。夜郎、牂牁等，皆生梗之俗，犹能永奉汉法，于今称之。"算是官方的评价。

吴明贤《论司马相如在开发西南夷中的贡献》更是认为"汉武帝开发西南夷，司马相如功不可没，其在当时及对后世的影响也是巨大而深远的"：

> 司马相如生活在汉武帝时代，以辞赋为武帝所赏识，深知此时的汉武帝好大喜功，急欲开边拓土，作"非常之人"，建"非常之功"，成为"兼容并包""参天贰地""创业垂统"的一代"贤主"，故投其所好，先后写下了"劝百讽一"的《子虚赋》《上林赋》，歌颂武帝功德，盛赞汉王朝大一统的赫赫威势和文治武功，成就了武帝文学侍臣的特殊地位。即如《喻巴蜀檄》《难蜀父老》这两篇文章，设为问答，正面阐述开疆拓土是帝王创基立业的"非常之事"，表达自己的政治见解，"事昭而理辨"，排比铺张，纵横驰骋，"气盛而辞断"……与他的其他赋作有相同的主旨和相似的风格。但他同时又出生于西南蜀地，从小耳濡目染，对西南巴蜀地区的政治、经济、文化以至民情、风俗等皆甚为熟悉，对西南夷地区与中原地区的差异也就甚为清楚明白，故其对武帝开发西南夷的好处与意义的认识也就更为深刻，自然他也就成为了汉武帝开通西南夷、经营大西南政策的鼓吹者、支持者和执行者。他两次出使巴蜀，受命于危难之际，代表朝廷，向巴蜀父老及百姓准确地宣示朝廷旨意，安定了民心，在开通西南夷的整个过程中起了决定性的重要作用，使开发西南夷取得了成功……司马相如两次出使巴蜀及开发西南夷的成功显示了他卓越的

政治才干，说明他并非只是一个没有头脑的风流才子和歌功颂德的辞赋家，而且更是一个具有远见卓识的开边功臣和政治家。所谓"西南夷发于唐蒙、司马相如"，这个评价是正确的。《喻巴蜀檄》《难蜀父老》两文则正是司马相如这种政治才干的具体体现。

《喻巴蜀檄》《难蜀父老》不只具有文学意义，更有社会意义。吴明贤《论司马相如在开发西南夷中的贡献》，觉得司马相如在汉武帝时期先后两次出使巴蜀，作《喻巴蜀檄》《难蜀父老》，准确地宣示了汉王朝的旨意，对开发西南夷作了政策上和理论上的阐述，安定了民心，取得了开发西南夷的成功，显示了他卓越的政治才干，同时对汉王朝经营西南地区、开通南丝绸之路也有着重大意义。

南丝绸之路怎么回事？我们还是听听吴明贤的讲解：

西南夷的开通，也打开了南丝绸之路，进一步发展了汉王朝与东南亚及西域各国的经济文化交流。在开发西南夷之前，汉武帝已派张骞打开了通西域的北丝绸之路，即由长安至武威、敦煌，再到高昌、焉耆或再到鄯善、于阗的路线。这条灿烂的丝绸之路，无疑对东西方经济文化的交流和古代世界文明进程起了积极的重要作用。与此同时，张骞又向汉武帝建议开发南丝绸之路，据《史记·西南夷列传》载：及元狩元年（前122）博望侯张骞使大夏来，言居大夏（今阿富汗）时，见蜀布、邛竹杖，使问所从来，曰："从东南身毒国（今印度），可数千里，得蜀贾人市。"或闻邛西可二千里有身毒国。骞因盛言大夏在汉西南，慕中国，患匈奴隔其道，诚通蜀，身毒国道便近，有利无害。汉武帝接受了张骞的建议，"间出西南夷，指求身毒国"，从而开辟了南丝绸之路。这条路线是由古蜀（四川成都）往滇（云南）、骠（缅甸），通往身毒（印度）的交通要道。但此路的开通，亦全凭西南夷的开发才得以实现，若西南夷未入大汉王朝的版图，未受汉中央政府的管辖与统治，则由蜀至骠的千里之途就必然断绝难行。南丝绸之路黄金大道开通以后，在漫长的岁月里，大批马帮艰难地行走在这条古道上，源源不断地运送着丝绸、琉璃、黄金、玉石、贝、茶叶、稻谷等物资，进行着频繁的商业贸易与人员交流。这无疑加强了大汉王朝同东南亚各国之间的友好往来，促进了中外经济文化的互相发展。大汉王朝通过南北丝绸之路吸纳了东南亚及西域地区文明的许多精华，同时也向他们展示了中华民族的伟大创造力和华夏文明的灿烂辉煌，使东西方经济文化在大汉王朝时期出现了前所未有的高峰，真可谓是"兼容并包""参天贰地"的"非常之功"了。

正如对待匈奴的态度，高祖至景帝以和亲为主，武帝则以征伐为主，而一直都存在着和亲与征伐的争议，两汉对待四边的政策，也由两派相博弈而完成。汉武帝时代，当出兵两越、开发西南夷成为头等大事，主开发与反开发的争论，其实是两种不同的文化地理观的交锋，格外激烈。

在这两种观点的竞争中，司马相如最终胜出，成为主流。他站队站对了。因为这一方正受到汉武帝的默认与力挺。"武帝此时正大展宏图，内修政治，外扬国威，靖边扬德，建立功勋，相如此说投合武帝所想"，因而"天子以为然，乃拜相如为中郎将"，并派相如建节往使，相如遂为略定西南夷，"还报天子，天子大悦"。司马相如怀有建功报国的伟大志向，在汉武帝通西南夷的历史进程中发挥了巨大的作用。

这两种观点、两种势力的角力，虽然分出了胜负，但潜在的争执还会持续下去。

出使西南夷是司马相如政治上的最高成就，此时的司马相如作为汉武帝通西南夷的全力支持者和鼓吹者，既赢得无限风光，也身不由己地卷入到朝廷内外的"路线斗争"中：司马相如敢想敢做、敢做敢当，全力支持主张开发派，固然契合了汉武帝的思路，颇得赏识，但无形中也得罪了朝廷大臣中以公孙弘为代表的反对开发派，以及一些保守的地方势力。这，为他后来在政治上中了暗箭、被诬陷落马，埋下伏笔。

其实司马相如写《难蜀父老》就留了个心眼，"借以蜀父老为辞，而己诘难之，以风天子"。假托巴蜀长老为民请命，自己以使者口吻驳难"通西南夷不为用"的论调，表面上是承袭《喻巴蜀檄》的基调，指出通西南夷对维护国家统一、促进民族间的文化交流有重大意义，驳斥公孙弘的"无用论"，骨子里却隐约赞同公孙弘停止修治通南夷道路的工程、专力对付匈奴的建议。司马相如明哲保身的小聪明，一般人看不出来，却瞒不住汉武帝的火眼金睛，他佯装没看出来，只强调了司马相如的主要观点，为己所用，达成了打压反开发者的目的。而且，司马相如暗地里的示好，公孙弘并不领情，跟其他同僚私语："这个司马相如不真诚，是在耍滑头，大家以后要防着他一点。"司马相如托辞讽谏的《难蜀父老》，本意为了解脱两难、左右逢源，却还是得罪了不该得罪的人。

祸兮福所倚，福兮祸所伏，鸿运高照的司马相如，也被一些人忌恨。欲加之罪，何患无辞？汉武帝元朔元年（前128），有人向朝廷举报司马相如几年前出使西夷时有受贿行为。汉武帝为表示自己并不偏袒，下令撤掉司马相如的官职。

出使西南夷，使司马相如政治上达到极点，但也因之而马失前蹄，摔了跟头。真是大起大落。后来虽然在哪里跌倒又在哪里爬起来，官复原职，但仍心有余悸，不管是气势上，还是仕途上，从此开始走下坡路了。

对于司马相如，丢官固然惨痛，更令他难受的是含冤，跳进黄河也洗不清。汉武帝不帮司马相如洗刷冤情也就罢了，下令撤职，分明肯定司马相如有错。许多不了解实情的人，会觉得无风不起浪，如果司马相如受贿是一点影子也没有的事，怎么可能遭人举报？汉武帝怎么可能撤他的职？

我看网上有一篇《司马相如这个渣男，凭什么流芳百世》，推理司马相如那么卖力开辟西南夷，还是受利益驱动，说到底不过是个财迷：

　　有了卓王孙这个靠山，司马相如扶摇直上。接着他与唐蒙一起开辟西南夷，简单来说就是开辟当时的成都到云南的道路。这是一项伟大的工程。因为这个工程的完成，才让大汉的疆域扩张到了越南一带。所以司马相如本来还可以名留青史的，注意：这里说的是本来……这家伙当穷书生久了，穷怕了。身为这个伟大工程的负责人，竟然贪赃枉法，收受贿赂！最后被革职查办了。其实当初司马相如力主开辟这个道路也是有私心的，他岳丈干的是铁器的买卖，而铁矿都在云南那一块，司马相如想要打通道路也只是徇私而已，不承想竟然扩张了大汉疆域，这可是班固、李广的功绩啊。但本来就动机不良，最后下场也是情理之中了。

在当时，就有不少人这么想、这么说，以小人之心度君子之腹。

别人怎么想，司马相如并不是特别在乎，关键是汉武帝怎么想。

别人怎么说，司马相如也不是特别在乎，关键是汉武帝怎么听。

唉，他分明听进去了，不只是将信将疑，甚至还宁信其有、不信其无。

这大大伤了司马相如的心。

疑人不用、用人不疑，连这点都做不到的君主，自己值得为之卖力、卖命吗？

第六章 卓文君的《白头吟》与司马相如的《长门赋》

一、卓文君以《白头吟》感化司马相如

汉武帝元朔元年（前 128），司马相如被罢官，心情灰暗，离群索居于长安西郊，在茂陵（汉武帝生前就营造好的墓穴，在今陕西省兴平市境内）与卓文君相濡以沫，重新过起了柴米油盐酱醋茶的平民生活。

幸好老丈人卓王孙心疼女儿而再次给的那笔财产数额庞大，一辈子也花不完似的。司马相如赋闲在家，断了俸禄，但并不缺钱，仍然可以四处周游，请客交友，以排遣政治上的失意。

卓文君打扫书房，发觉那把从巴蜀带来的琴已蒙上薄薄的一层灰尘：相如整天与一班酒肉朋友厮混，好久没跟自己琴瑟相和，弹唱那曲《凤求凰》了。自己每每邀约，相如总以没空或没心情为由来搪塞。文君知道此时是相如人生的又一个低谷期，也就没怪他，反而加倍体贴，嘘寒问暖。相如有时却表现得很不耐烦。

直到贴身丫头偷偷告诉文君：听说老爷在外头有了新欢，是茂陵县当地的一位名媛……文君就像听见晴空霹雳。实在不敢相信司马相如会背叛临邛私奔之夜的山盟海誓。凰还在不离不弃呢，凤却想另栖高枝。

待到司马相如晚上醉酒归家，文君严加盘问："你给我说说到哪里去了？这么多天你总是心不在焉，我倒要问问，你的心在何处？"

相如只得如实相告，说当地的那位大家闺秀崇拜自己的文采，托其兄邀约相见交谈辞赋，谁知一来二去，彼此都不能自拔。"由于我心中还有你，因而既惆怅又痛苦，觉得既愧对于你，又不忍辜负于她。好为难啊。"说到这里，相如壮起胆子，边观察卓文君的神情，边试探着请求，"她有心于我，我也有意纳她为妾。只是不知你是否同意？"

没听完他的解释，文君就冷笑一声冲进书房，反锁上门，任相如怎么敲也不开。

第二天中午，门终于开了。只见桌上的那把琴，弦已被齐齐剪断。文君面无表情地递给相如一张纸，上面写着一首墨迹未干的《白头吟》：

> 皑如山上雪，皎如云间月。闻君有两意，故来相决绝。
> 今日斗酒会，明旦沟水头。躞蹀御沟上，沟水东西流。凄凄
> 复凄凄，嫁娶不须啼。愿得一心人，白首不相离。竹竿何袅
> 袅，鱼尾何簁簁！男儿重义气，何用钱刀为？

相如一读就明白：文君已有绝交之意。他心里也同样如刀绞，连忙道歉，表示从此后再不花心，一心一意与文君白头到老。因抱愧于心，羞于启齿，司马相如的歉意也是通过文字表达的，这就是后来载于七十二家集《司马文园集》和《全汉文》的《报卓文君书》："五味虽甘，宁先稻黍。五色有烂，而不掩韦布。惟此绿衣，将执子之釜。锦水有鸳，汉宫有木。诵子嘉吟，而回予故步。当不令负丹青，感白头也。"同处一座屋顶下的夫妻，彼此不说话了，都装作看不见对方，却在这么近的距离互通书信，挺滑稽的。但你别说，也很浪漫。

卓文君的《白头吟》虽然冷若冰霜，可司马相如信誓旦旦的《报卓

文君书》却热情似火，大有不把冰山呵化了不罢休之势：五谷虽然香甜，宁肯先要稻米、小米。五色虽然灿烂，但不会埋没粗布。这独一无二的绿绮琴啊，握在手中，如同你征服我感情的大斧。你住的锦江有鸳鸯结伴，我居的汉宫有树木成双。读到你的好诗，就唤醒我淡忘了的旧情。我还是原先那个我啊，绝不会让你为我白白浪费了青春、感叹白头。

相如迷途知返，文君也就原谅他了。看来写诗比说话更容易解决问题。尤其有白纸黑字做证，是真话还是谎言，一目了然。司马相如的《报卓文君书》，字字掷地有声，相当于对天发誓了。他毕竟是重情义的，想做负心汉也做不成，只要卓文君一声长叹，他就心软了，他就心疼了，他就痛改前非了。他又回到了当初怀抱绿绮琴暗恋卓文君的状态，只不过这次不仅是重新追求卓文君的爱，还请求她的谅解。

卓文君如何对待司马相如的"婚外恋"？这位绝对挑不出毛病的典型的贤妻良母，用一首诗感化了夫君，教育了夫君。似乎比痛骂他一顿或所谓的一哭二闹三上吊，起到了更好的效果。

后来，两人的爱情再无曲折变故。断了的琴弦再接上，弹出的《凤求凰》还是那么情真意切。卓文君的《白头吟》，是其中的一小段插曲。但并不多余。

对于这件事情，几乎所有人都批评司马相如、赞扬卓文君，或者说，不只在道义上而且在情感上都无条件地站在卓文君一边。李白曾为此作诗《白头吟》："相如不忆贫贱日，官高金多聘私室。茂陵姝子皆见求，文君欢爱从此毕。"

卓文君在后世的人缘，比司马相如还要好。到了宋代，还有诗人周南为其曾遭遇的情变打抱不平：

旷代佳人十六七，肤如凝脂发抹漆。
芙蓉为脸玉为容，淡拂眉尖远山色。
夜梧月落秋夜长，孤鸾三叠传高堂。
琐窗认得琴心怨，直恐韶华不得当。
瑶环潜送殷勤意，只今犹记来时事。

杀身不赎父兄羞，图得岁寒成共蒂。

阳昌市里鹔鹴裘，鸾鉴相看未白头。

试拈玉轸拢金拨，新声比似旧声愁。

世间恩爱何时尽，流水落花皆往恨。

不愁归避茂陵人，羞逢往日临邛令。

鸳鸯并翅双飞宿，欲话衷肠歌不足。

古来应有白头吟，谁念妾身今再辱。

据说司马相如应诏进京时，卓文君就有预感："非妾心多，只怕你得志忘了我。此时已遂题桥志，莫负当垆涤器人。"也算是一番敲打。相如为让她放心，指天发誓："长卿绝不为此。"终于让她转忧为喜。她相信了相如的诺言。莫非相信错了？

卓文君的经历与感慨，使《白头吟》获得额外的力量，字字见血，声声动情，几乎成为闺怨诗的代表。此后闺怨诗发展成诗歌史上一大主题。清黄之隽《香屑集》："窗横绿绮琴，翻作白头吟。剜却心头肉，教郎见赤心。"《中州名贤文表》卷十六《白头吟》一诗："君家四壁立，妾家万黄金。忆初未相知，良媒赖鸣琴。遂以身许君，偕老必所愿。如何忍相忘，恩情忽中断。昨朝双鸳鸯，今夕守空床。茂陵展嬿婉，还弹凤求凰。"郑善夫《少谷集》卷八《漫吟三首》："浣纱伤妾貌，折花伤妾心。郎君不相弃，请听白头吟。白头人所贱，绿鬓人须恋。君若恋绿鬓，莫到白头恋……妾意无虚假，请看塘上篇。"

晋葛洪《西京杂记》："相如将聘茂陵人女为妾，卓文君作《白头吟》以自绝，相如乃止。"唐代李善在其《文选注》卷二十八中也重申此意："《西京杂记》曰司马相如将聘茂陵一女为妾，文君作《白头吟》以自绝。"明代严文选在注《在狱咏蝉》一诗时说："司马相如过茂陵，见女子绿鬓白齿，欲聘之为妾。卓文君作《白头吟》以自绝。"如果把所谓的"自绝"当作自杀来理解，卓文君的《白头吟》就不是一般的绝交诗、绝情诗，而是绝命诗，绵里藏针，其在道义上、情理上的威慑力，不亚于刀兵水火，绝对把司马相如给镇住了。卓文君是个敢于豁出去的女人，当初遇见司马相如而弃家私奔，已证明了这一点，如果被司马相如抛弃，她难道还怕再豁出去一回吗？

宋人曹勋《白头吟》一诗序言："昔百里奚去虞，悦秦女而竦其妻。司马相如宦游不遂，文君奔之，因其资得，极意于文词，及贵，悦茂陵女子，文君见弃，作《白头吟》以伤之。"这种伤是双向的，这种伤害是相互的，文君写《白头吟》，既出于伤心，为自己伤感，又何尝不是对司马相如的挖苦、讽刺呢？当初谁口口声声说要与我白头偕老？头发还没白呢，怎么就变心了、变卦了？说话不算数，是男人吗？自食其言、忘恩负义，不怕遭到报应吗？当然，这都是《白头吟》一诗的潜台词。卓文君不需要说出口，司马相如也能听得懂、想得到。《白头吟》一诗其实留下大段的空白。没写出的内容比写出的内容更有分量。自己想去吧。

曹勋算是完全看懂了卓文君的《白头吟》，情不自禁写同题诗："相如素贫贱，羽翼依文君。一朝富贵擅名价，文君见弃如束薪。五羖自佣赁，释褐归强秦。鸣钟列华屋，膳羞罗八珍。厌此糟糠妻，悦彼新美人。二子既失意，瑶瑟流埃尘。促轸不成曲，未唱先眉颦。一发动三叹，泪下沾罗巾。通宵坐披衣，凤昔谁与陈。愁叹不复道，平明白发新。"卓文君不嫌贫爱富，与所爱之人共度穷困岁月，令人肃然起敬。正因如此，司马相如一发达就想抛弃糟糠之妻的行为，让人加倍地鄙夷。吃软饭也就罢了，软饭硬吃也就罢了，如果有感恩之心。过河拆桥，阔了就翻脸，尤其是对助你走出困境的恩人、爱人翻脸，别说非君子所为，连一般的小人还不如呢。

幸亏司马相如的情变只是心动，而未真的付诸行动，否则他不仅将失去卓文君这个贤内助，还会失去名节。历史上极可能多一个陈世美，少一个司马相如。情种若无恒心，就不是情种了，而是见异思迁的花花公子。风流若突破道德底线，就不是风流了，而是下流。一方面，这得感谢卓文君的《白头吟》，给了司马相如一记棒喝，使之从迷失中幡然醒悟。另一方面，也检验出司马相如骨子里还是真君子，虽然有所犹豫，但最终做不出忘恩负义、忘义负情的错事、坏事。

这让我想到了相如的《美人赋》，里面写到两次拒绝美色诱惑的故事。如果第一次是为远大理想而对东邻美女暗送的秋波视而不见，第二次是为赶赴梁孝王邀约而对郑国佳丽温柔的挽留置若罔闻，那么这应该算《美人赋》没写到的第三次了，是《美人赋》之后的《美人赋》。这一次是为了对得起卓文君，或者说为了对得起与卓文君白头到老的承诺，而谢绝茂陵名媛的爱慕之意。

这一次与前两次不同，他生活中已有爱妻，想移情别恋就得毁约，就得付出重大代价。这一次的诱惑更大，他拒绝得远远不如前两次坚决，但他毕竟还是断了拥抱诱惑的念头。可见卓文君作为天平这一端的分量，要重于司马相如少年时的理想、青年时的梁孝王。

那两次选择，即使选错了，他只是可能得不到想要的东西。这次不同寻常，他将会失去已得到的一切，不只失去卓文君，还失去自己。说白了，他自己都会看不起自己。

司马相如，既然你不是那样的人，干吗要做那样的事呢？悬崖勒马吧。美人啊美人，诱惑啊诱惑，你什么都没有的时候都能拒绝，现在你已经有一个美人了，偏偏还想要更多的？有一个还不够吗？况且你已有的这个美人才是真美人，是唯一的，是你必须付出全部才能拥有的，而你拥有的一切都与她有关，失去她你就不是你了。悬崖勒马吧。打道回府吧。

不愧是写过《美人赋》的才子，掂量得出轻重，这一次有可能改变命运的选择，司马相如又选对了。有惊无险。却让所有人都暗暗地替他捏了一把汗。

不只卓文君，几乎所有人都谅解他了。不怕想错，只怕做错。不怕犯错，只要改错。风流才子嘛，多情是可以理解的，无情才是不能原谅的。

卓文君除《白头吟》外，还写过一封凄怨的《诀别书》："春华竞芳，五色凌素，琴尚在御，而新声代故！锦水有鸳，汉宫有木，彼物而新，嗟世之人兮，瞀于淫而不悟！朱弦断，明镜缺，朝露晞，芳时歇，白头吟，伤离别，努力加餐勿念妾，锦水汤汤，与君长诀！"

这类传说太多了。譬如说司马相如离家出走时，给妻子送出一封十三字的信：一二三四五六七八九十百千万。

卓文君读后，心如刀绞：一行数字中唯独少了一个"亿"，无亿岂不是夫君对自己"无意"的暗示？她忍住悲痛，回了一封《怨郎诗》："一别之后，二地相悬。只说三四月，谁知五六年。七弦琴无心弹，八行字无可传，九连环从中折断，十里长亭望眼欲穿。百思念，千系念，万般无奈把郎怨。万语千言说不完，百无聊赖十依栏。九重九登高看孤雁，八月仲秋月圆人不圆。七月半，秉烛烧香问苍天，六月伏天人人摇扇我心寒。五月石榴似火红，偏遇阵阵冷雨浇花端。四月枇杷未黄，我欲对镜心意乱。忽匆匆，三月桃花随水转，飘零零，二月风筝线儿断。噫，郎呀郎，巴不得下一世，你为女来我做男。"

司马相如读完，惊叹妻子真是盖世才女。

司马相如与卓文君的爱情虽历经波折，这一对才子佳人最终还是白头到老，没有让人失望。

后来有人据此写过一首叫《望江亭》的诗："当垆卓女艳如花，不记琴心未有涯。负却今宵花底约，卿须怜我尚无家。"句首四字连起来为："当不负卿。"

卓文君的《白头吟》，其实也不多余，不仅开闺怨诗之渊源，这一主题还在诗歌史上得到发扬光大。

李薇《〈白头吟〉著作权新考》发现《白头吟》不仅是载承文君、相如千古流传的爱情故事，这个故事在传衍过程中不断地演变并形成一种独特的文学现象，就是借助《白头吟》之题加以引申表达直道被谗，渐疏于君："历史上忠臣被疏，奸臣当权使得贬谪文人不得不借助文章来表达自己内心的痛苦和对朝政的忧虑之感。而借助《白头吟》而表对爱情忠心的卓文君也成了他们追慕的对象。于是许多的文人便借助《白头吟》之题来表达自己政治失意，内心痛苦迷惘之感。"《通志略》卷四十九所说："后人作《白头吟》，皆是以直道被谗，见疏于君。"这种主题首见于南朝宋元嘉时代诗人鲍照的《代白头吟》："直如朱丝绳，清如玉壶冰。申黜褒女进，班去赵姬升。周王日沦惑，汉帝益嗟称。"流露了对于小人当道、迷惑君王的愤恨，同时借冰清玉壶比喻自己如同写《白头吟》表达对爱坚贞的卓文君一样，永远忠于朝廷。骆宾王《在狱咏蝉》更是借白头吟表达自己作为忠而见弃的忠臣对朝廷的忧虑，虽怨而不改其节："西陆蝉声唱，南冠客思侵。那堪玄鬓影，来对白头吟。露重飞难进，风多响易沉。无人信高洁，谁为表予心。"元代陈高其《白头吟》诗对于自己政治生涯的坎坷和忠而见弃的政治境遇，表示了无声的抗议："试听白头吟，漫饮尊中酒。古来悲白头，人情苦难久。结发为夫妻，百年相白头。容颜衰落相捐弃，何况君臣与朋友。"

卓文君若知道自己一挥而就之后，有那么多人仿写《白头吟》、续写《白头吟》、改写《白头吟》，会感到惊讶呢，还是欣慰？

她不仅是司马相如背后的女人，也是诗歌史背后的女人。

她月亮般的才华若不是被太阳般的司马相如遮蔽了，或者说若不是无私地化作爱奉献给司马相如了，绝对可能成为优秀的女诗人，不逊色于写《胡笳十八拍》的蔡文姬，不逊色于婉约派领袖李清照，某种意义上她的《白头吟》更有女人味，也更有沧桑感。

只是，她并没把诗当回事，她太把爱当回事了，燃烧自己照亮爱人，心甘情愿地成为司马相如的配角。

或者说，她只满足于做司马相如一个人的女主角、一个人的女神。

诗歌史少了一个高产的女神，却多了一个稀有的传奇。

而这个传奇，跟《白头吟》一样，也是最美的诗啊，是司马相如与卓文君合作写出的，或者说是卓文君帮助司马相如写出的。

二、陈皇后阿娇：千金购得《长门赋》

汉武帝元朔元年（前128），正是在司马相如与卓文君重归于好那段时间，被汉武帝冷落废弃的陈皇后阿娇，听说了司马相如与卓文君因为一首《白头吟》和好如初的事情，把《白头吟》找来，读罢更是泪如雨下。

陈皇后从私房钱里拿出千金，托人转交给相如与文君，并转达心意："作为酒钱吧，就当替我敬你们夫妻二人一杯酒。读到《白头吟》，了解了你们的故事，我太感动了。好诗文自是灵丹妙药，能治愈爱情的隐患。真希望上天也能赐予我这样一味药，来医疗自己的病。"潜台词很明白：其实是想买相如一赋，最好以自己失宠后幽居的长门宫来命题。陈皇后所抱的希望，是汉武帝读到后，也会像相如对文君那样回心转意。陈皇后知道，只要是司马相如的作品，汉武帝都不忍错过，而且每次读后总是拍案叫绝。

且说这陈皇后，原系汉武帝姑母馆陶公主的女儿。当年她和汉武帝刘彻两小无猜、青梅竹马，馆陶公主跟刘彻开玩笑："得阿娇好否？"刘彻面露期待："若得阿娇，当以金屋贮之。"这就是成语"金屋藏娇"的由来。作为景帝刘启唯一的同母姐姐，馆陶公主就积极推举刘彻为皇太子。刘彻当上了太子，果然娶阿娇为妇。继帝位后，又封其为皇后。第三年，也就是汉武帝建元二年（前139），汉武帝到姐姐平阳公主家做客，对姐姐家的歌女卫子夫一见钟情，将其带进宫中。陈皇后妒意大发，几次寻死觅活，闹得后宫鸡犬不宁。刘彻对她本已变淡的感情也给折腾没了。陈皇后还与女巫楚服等人在宫内施行巫蛊之术，意在加害情敌卫子夫。

汉武帝元光五年（前130），巫蛊之事败露，楚服枭首于市，株连者三百多人。

陈皇后被废，退居长门宫，整日以泪洗面，却又无力回天，只能度日如年地承受汉武帝的冷落。这明明就是一种冷暴力，陈皇后在认罚的同时，只好认命。

病急乱投医，陈皇后把汉武帝盛赞过的司马相如，当成妙手回春的郎中，相信他的赋有无穷的法力，不仅能治好自己郁郁寡欢的心病，更能使汉武帝念及旧情原谅自己。这个苦命的女人啊，把托请司马相如写赋，当成了救命稻草。

此时的司马相如，正好有与卓文君的感情波折作为切身体验，再加上自己被告发而罢官，同样失落，同样希望在天子面前洗清自己，他为陈皇后代拟的这篇《长门赋》，写得很动情，既把绝望渲染得如泣如诉，又勾勒出对未来的一线希望。

此赋一出，被争相传抄，唤起无数读者的同情。美人一笑值千金，能让美人千金以求相如一赋，又岂是千金所能比拟？这才是不过时、不褪色的无价之宝。不只让美人心里一暖、破涕为笑，更使当时和未来的无数读者牵肠挂肚。

小序讲述的前因后果，使《长门赋》大为增值："孝武帝陈皇后时得幸，颇妒。别在长门宫，愁闷悲思。闻蜀郡成都司马相如天下工为文，奉黄金百斤为相如、文君取酒，因于解悲愁之辞。而相如为文以悟主上，陈皇后复得亲幸。"小序可能是别人事后代补，证明了司马相如赋感化人心的功效，药到病除，枯木逢春。

退居寒郊的司马相如，与打入冷宫的陈皇后，祈祷的是同一个倾听对象：汉武帝。只有感动了汉武帝，他和她的命运才可能出现转机。汉武帝果然听见了。司马相如这位名家的赋，汉武帝是每篇必读的。这也是陈皇后找司马相如写赋代言的原因。而司马相如则是借陈皇后之酒杯，浇内心之块垒，还挟带了一份私心：企盼汉武帝能看出，那个同样被冷处理的司马相如，写《长门赋》，不仅是为陈皇后代言，更是为自己代言。

汉武帝读完《长门赋》，对陈皇后的态度是否有所改变？有两种说法。一种是赋前小序里注明的："相如为文以悟主上，陈皇后复得亲幸。"这是大团圆的结局。另一种说法则显得残酷：汉武帝虽曾心软，并没有收回成命，被废的陈皇后几年后忧伤地死于无人问津的冷宫，陪伴她的只有被泪痕浸湿的《长门赋》。唉，帝王的心肠跟江山一样是铁打的，还是司马相如这样怜香惜玉的文人，最懂女人的心。

司马相如的命运倒是又回春转暖。汉武帝元朔二年（前127），在被罢免一年之后，司马相如官复原职。汉武帝给了司马相如一点惩戒，没多久就重新起用，不知跟他读到《长门赋》有没有关系？即使汉武帝并没原谅陈皇后，但毕竟原谅了司马相如，让这位栽了跟头的文豪东山再起，回到自己身边，继续献计献策的使命。

那就让我们看看大名鼎鼎的《长门赋》，究竟有什么神奇。

夫何一佳人兮，步逍遥以自虞。魂逾佚而不反兮，形枯槁而独居。言我朝往而暮来兮，饮食乐而忘人。心慊移而不省故兮，交得意而相亲。

伊予志之慢愚兮，怀贞悫之欢心。愿赐问而自进兮，得尚君之玉音。奉虚言而望诚兮，期城南之离宫。修薄具而自设兮，君曾不肯乎幸临。廓独潜而专精兮，天漂漂而疾风。登兰台而遥望兮，神怳怳而外淫。浮云郁而四塞兮，天窈窈而昼阴。雷殷殷而响起兮，声象君之车音。飘风回而起闺兮，举帷幄之襜襜。桂树交而相纷兮，芳酷烈之闾闾。孔雀集而相存兮，玄猿啸而长吟。翡翠胁翼而来萃兮，鸾凤翔而北南。

心凭噫而不舒兮，邪气壮而攻中。下兰台而周览兮，步从容于深宫。正殿块以造天兮，郁并起而穹崇。间徙倚于东厢兮，观夫靡靡而无穷。挤玉户以撼金铺兮，声噌吰而似钟音。

刻木兰以为榱兮，饰文杏以为梁。罗丰茸之游树兮，离楼梧而相撑。施瑰木之欂栌兮，委参差以槺梁。时仿佛以物类兮，象积石之将将。五色炫以相曜兮，烂耀耀而成光。致错石之瓴甓兮，象玳瑁之文章。张罗绮之幔帷兮，垂楚组之连纲。

抚柱楣以从容兮，览曲台之央央。白鹤嗷以哀号兮，孤雌跱于枯杨。日黄昏而望绝兮，怅独托于空堂。悬明月以自照兮，徂清夜于洞房。援雅琴以变调兮，奏愁思之不可长。案流徵以却转兮，声幼眇而复扬。贯历览其中操兮，意慷慨而自卬。左右悲而垂泪兮，涕流离而从横。舒息悒而增欷兮，蹝履起而彷徨。揄长袂以自翳兮，数昔日之愆殃。无面目之可显兮，遂颓思而就床。抟芬若以为枕兮，席荃兰而茝香。

忽寝寐而梦想兮，魄若君之在旁。惕寤觉而无见兮，魂迁迁若有亡。众鸡鸣而愁予兮，起视月之精光。观众星之行列兮，毕昴出于东方。望中庭之蔼蔼兮，若季秋之降霜。夜曼曼其若岁兮，怀郁郁其不可再更。澹偃蹇而待曙兮，荒亭亭而复明。妾人窃自悲兮，究年岁而不敢忘。

转录佚名译者的译文：

什么地方的美丽女子，玉步轻轻来临。芳魂飘散不再聚，憔悴独自一身。曾许我常来看望，却为新欢而忘故人。从此绝迹不再见，跟别的美女相爱相亲。

我所做的是多么愚蠢，只为了博取郎君的欢心。愿赐给我机会容我哭诉，愿郎君颁下回音。明知是虚言仍然愿意相信那是诚恳，期待着相会长门。每天都把床铺整理好，郎君却不肯幸临。走廊寂寞而冷静，风声凛凛而晨寒相侵。登上兰台遥望郎君啊，精神恍惚如梦如魂。浮云从四方涌至，长空骤变、天气骤阴。一连串沉重的雷声，像郎君的车群。风飒飒而起，吹动床帐帷巾。树林摇摇相接，传来芳香阵阵。孔雀纷纷来朝，猿猴长啸而哀吟。翡翠翅膀相连而降，凤凰由北，南飞入林。

千万感伤不能平静，沉重积压在心。下兰台更茫然，深宫徘徊，直至黄昏。雄伟的宫殿像上苍的神工，高耸着与天堂为邻。依东厢倍加惆怅，伤心这繁华红尘。玉雕的门户和黄金装饰的宫殿，回声好像清脆钟响。

木兰木雕刻的椽，文杏木装潢的梁。豪华的浮雕，密丛丛而堂皇。拱木华丽，参差不齐奋向上苍。模糊中生动地聚在一起，仿佛都在吐露芬芳。色彩缤纷耀眼欲炫，灿烂发出奇光。宝石刻就的砖瓦，柔润得像玳瑁背上的纹章。床上的帷幔常打开，玉带始终钩向两旁。

深情地抚摸着玉柱，曲台紧傍着未央宫。白鹤哀哀长鸣，孤单地困居在枯杨。又是绝望的长夜，千种忧伤都付与空堂。只有天上的明月照着我，清清的夜，紧逼洞房。抱瑶琴想弹出别的曲调，这哀思难遣地久天长。琴声转换曲调，从凄恻渐渐而飞扬。包含着爱与忠贞，意慷慨而高昂。宫女闻声垂泪，泣声织成一片凄凉。含悲痛而唏嘘，已起身却再彷徨。举衣袖遮住满脸的泪珠，万分懊悔昔日的张狂。没有面目再见人，颓然上床。荃兰茝等做成的枕头席子，散发着以兰茝的草香。

忽然在梦境中醒来，隐约又躺在郎君的身旁。蓦然惊醒一切虚幻，魂惶惶若所亡。鸡已啼而仍是午夜，挣扎起独对月光。看那星辰密密横亘穹苍，毕昴星已移在东方。庭院中月光如水，像深秋降下寒霜。夜深深如一年般漫长，郁郁心怀，多少感伤。再不能入睡等待黎明，乍明复暗，是如此之长。唯有自悲感伤，年年岁岁，永不相忘。

果然不同凡响。司马相如是中国历史上最早的一位宫廷文学侍从，《长门赋》开骈体宫怨题材之先河，引得无数后人仿效，也就不足为怪了。

李白肯定看过《长门赋》，他的诗《妾薄命》，就像是唱和："汉帝重阿娇，贮之黄金屋。咳唾落九天，随风生珠玉。宠极爱还歇，妒深情却疏。长门一步地，不肯暂回车。雨落不上天，水覆重难收。君情与妾意，各自东西流。昔日芙蓉花，今成断根草。以色事他人，能得几时好？"

因为司马相如《长门赋》，《长门怨》成为一个古乐府诗题。据《乐府解题》记述："《长门怨》者，为陈皇后作也。后退居长门宫，愁闷悲思。……相如为作《长门赋》。……后人因其《赋》而为《长门怨》。"李白借《长门怨》这一旧题写过两首诗。其一："天回北斗挂西楼，金屋无人萤火流。月光欲到长门殿，别作深宫一段愁。"其二："桂殿长愁不记春，黄金四屋起秋尘。夜悬明镜青天上，独照长门宫里人。"

李白还借乐府旧题创作《白头吟》二首，与卓文君所作古辞《白头吟》主题相同。有人评论李白版的《白头吟》："从女子的角度表现弃妇的悲哀和对坚贞爱情的渴求，又融入汉武帝陈皇后以千金向司马相如买赋邀宠的故事，说即使是司马相如与卓文君这样美满的婚姻，司马相如还代陈皇后作赋讽谏过汉武帝，也不免有拟娶茂陵女之举，表明人间要保持纯洁爱情的不易。"

我从李白版的《白头吟》第一首摘录几句："锦水东北流，波荡双鸳鸯。雄巢汉宫树，雌弄秦草芳。宁同万死碎绮翼，不忍云间两分张。此时阿娇正娇妒，独坐长门愁日暮。但愿君恩顾妾深，岂惜黄金买词赋。相如作赋得黄金，丈夫好新多异心。一朝将聘茂陵女，文君因赠白头吟……"再从第二首摘录几句："相如去蜀谒武帝，赤车驷马生辉光。一朝再览大人作，万乘忽欲凌云翔。闻道阿娇失恩宠，千金买赋要君王。相如不忆贫贱日，官高金多聘私室。茂陵姝子皆见求，文君欢爱从此毕。泪如双泉水，行堕紫罗襟。五起鸡三唱，清晨白头吟。长吁不整绿云鬓，仰诉青天哀怨深……"

卓文君所作《白头吟》，与司马相如所作《长门赋》，其实说的都是一个道理。卓文君的《白头吟》，没准儿给司马相如代写《长门赋》，不仅带来了灵感，还提供了参考。他可以换位思考，站在女性的角度，面对惨淡的现实，感叹爱情乃至世事的易变、多变。而不管是卓文君所作《白头吟》，还是司马相如所作《长门赋》，又为李白创作《白头吟》二首，提供了素材。

又岂止李白如此想呢，李商隐《戏题友人壁》，也觉得司马相如《长门赋》里的多情与其生活中的薄情是分裂的乃至相悖的，好在他擅长换位思维，通过文君的失恋而对陈皇后的失宠有了切肤之痛，也还算善解人意，才完成了这一高稿酬命题作文："花径逶迤柳巷深，小阑亭午啭春禽。相如解作《长门赋》，却用文君取酒金。"

清代潘素心《咏古》一诗写道："一曲琴声两意投，当垆贳酒不知愁。相如空有《长门赋》，却使文君叹《白头》。"

马君毅、赵望秦《清代诗人笔下的司马相如形象初探——以咏史怀古诗为探讨中心》，评点：

悠扬的琴声能使才子佳人情投意合、两心相悦，纵使家徒四壁、犊鼻当垆的穷困窘迫，都无法让沉溺在甜蜜爱情中的二人感到物质匮乏的愁怨。这首诗的最后一句颇含讽刺意味，因为《长门赋》是司马相如以失宠皇后的口吻写作的代言体赋作，主旨是希望皇帝能够回心转意，而《白头吟》则相传是文君得知相如有娶妾之志而寄以决绝之诗。司马相如能让失宠之人重获恩宠，而自己却忘恩负义，背叛爱情。此外，叶舒璐《司马相如》："挑得琴心正倦游，垆边尚典鹔鹴裘。长门解为他人赋，却惹闺中怨白头。"以及席佩兰《卓文君》："一曲琴心宛转求，千秋佳话凤皇俦。如何解作《长门赋》，却遗闺中叹《白头》。"都与潘素心的《咏古》有着异曲同工之妙，都以《长门赋》与《白头吟》的强烈对比，将司马相如忘恩负义、轻薄寡情的行为讽刺了一番。就连清高宗乾隆皇帝弘历也加入了讽刺与指责司马相如薄情弃义行为的行列，《古今题·文君白头吟》："牡丹开时置锦帐，牡丹谢时委路旁。怜新弃旧皆如此，何必相如薄情子。不妒茂陵人如花，只恨当垆时便差。《白头》吟罢心独苦，请君自读《长门赋》。"乾隆皇帝以牡丹花的开谢来譬喻女子的命运，可谓是别出心裁。女子年轻时正如那姹紫嫣红的牡丹惹人疼爱，一旦女子年老色衰便如凋谢的牡丹被人无情抛弃。"怜新弃旧皆如此，何必相如薄情子。"更是语短而义深，一语道破历史上喜新厌旧的男子都是如此，司马相如也只不过是这些薄情男子之一。

唐代黄滔在题为《司马长卿》的诗中，写道："一自梁园失意回，无人知有揽天才。汉宫不锁陈皇后，谁肯量金买赋来。"卢仝的《卓女怨》，借卓文君之口抒情："妾本怀春女，春愁不自任。迷魂随凤客，娇思入琴心。托援交情重，当垆酌意深。谁家有夫婿，作赋得黄金。"崔道融的《长门怨》，则以反讽的方式对司马相如的薄情寡义进行了挖苦："长门花泣一枝春，争奈君恩别处新。错把黄金买词赋，相如自是薄情人。"

这一系列诗词，都以黄金来衡量和宣扬相如赋的价值。

陈皇后千金订购相如赋，这个故事，本身就为其人其赋作了最有情调又最有商机的广告。史料记载：陈皇后失宠于汉武帝，以黄金百斤奉司马相如，作《长门赋》以悟主，此为润笔之始。

可见从《长门赋》开始，文学作品有了真金白银的稿酬。看来文学不只有无用之用，也有有用之用，不只有精神上的含金量，也能换来物质上的含金量。

可以说真正从司马相如开始，文学的意义扩散到世俗空间，不只高贵，而且能带来致富的可能，或者说找到了自己的市场。

文学与黄金并驾齐驱，第一个骑手就是司马相如。有其成功案例在前，后来的李白，在还是穷小子时，就敢于毫不脸红地笑傲财富："天生我材必有用，千金散尽还复来。"

祁和晖《苏轼小贬大崇司马相如》，借苏轼的论调，认为司马相如写《长门赋》要冒掉脑袋的风险，不可能是为金钱所动、所惑：

> 苏轼在《思子台赋》中，承接苏洵僚友史彦辅原作《思子台赋》基调而发论。苏轼说史君此赋"反复哀切，有补于世"。可惜此赋已亡佚，苏轼"盖记其意而亡其辞，乃命过作补亡之篇"。苏轼以此教导儿子苏过"吾将以嗜杀为戒也"。苏过"补亡"后，苏轼又亲书其文。苏过"补亡"文代表的是苏轼的观点。此赋中指出汉武帝猜忍嗜杀，臣下犯颜一谏便可能得祸，"以无罪而夷灭"。即"方汉武之盛也，肯自比于骊山之朽骨，而况于金墉之独夫乎"，"自建元以来，张汤、主父偃之流，与两丞相三长史之徒，皆以无罪而夷灭，一言以就诛"。在如此君王面前，相如竟敢捋虎须，触逆鳞。苏轼在《相如长门赋》一文中说："予观汉武雄猜忍暴，而相如乃敢以微词亵慢及宫闱间。太史公一说李陵事，以为意沮贰师，遂下蚕室。陈皇后得罪，止坐卫子夫。子夫之爱，不减李夫人，岂区区贰师所能比乎？而于相如之赋，独不疑其有间于

子夫者，岂非幸与不幸，固自有命钦！""贰师"指汉武爱将李广利。汉武帝封李广利为"贰师将军"出征西域大宛国贰师城，取"善马"。苏轼说，李广利虽为"爱将"，其君臣间区区之爱远不能与武帝后宫卫子夫所得宠爱相比。而司马迁欲谏武帝不罪李陵，话未说完，便被武帝误会成司马迁想"沮"（毁坏）李广利，立刻赐司马迁下蚕室受官刑。司马相如在陈皇后失宠后，竟敢写《长门赋》替这位失宠皇后说话。为陈皇后辩白，无异是针对卫子夫独宠后宫而言。卫子夫在武帝心中的分量比贰师将军李广利重多了。要是武帝认为《长门赋》有"沮"卫子夫之嫌，则司马相如就该付出身家性命的代价。苏轼替司马相如后怕，感叹说，司马相如遭际一个喜爱他赋文的皇帝，真是他幸运和好运气，这种幸运是可遇而不可求的。在苏轼看来，相如作《长门赋》仅受"百金"，所冒的风险却是身家性命。与其说苏轼是"责"相如贪财受金，不如说苏轼是替古人担忧，为相如的胆识捏一把汗。爱之切，关心深。万千关爱凝成"责备"之文，"斥"相如不该胆大"妄为"，拿生命去冒险。苏轼明知，当时的司马相如已娶文君，并不缺钱。相如并非为"贪百金"而作赋。因为在苏轼《相如长门赋》条中还说："陈皇后废处长门宫，闻司马相如工为文，奉百金为相如文君取酒。相如为作《长门赋》以悟主上。皇后复得幸。"苏轼知道陈皇后所"奉"百金，不过是为了表达对相如文君夫妇的敬重和请求而献的一杯"感情联络"酒钱，并非什么大钱财。也许相如正是出于对夫妻之爱、理应白头偕老的理解和侠义心肠，在文君的支持鼓动下，毅然写出了《长门赋》。而《长门赋》居然奏效，废后与武帝的爱情，竟能死灰复燃。苏轼不仅肯定《长门赋》确为相如所作，更肯定此赋确实起到了"悟君王，护皇后"的巨大作用。苏轼对司马相如推崇敬佩之心，于此毕现。

三、《长门赋》：把女神还原为女人

由于《长门赋》序言提及武帝的谥号，司马相如不可能知道，况且史书里找不到记载汉武帝对陈皇后复幸之事，有人据此认为《长门赋》并非司马相如所写，是后人伪托。其实，此序出现在梁萧统《文选》中，也可能是萧统编辑时所加。

朱熹还是认可《长门赋》为司马相如原创，在《楚辞后语》里说：《长门赋》者，司马相如之所作也。归来子曰："此讽也，非《高唐》《洛神》之比。"

战国时期楚国宋玉的《高唐赋》及其在内容上相互衔接的姊妹篇《神女赋》，写楚王与巫山神女梦中相会，塑造了巫山神女的美丽形象，最引人注目的是她自由奔放、大胆追求爱情的举动，所谓"闻君游高唐，愿荐枕席"，神女所化的云雨，更成为爱所带来的吉祥象征。三国时期曹植的《洛神赋》模仿宋玉《神女赋》中对巫山神女的描写，叙述自己在洛水边与洛神的艳遇，洛神形象非人间美女所能比："翩若惊鸿，婉若游龙"，"凌波微步，罗袜生尘"。人神之恋缥缈迷离，但由于人神道殊而不能灵肉结合，引发了单相思般的无限悲伤。

与这一前一后的两座里程碑相比，司马相如所作《长门赋》更多从人性而非神性出发，刻画了女人而非女神的情感历程，以一个受到冷遇的嫔妃口吻写成：君主许诺朝往而暮来，可夜幕四垂，还不见幸临，她只好独自徘徊，对爱的期盼与失落无法排遣。人间爱情的这种疼痛感，是巫山神女与洛神都不曾体会过的，因而不仅刻骨铭心，且更有体温。

《长门赋》抛弃了凌空蹈虚的神话，直面与幻想大相径庭的现实，不是炫耀爱的胜利，而是公开爱的失败，把伤口展露出来，揭示了一个真理：华丽只是爱的表象，内里却是酸甜苦辣、五味俱全。与其艳羡女神，不如同情女人。女神固然无往而不胜，却不知愁为何物，也就等于不知情为何物，光彩照人，却缺乏体温。女人即使遭遇情感的失败，以泪洗面，愁眉紧锁，正意味着对爱的付出与牺牲，理应获得加倍的怜惜。

恐怕正出于这一原因，《长门赋》不仅贵族喜欢，平民也能理解，它写的是人间的事情，人之常情。

宫廷里的哀怨虽然与真正的民间永远有一墙之隔，但跟天堂里的仙乐相比，已算大大拉近了与世道人心的距离。

宫怨题材的诗文自司马相如《长门赋》始，一发而不可收，具有划时代的意义：有血有肉甚至容易受伤的女人，推翻了冠冕堂皇的女神，重新成为文学的女主人公。在"思无邪"的《诗经》时代，关关雎鸠声里的窈窕淑女，在水一方的所谓伊人，投下过惊鸿一瞥，可很快就让位于不食人间烟火的神女仙女。

司马相如《长门赋》里那容易受伤并且会喊疼的女人，顾影自怜的叹息，其实是美丽的哀愁，带有久违的清新：终于，文学又把女神还原为女人了，文学又回到了人间。它还将由宫廷回到民间，飞入寻常百姓家。

司马相如本身就来自民间，即使成为宫廷诗人，并没觉得皇后与宫女、宫女与民女有啥天壤之别，她们都是女人，都长有一颗渴望爱并且为爱患得患失的心。女人的心都是易碎品。

从《长门赋》可看出，司马相如绝对是一个爱女人懂女人的男人。若非如此，他也不可能赢得卓文君的爱与懂。正因为卓文君爱他懂他，在他迷途知返后才会原谅他。写《长门赋》时，司马相如真正投入了感情，进入了角色，不仅仅为陈皇后代言，也为卓文君代言，更为天下所有为爱所困所伤的女性代言。他是在歌颂女人的多情，也是在含蓄地批评男人的无情。

当然，不只是针对汉武帝，也不只是自我批评：批评曾犯过类似错误的自己。他似乎发现这是许多男人的通病。

虽然在整篇《长门赋》里，佳人所苦苦思念的对象，那个仿佛不知女人在受难或明知女人在受难却置若罔闻的男人，一直没有如佳人所愿出现，可佳人的痛苦，自始至终都笼罩在他的阴影里。不管他是一位君王，还是一介书生，都不能说是无辜的，都不能说和这位女人所承受的精神酷刑无关。用现代流行语来说，汉武帝疏远陈皇后，将之打入冷宫，怎么都算一种冷暴力。而司马相如跟卓文君闹离婚，原因是见异思迁爱上年轻貌美的茂陵女子，也相当于背叛与虐待了。

好在司马相如读了卓文君的《白头吟》就充满自责与忏悔，知错能改，换得和好如初，还算是有良心的。而汉武帝读到《长门赋》怎么想的，谁也不知道，也许有过心疼，但终究去意已决。毕竟是玩政治的帝王，比文弱书生司马相如要果断得多，也显得更无情，甚至堪称绝情。

金屋所藏的阿娇终究没让曾经的情郎回心转意，汉武帝的无情乃至绝情，让多情的陈皇后也绝望了，枯萎于长门宫。这么看来，《长门赋》只是一封失效或无用的情书。虽然对最关键人物汉武帝没产生作用，但司马相如写《长门赋》毕竟感动了自己，也感动了陈皇后（给她送去一缕清风般的安慰），流传到宫外，又感动了天下人。

即使汉武帝，也很难说毫无感动，但他更忠实于自己理智的选择：长痛不如短痛，既然辜负了一次，就辜负到底，决不辜负第二次。既然已无情，不如更绝情。可《长门赋》小序里为何要编造另一种结局："相如为文以悟主上，陈皇后复得亲幸"？想来是传抄者不胜其悲，给故事安上个大团圆的结尾，也能让读者更好受点。或者说，人们更愿意相信情感和文学是有魔力的，能创造奇迹。

千金易得，一赋难求。司马相如的《长门赋》虽是命题作文，为稻粱谋而写，写着写着就动起了真情，绝对是超值回报。它超越了黄金的价格，因其不可复制。文本无法复制，故事无法复制，故事里里外外的人物无法复制，更关键的是作者被激发的情感无法复制。

对于文学，"含情量"就是它的含金量。《长门赋》已不只是陈皇后私人定制的一件"奢侈品"，它更是无价的。

和陈皇后被汉武帝始乱终弃相类似，司马相如也得到过汉武帝破格提拔，但又被罢免，心灰意冷，对陈皇后的遭遇不仅感同身受，甚至可谓同病相怜。写《长门赋》虽出于因缘巧合，但命运正好给了他一个机会，借别人的故事流自己的眼泪，宣泄难以排解的积郁。

最让他想不开的，不是同僚的倾轧，官场的尔虞我诈，而是汉武帝的冷漠甚至冷酷。和当初对自己求贤若渴的态度相比，简直彻底变成另一个人。

看来在汉武帝眼里，自己只是众多文臣中的一个，并不是不可代替。这大大挫伤了司马相如的自尊心与自信心。

司马相如写《长门赋》，一改《子虚赋》与《上林赋》如日中天的豪放，选择了黄昏的婉约以及月夜的清冷，来烘托被爱情遗忘的角落，一个单相思的女人。更确切地说，是一个失宠的女人。得而复失，比从未拥有过，还要令人惆怅，因为体会到鲜明的落差。以火热的记忆作为参照，现实只会显得加倍寒冷。

司马相如以工笔的细腻，勾勒出女主人公憔悴的表情、单薄的倩影，对其心底的波澜也一丝一毫没有放过，逼真地呈现。虽然运笔冷静，但我们仍能感受到他的怜香惜玉之情。

对于缺席的男主人公，司马相如未详细介绍，也没妄加评论，只作为一个模糊的影子搁置在背景里，深藏不露。

司马相如还是有倾向性的：在无情的男人与多情的女人之间，他很明显站在女人这一边，为之咏叹，为之抱不平。

虽是为陈皇后代写情书，但跟《上林赋》一样，还是为了写给汉武帝看的，那才是最关键的读者。他应该会知道这篇赋是由司马相如代笔的。他应该能看出陈皇后的失落也暗含着司马相如的失落。这个世界上，只有他一个人，能让陈皇后与司马相如转悲为喜。可他愿意那么做吗？

司马相如自己也不敢相信文字会有那么大的力量，所以《长门赋》自始至终，都以一个"悲"字相贯穿。与神采飞扬、文采飞扬的《子虚赋》与《上林赋》相比，《长门赋》是沉甸甸的，折射出悲剧的色彩。万物皆为一人之痛哭而失去原本的辉煌。天地的运转仿佛也因人心的纠结变慢了。哦，这难熬的时光。

明代王世贞提到"《国风》好色而不淫，《小雅》怨诽而不乱。《长门》一章，几于并美"。

　　吴娱《论司马相如抒情赋中的私人情感》，认为并不是所谓的"千金买赋"，而是司马相如为了抒发自己仕途失意的苦闷心情：司马相如因《子虚赋》而被征召，约在建元六年（前135），陈皇后在元光五年（前130）被废，所以《长门赋》的写作年份应该在公元前一三〇年之后。公元前一二九年，司马相如有过一段失官落拓的生活。前人多认为《长门赋》是司马相如作于任孝文园令时，但据《史记》记载，司马相如是在写过《谏猎书》和《哀二世赋》之后才由郎迁至孝文园令的，所以中间肯定隔着一段时间，前人认为因为孝文园距离长门宫较近，所以引起司马相如的感慨。而笔者则认为，《长门赋》的写作时间应该是在公元前一二九年，即因人上书言其受金而免官期间。因为这段时间司马相如由天子近臣突然成为庶人，心中一定积郁太多不平之气，加之一年前陈皇后被废，退居长门宫，时间相去不远，使相如有契机借此事抒发自己心中的苦闷之情。借思妇之口来抒发自己的感情，这一文学传统可以追溯到屈原，屈原的《离骚》就已经为后世文人创造了香草美人的象征性文学形象，以骚体赋为代表的文学体裁正是屈原及楚辞对汉代文学影响的结果。同时，《长门赋》也正是利用骚体赋这一哀怨凄恻的文体来抒发感情的。而文人认为《长门赋》哀怨悲凉，为千古闺思之祖。而闺怨之辞向来是文人借以抒发自己不平之情的。《长门赋》之缘情发义，托物兴词，发的就是失官不平之情，兴的就是无奈悱恻之词。

　　至于因《长门赋》而来的《长门怨》，经李白写过，就更火了。几乎快要人手一首。

　　卢纶的《长门怨》："空宫古廊殿，寒月落斜晖。卧听未央曲，满箱歌舞衣。"

　　张祜的《长门怨》："日映宫墙柳色寒，笙歌遥指碧云端。珠铅滴尽无心语，强把花枝冷笑看。"

　　刘皂的《长门怨》："雨滴长门秋夜长，愁心和雨到昭阳。泪痕不学君恩断，拭却千行更万行。"

　　李绅的《长门怨》："宫殿沉沉月欲分，昭阳更漏不堪闻。珊瑚枕上千行泪，不是思君是恨君。"

171

僧皎然的《长门怨》："春风日日闭长门，摇荡春心自梦魂。若遣花开只笑妾，不如桃李正无言。"

沈佺期的《长门怨》："月皎风泠泠，长门次掖庭。玉阶闻坠叶，罗幌见飞萤。清露凝珠缀，流尘下翠屏。妾心君未察，愁叹剧繁星。"

岑参的《长门怨》："君王嫌妾妒，闭妾在长门。舞袖垂新宠，愁眉结旧恩。绿钱生履迹，红粉湿啼痕。羞被桃花笑，看春独不言。"

戴叔伦的《长门怨》："自忆专房宠，曾居第一流。移恩向何处，暂妒不容收。夜久丝管绝，月明宫殿秋。空将旧时意，长望凤凰楼。"

袁晖的《长门怨》："早知君爱歇，本自无萦妒。谁使恩情深，今来反相误。愁眠罗帐晓，泣坐金闺暮。独有梦中魂，犹言意如故。"

李华的《长门怨》："弱体鸳鸯荐，啼妆翡翠衾。鸦鸣秋殿晓，人静禁门深。每忆椒房宠，那堪永巷阴。日惊罗带缓，非复旧来心。"

齐浣的《长门怨》："茕茕孤思逼，寂寂长门夕。妾妒亦非深，君恩那不惜。携琴就玉阶，调悲声未谐。将心托明月，流影入君怀。"

高启的《长门怨》："憎宠一时心，尘生旧屋金。苔滋销履迹，花远度銮音。暮雀重门迥，秋萤别殿阴。君明犹不察，妒极是情深。"

尤其唐朝还有位徐贤妃，写的《长门怨》一点不逊色于那些著名诗人："旧爱柏梁台，新宠昭阳殿。守分辞方辇，含情泣团扇。一朝歌舞荣，夙昔诗书贱。颓恩诚已矣，覆水难重荐。"

到了宋代，以《长门怨》为题写诗作词者仍然络绎不绝。譬如陆游，就写过两首。其一："寒风号有声，寒日惨无晖。空房不敢恨，但怀岁暮悲。今年选后宫，连娟千蛾眉。早知获谴速，悔不承恩迟。声当彻九天，泪当达九泉。死犹复见思，生当长弃捐。"其二："未央宫中花月夕，歌舞称觞天咫尺。从来所恃独君王，一日逸兴谁为直？咫尺之天今万里，空在长安一城里。春风时送箫韶声，独掩罗巾泪如洗。泪如洗兮天不知，此生再见应无期，不如南粤匈奴使，航海梯山有到时！"

还有许多，我没法逐一罗列。列举这些只是为了说明：司马相如属于源头型的作家。

他提供的不只是一条河流，而是一座能孕育众多河流的水库。

他奉献的不只是一篇篇作品，也捎带着附赠了一个个文学创作的主题，激发了无数后人的灵感。

我曾经说过，什么是诗人？就是敢为天下先的人。什么是诗人中的诗人？就是敢为诗人先的人。从这个角度来衡量，司马相如堪称诗人中的诗人，开风气之先。不只开诗风之先河，更能开诗意之先河。

李白以及这么多诗人的《长门怨》，其实都是司马相如《长门赋》的影子，甚至是影子的影子。

没有司马相如，没有司马相如的《长门赋》，就没有这一切。由此可见司马相如的伟大以及不可或缺、不可替代。

司马相如的《长门赋》，不仅是在替陈皇后诉说闺怨，也是在替自己鸣不平。

第七章

阳光与阴翳：文人的病

一、文人有病也风流？

司马相如不是完人。他也会生病，也是有一些毛病的。比较著名的是口吃。

熊伟业《司马相如生平新订》，指出司马相如的口吃与文章的联系：司马相如约六岁，患口吃，终身未愈。口吃病几乎都是后天形成，在思维语言能力初步完成之际最易患得，年岁稍大即不易形成。司马相如口吃之病与读书、弹琴、著书之间有着深刻的联系："相如口吃而善著书"，"自小就患有口吃病的他，本来就羞于在众人面前说话，自从有了与他融为一体的七弦琴，他终于找到了最自由的表达方式"。因为口吃，不便口头表达，促使他更多地观察体会，从其文、赋的具体描写中不难发现，司马相如多能注意到容易为人忽略的细节与关键，使其文章善于"架虚行危"，难以常规测度。

这是有道理的。作为严重的口吃患者，为了弥补这一缺陷，司马相如把别人侃侃而谈的精力，用来练琴和写文章。他相信琴声和好文章，能给自己代言。果然也如此。在卓王孙家他应邀展露才艺，一言未发，纯粹靠一曲《凤求凰》就撩拨得卓文君怦然心动，根本不需要废话。他的琴声比千万句甜言蜜语都管用。他的辞赋比琴声传得更远，甚至能让千里之外的汉武帝求贤若渴，下诏招见。

明末清初的怪才八大山人，也口吃，可他不仅不避讳、不因之而自卑，还以跟司马相如同病而为荣，骄傲地在书画作品中落个"相如吃"（和司马相如一样口吃）的款。八大山人是以这种方式向司马相如致敬呢，还是暗示自己不仅血统高贵，作为文人也继承了汉文化名门正派的遗传？八大山人生活中习惯以哑默的一面示人，是因为口吃而守口如瓶，还是由于清高而不屑于夸夸其谈？就像司马相如写赋无比流利，八大山人泼墨于纸上，已是自给自足的表达，无需再浪费口舌。他的书画曾用过"口如扁担""其喙力之疾与"两枚闲章，似乎为自己"哑于言"辩解：虽是出于语疾，何尝不是一种自我保护？其源头，可上溯到伴君如伴虎的司马相如那里。司马相如正是借口吃打掩护，谨言慎行，防范着祸从口出，同时把节省下来的精力托付笔墨。说过的话再动听也会烟消云散，留下的作品才是最淋漓尽致并能超越时空的倾诉。

司马相如还有一个比口吃更折磨人的病，糖尿病。古代叫消渴疾。《西京杂记》就提到："长卿素有消渴疾。及还成都，悦文君之色，遂以发痼疾。乃作《美人赋》，欲以自刺而终不能改，卒以此疾至死。"司马相如本就有病之身，加上既贪杯又贪恋美色，酒色过度，使病情加重。相如写《美人赋》，分明是在自我治疗。开出的药方：戒酒戒色。据《前汉演义》：司马相如与美女卓文君私奔，穷困潦倒，后被丈人卓王孙发现，心疼己女，给予钱百万，家僮百名。司马相如于是当上了富家翁。造一琴台，与文君消遣，买一口井，以酿酒合欢。因酒色过度而生病，后经名医调理，才渐好转，于是作《美人赋》以自铭。

为了证明自己能做到不好色，司马相如在《美人赋》里自夸至少有两次成功拒绝了女色的诱惑。

司马相如终身受消渴疾折磨。这种病的名称，"渴"字似乎一语双关。司马相如戒得了酒，也戒不掉色。戒得了色，也戒不掉对名利的渴望。他一生充满激情地追求，似乎又是在饮鸩止渴。他写《美人赋》表明自己经得起诱惑，其实还是约束不住欲望。他最终死于消渴疾，也是跟纵欲过度不无关系。

因为司马相如生过消渴疾，沾了风流才子的光，这种病似乎也成了"雅病"，成了风流病，频频出现在文人墨客笔下。唐朝李商隐《汉宫词》借此形容文人的渴望："侍臣最有相如渴，不赐金茎露一杯。"明朝高启《赠医师王立方》更以之指代诗人的通病："诗人亦有相如渴，愿乞丹砂旧井泉。"

司马迁写《司马相如列传》，把这两种病都记下备案："相如口吃而善著书。常有消渴疾。"因司马相如字长卿，后以"长卿病"形容文人之病。亦作"长卿疾"等。

杜甫《同元使君春陵行》，与相如同病相怜："我多长卿病，日夕思朝廷。"在另一首《奉赠萧二十使君》里，也写道："不达长卿病，从来原宪贫。"在杜甫别的诗作里，还多次从病的角度吟咏司马相如："长卿久病渴，武帝元同时"，"长卿多病久，子夏索居频"，"多病长卿无日起，穷途阮籍几时醒"……

同样是在唐朝，皇甫冉《送魏六侍御葬》，在送葬友人时想到司马相如的不治之症："谁知长卿疾，歌赋不还邛。"

明代牛大纬，在文君故里汲取灵感，写了《文君井》："临邛歇马问前贤，卓氏当垆自昔传。为爱相如多病渴，故将美酒化清泉。"赞美文君不只当垆沽酒养家，而且用源源不断的爱为相如解渴治病。爱就是最好的药啊，抚慰了司马相如的孤独与失意。

因为《史记·司马相如列传》提及"相如口吃而善著书，常有消渴疾"，彭永强《说说司马相如的病》，说到相如文君的风流韵事众所周知，然而知晓司马相如常年患病、说话结巴的恐怕就没有多少了：

> 口吃尽管对人的整体形象有影响，但对人的生命安危并无大碍，对于才华横溢的司马相如来说，只可谓白璧微瑕。而消渴疾即今天我们所说的糖尿病，无论从前还是现在，都还没有能治愈此病的良方，对于两千多年前的司马相如来说，

无论是肉体还是精神，都是一种深重的折磨。关于司马相如的疾病，葛洪在《西京杂记》中记述得绘声绘色。此书不仅记载了司马相如和卓文君的浪漫故事，对司马的死，也自有一说。此书记载，文君长得非常漂亮，非常性感，引得司马相如与之私奔。司马相如本来就有糖尿病，由于长期沉溺于卓文君的美色，司马相如欲望难抑，尽管他作过《美人赋》来警戒自己，但仍难以自持，最后的死与这个病脱不了干系。中医认为，夫妻生活过度，特别是"五更色"（清晨性生活）易耗伤阴津，肾阴亏损、阴虚火旺，对糖尿病人更是不利。患了糖尿病以后，除注意节制饮食、适度运动外，也应该注意在夫妻生活方面保持适度……其实，糖尿病患者不要有过大的心理压力，只要血糖控制良好，完全可与正常人一样生活。

久病成医，《美人赋》是司马相如为自己开出的一味药方，不仅治体疾，更想治的是心病。

《美人赋》原文如下：

> 司马相如，美丽闲都，游于梁王，梁王悦之。邹阳谮之于王曰："相如美则美矣，然服色容冶，妖丽不忠，将欲媚辞取悦，游王后宫，王不察之乎？"
>
> 王问相如曰："子好色乎？"相如曰："臣不好色也。"王曰："子不好色，何若孔墨乎？"相如曰："古之避色，孔墨之徒，闻齐馈女而退逝，望朝歌而回车，譬犹防火水中，避溺山隅，此乃未见其可欲，何以明不好色乎？若臣者，少长西土，鳏处独居，室宇辽廓，莫与为娱。臣之东邻，有一女子，云发丰艳，蛾眉皓齿，颜盛色茂，景曜光起。恒翘翘而西顾，欲留臣而共止。登垣而望臣，三年于兹矣，臣弃而不许。
>
> "窃慕大王之高义，命驾东来，途出郑卫，道由桑中。朝发溱洧，暮宿上宫。上宫闲馆，寂寞云虚，门阖昼掩，暧若

神居。臣排其户而造其室，芳香芬烈，黼帐高张。有女独处，婉然在床。奇葩逸丽，淑质艳光。睹臣迁延，微笑而言曰：'上客何国之公子！所从来无乃远乎？'遂设旨酒，进鸣琴。臣遂抚琴，为幽兰白雪之曲。女乃歌曰：'独处室兮廓无依，思佳人兮情伤悲！有美人兮来何迟，日既暮兮华色衰，敢托身兮长自思。'玉钗挂臣冠，罗袖拂臣衣。时日西夕，玄阴晦冥，流风惨冽，素雪飘零，闲房寂谧，不闻人声。于是寝具既陈，服玩珍奇，金锄薰香，黼帐低垂，祗褥重陈，角枕横施。女乃弛其上服，表其亵衣。皓体呈露，弱骨丰肌。时来亲臣，柔滑如脂。臣乃脉定于内，心正于怀，信誓旦旦，秉志不回。翻然高举，与彼长辞。"

转录佚名译者的译文：

司马相如美丽文雅，游说到梁国，梁王非常喜欢。邹阳向梁王诽谤我说："相如美丽是美丽，然而衣服姿色艳冶，妩媚美丽不忠实，将要用甜言蜜语讨得大王喜欢，到大王后院去和后妃姬妾游玩，大王没有察觉吗？"

梁王问相如说："您喜欢勾引女人吗？"相如说："我不喜欢女人。"梁王说："您不喜欢女人，同孔子墨子相比如何？"相如说："古代回避女人的人中，孔丘听说齐国赠送美女到鲁国就跑得远远的，墨翟望见商代曾淫乐的朝歌城就倒车回头，这好比防火躲到水里，避水淹跑到山上，是没有见到能引起欲望的，凭什么说不喜爱女人呢？哪像我，年轻时在西部地区生活，一个人独住，房屋宽大，没有人和我玩乐。我东边隔壁有个女子，美发如云，双眉如蛾，牙齿洁白，颜面丰盈，浓妆艳抹，容光焕发。经常高高翘首向西顾盼，想留我一起住宿；爬上墙望我，到现在已经三年了，我弃而不回应。

"我仰慕大王的高尚胸襟，驱车东来，路过郑国、卫国和桑中等淫乐成风的地方。早上从郑国的溱洧河出发，晚上住在卫国的上宫。上宫空着房间，寂寞到空有云雾，白天也关着门窗，幽暗不明像神仙住所。我推开房门，造访室内，香气浓郁，帏幔高挂。有个美女独身居住，娇柔地躺在床上，奇花般安娴美丽；性情贤淑，容光艳丽。看到我就恋恋不舍，微笑着说：'贵客是哪国公子，是从很远的地方来的吧？'于是摆出美酒，进献鸣琴。我就弹琴，弹出《幽兰》《白雪》的曲调，美女就唱歌：'独住空房啊无人相依，思念佳人啊心情伤悲！有个美人啊来得太迟，时间流逝啊红颜衰老，大胆托身啊永远相思。'她身上的美玉首饰挂住我帽子，丝绸衣袖飘拂在我身上。时已向晚，冬气昏暗，寒风凛冽，白雪飘洒，空房寂静，听不到人声。当时，床上用品已经铺陈，服饰珍贵稀奇，金香炉燃起香烟；床帐已放下，被褥一层层铺着，精美的枕头横放床上。美女脱去外衣，露出内衣，雪白的身体裸露，显出苗条的骨骼，丰满的肌肉，时时贴身来亲我，感到柔滑如凝脂。我却心情平静，思想纯正，誓言真诚，守志不移。远走高飞，与她长别。"

司马相如的《美人赋》，可能因为题目起得好，在如今这个互联网时代，仍然风行，被大量转发。其实，《美人赋》之美人，并非指美女也，是作者自喻。古时道德高尚、品质卓越之人方可誉为"美人"，男女不限。写诗作文以美人自喻，这一招，最早还是屈原开创的，大家都记住了他所谓的"香草美人"。到了司马相如这里，自我欣赏、自怜自爱乃至自恋的味道，更浓了。为什么呢？这就得分析屈原与司马相如价值观上的区别或者说差异。对于这个世界，屈原能做到无私，司马相如则很难杜绝自私。屈原的洁身自好出于自尊，司马相如的自鸣得意是纯粹的自恋。自尊是一种气节，自恋倒也不算多大的毛病，无伤大雅，只不过落实在文字上，情怀与格局就显示出大小之分，但不管高风亮节，还是暖风熏得游人醉，其实都是风景。一种是有时代背景的风景，一种是以风景为风景、以风景为背景。一种是冷风景、硬风景，一种是香风景、软风景。前者感人，后者迷人。

有人点赞：《美人赋》虽有模拟宋玉《登徒子好色赋》的痕迹，而能过之。文中反映出琴挑文君相如私奔的生活体验，也表现出相如风流才子的心性。以散体赋形式写骚体赋内容。开头假设自己（第一人称）受人诽谤，以引出下文自己不好色。先写年轻时就不好色，而且用古代圣贤作有力衬托，再重点写赴梁途中的艳遇，突出不好色，从而点面结合表现主旨：坚守高洁品格的思想。运用比兴手法，进行全文构思。笔调轻巧灵活，语言晓畅秀丽。综合来看，司马相如的《美人赋》也与他的其他赋作一样，都呈现出恢弘飞扬和细腻婉曲同时兼具的双重风格，表现出整体与细节充分结合的完美统一。

说得好。尤其"虽有模拟宋玉《登徒子好色赋》的痕迹，而能过之"这一句，掂量得很准。

使楚辞登峰造极的，除了屈原，就数宋玉了。屈原有风骨，宋玉自风流。《文心雕龙·才略》："相如好书，师范屈宋，洞入夸艳，致名辞宗。"司马相如的风骨追不上屈原，可为人为文的风流，比宋玉有过之而无不及。

有人把司马相如的自恋视为自信，因为《美人赋》而更觉得相如可爱了，也有人把司马相如的自恋视为虚荣，非常鄙视他这种毛病：瞧这个洋洋得意的伪君子，信奉的是一种错位的美，只在意外表美却忽略心灵美，那光鲜的表象之下还不知埋藏着什么阴暗的心理呢。宋人章樵在《古文苑·美人赋》题下注说："美人者，相如自谓也。诗人骚客所称美人，盖以才德为美。相如乃托其容体之都冶，以自媚于世，鄙矣！"说得真够刻薄。

龚克昌、苏瑞隆著《司马相如》，忍不住为司马相如辩护：章樵这样厌弃相如，是不体察相如的用心。因为，假如相如不是一个美男子，怎么会有那么多佳人倾慕他呢？既不倾慕，又何以表现他在丽人面前的端庄自处、不好色呢？又如何达到自刺的目的呢？对相如这等托辞设喻，似没有指责的必要。

　　我听明白了。意思是，人家司马相如只是为了讲道理而讲故事，只是为了讲故事而打比方，所写都是子虚乌有之事，章樵你也太当真了吧？没听出司马相如的弦外之音吗？遇上你这样难缠的读者，才是一位作家最大的不幸呢。鸡蛋里挑骨头也就罢了，还想全盘否定，证明这彻头彻尾是一个坏蛋。是他真坏，还是你眼神不大好、想法不大好？不就是读一篇文章嘛，也要以小人之心度君子之腹，有意思吗？

　　我感兴趣的是《美人赋》的写作时间：司马相如究竟在何时、在人生中哪个阶段，突然想起写这篇有"自我表彰"甚至"自我吹捧"嫌疑的文章？

　　许多人认为司马相如的《美人赋》作于汉景帝中元五年（前145），当时司马相如游梁，刚写完《子虚赋》，令梁孝王赞赏不已。这也引起邹阳等同行"羡慕、嫉妒、恨"，在梁孝王面前说坏话，梁孝王半信半疑，询问司马相如，司马相如倒是很淡定，信手写《美人赋》一并作答。这与《美人赋》前的小序，在时间、地点、人物等要素上是吻合的。

　　龚克昌、苏瑞隆著《司马相如》，认为《美人赋》作于汉景帝后元二年（前142）司马相如与卓文君重回成都、买田宅、成富人之后：相如与文君在成都舒舒服服地过了五六年闲散生活，相如生活放荡。后悔，作《美人赋》自刺。

　　笑独行也认为该小赋相传为司马相如"自刺"好色之辞，作于琴挑文君、文君随其夜奔成都之后：

　　　　该小赋在中国辞赋史上与宋玉《登徒子好色赋》齐名，情理文思亦大同小异，只是不掩青出于蓝而青于蓝之色。其间自我辩解之不堪信实有过之而无不及，而描绘女色亦更具挑逗性。为什么说我不好色呢？"孔墨之徒"之避色"闻齐馈女而退逝，望朝歌而回车。譬于防火水中，避溺山隅，此乃未见其可欲"，实在不足以证明不好色；而我司马相如的处境、经历和行为则相反，不但身处诱惑、历经诱惑，而且还要直面诱惑、抗拒挑逗，而又终能做到不淫其心、不移其志，

"气服于内，心正于怀"，这才是真正的不好色。虽然其最后表现——"信誓旦旦，秉志不回。翻然高举，与彼长辞"未免有招架不住、逃之夭夭之嫌，但毕竟还是经受住了难以抗拒的色欲考验，能够逃离现场、保全清白已实属不易。

关于《美人赋》的写作时间，以上两种说法，我该信谁呢？

我谁也不信。我个人只相信《美人赋》诞生得还要晚些。

极有可能是汉武帝元朔元年（前128）司马相如被诬告受贿而丢官之后。

甚至可能是司马相如替被汉武帝废弃的陈皇后阿娇代拟《长门赋》之后。写罢《长门赋》，他觉得不过瘾，不再满足于藏身幕后，替别人的故事流自己的眼泪，索性撩开面纱，直抒胸臆。司马相如的《美人赋》，表面上是往事，当年说给梁孝王听的，其实是直面现实，与现实对质，说给汉武帝听的。

司马相如因为《子虚赋》而得以遇见汉武帝之后，从《上林赋》（《天子游猎赋》）开始，他的几乎大多数作品，都是为天子而写的，都把汉武帝视为第一读者，要么歌功颂德，要么献计献策，要么劝百讽一，要么表达忠心……这一篇《美人赋》，也不例外，是在对天发誓，以示清白。

这只是我的个人观点，一家之言。详细的分析，请看下一节。

二、《美人赋》：久病成医的药方

江晓原以《"坐怀不乱"类型的拒色故事》为题，解读司马相如《美人赋》：

> 在《登徒子好色赋》的模仿之作中，非常突出的一篇是名声相对较小的短赋——司马相如《美人赋》。《美人赋》的前半部完全是宋玉之作的拷贝：也是有人在王前指控作者好色，

作者辩解，先举出的例证也是东邻女子为绝代佳人，也"登垣而望臣，三年于兹矣"，但作者不动心。司马相如新的发展在赋的后半部，其中描述自己旅行中的一次艳遇：首先是艳遇发生的地点，就使人联想到《诗经》中的一系列恋情篇章：途出郑卫，道由桑中，朝发溱洧，暮宿上宫。上宫闲馆，寂寥云虚，门阖昼掩，暧若神居。在如此香艳而神秘的场所，作者遇见的是：有女独处，婉然在床。奇葩逸丽，淑质艳光。这位绝色美人是如此多情，她招待作者，请他饮酒，邀他奏琴，她唱起恋歌，咏叹青春易逝，渴望及早获得情爱。最后她将作者领进一间华丽的寝室，当此夜深人静之际，美色的诱惑和召唤达到高潮：女乃弛其上服，表其亵衣，皓体呈露，弱骨丰肌。时来亲臣，柔滑如脂。……然而到这个关头上，作者却"脉定于内，心正于怀"，结果是"翻然高举，与彼长辞"，成功地抗拒了诱惑。将各种在表面上看起来都属"柳下惠坐怀不乱"类型的故事笼统理解为"禁欲"，将是非常轻率而浮浅的。在前述道教徒的故事中，坐怀不乱是为了不坏掉自己的"道行"，以求最终成仙了道，永享玉女相伴之艳福。而在宋玉和司马相如的故事中，接受他们所遇到的美色并不会带来任何不良后果，他们之所以拒绝，似乎只是表明自己定力之大、意志之强。也可以说他们的拒绝美色并无什么目的，只是为拒色而拒色。当然，这里的"他们"是指他们第一人称作品中的主人公，而非宋玉和司马相如本人。至于宋玉和司马相如作此两赋的真正动机，如今已难确考。

江晓原认为若由此再进一步，又可引导到"坐怀不乱"故事中极多见的一种情形——美色的诱惑来自某种邪恶势力，比如明人小说《封神演义》中伯邑考坚拒妲己勾引的情节，正是这种典型。这时"德"与"色"已截然对立起来，好色即败德，而且必招致伤身丧命之类的恶报；而拒色则作为美德大受歌颂。总之，在"坐怀不乱"类型的拒色故事中，可以看到三种内在动机：功利的、人格的、道德的（其实也就是礼教的）。前两种与早期儒家将"好色"视为人之本性而加以接纳和照顾的态度完全相容，最后一种则不妨视之为宋明理学大倡礼教之下的产物——至少是道学家们乐意采纳的"布道"讲题之一。颇具讽刺意味的是，后世某些带有色情意味的文学作品也往往利用这一题目。

司马相如真能做到对美色视而不见甚至坐怀不乱吗？

在《美人赋》中，他讲述了两次亲身经历，来夸耀自己有着非凡的定力，似乎比孔子墨子还要洁身自好。

抵御诱惑，比远离诱惑要难上加难。司马相如却迎接并经受住了这高难度的挑战，纤尘不染。

如果是真的，司马相如堪称特殊材料制成的。但我相信他既然以一种君子坦荡荡的态度回答梁王的询问并且写成文章，不大可能是吹牛。

司马相如作为史上响当当的风流才子，说其不好美色，自然没人肯信，但他更好功名，好到了能舍弃美色的程度。

舍得，舍得，他最明白有所舍才能有所得。在美色面前，自然能掂量得出轻重、利害，有所为有所不为。或者说，凡是会影响其追求功名的，一概不加以考虑。

东邻女颜值再高，无奈想往高处飞远处飞的司马相如，不满足于过老婆孩子热炕头的平凡日子，正要轻装前进，去比巴蜀繁华得多的都城长安追梦呢。对于追梦人，美女再怎么倒追也追不上啊。在长安遇挫，可他追梦的心并没死啊，只不过改了个方向，追到了梁国。梁王在他眼中，比任何美女都重要，因为能帮助他实现梦想。所以在途中，又遇见的那位投怀送抱的卫国美女，也一样拦阻不了这位追梦人的脚步。

司马相如一心一意尽想着去攀帝王的高枝，自然无意也无暇醉卧花丛。

更担心的是，一旦栖落，花丛可能会变成陷阱，想飞的心被世俗生活套牢，在围城里挣扎，最终被消磨得面目全非，等于自剪羽翼。

司马相如的事业心很重，把事业的成功看得高于一切、大于一切。而最大的捷径莫过于直奔主题，不走弯路，风雨兼程，不为中途的风景而停留。他既然能这么想，就能这么做。既然能想得到，就能做得到。

司马相如骨子里既爱江山又爱美人。但表现得有所区别：爱美人，更爱江山。小算盘打得挺利落：没有物质基础，哪来精神建筑？没有事业，即使有了爱情，也难以长久。而有了事业，还愁没有爱情吗？还是先爱江山再爱美人吧。如果不能两全其美，只能舍美人而奔江山。做什么事没有代价啊？

孟子把鱼与熊掌的关系述说得很精辟："鱼，我所欲也，熊掌，亦我所欲也；二者不可得兼，舍鱼而取熊掌者也。"司马相如处理爱情与事业的关系，也以此为原理。他不是不爱美人，而是更爱江山，一旦江山与美人不可兼得，只能取江山而舍美人。他的《美人赋》，潜在的意思是《舍美人赋》，把美人置于拒绝、放弃、割舍之地。只不过他因看得太透彻了，想得太明白了，做得也就比许多人更果断，绝不拖泥带水。

东邻美女隔墙暗送的秋波，如石沉大海，在墙这边毫无反应，因为司马相如心扉紧锁。卫国美女裸体自荐枕席，不仅没留住司马相如过夜，反而把他吓跑了，他找个理由告辞，头也不回地连夜赶路。

可司马相如听说了卓文君的美名，为什么没有退避三舍，反而精心设计了浪漫的情节，谋求见面的机缘，博取卓文君的好感后又趁热打铁，当晚就结伴私奔，把生米煮成熟饭？

前两次艳遇中被动得不能再被动、再三拒绝甚至一走了之的司马相如，为什么像变了个人似的，表现得无比主动？

大抵有两个原因。一个原因是今非昔比，在长安和梁国连续经历两次挫折，被打回原形，灰溜溜地回到起点，司马相如那颗跃跃欲试的雄心，已快耗尽了能量，成为强弩之末，开始反省自己：是否该放弃不切实际的梦想，在故乡巴蜀找个女人踏踏实实过日子算了？卓文君正是最佳人选。另一个原因，与巧笑倩兮的邻家女孩相比，卓文君不仅在美貌上不逊色，还有富家千金的经济实力，与身份不明的卫国美女相比，卓文君出自名门，更有可信度。最重要的是，卓文君的家庭背景，能提升司马相如的社会地位，他做梦都想重新进入上流社会，这种婚姻正能提供可靠的台阶。

攀帝王之高枝的梦想，目前已幻灭，但若能入赘豪门，至少会改变输得精光的颓势。司马相如凭直觉预感到卓文君有可能助身陷逆境的自己东山再起，生怕错过了这村再没那店，才使出浑身解数主动追求。

在司马相如眼里，卓文君不仅是美人，更是自己在人生低谷遇见的贵人，他把她当作救星来期待的。

事实证明，卓文君确实拯救了穷途末路的司马相如，给了他情感的滋润、生活的照顾，使这颗飞累了的心慢慢恢复自信，重新张开翅膀。

吴娱《论司马相如抒情赋中的私人情感》，认为《美人赋》的写作目的是自刺，劝诫自己切勿沉迷美色，同时也是以赋明志，提醒自己时刻"心正于怀"：此赋是传统的赋作形式，用对话的方法结构全篇，只是与《上林赋》《子虚赋》相比更短小而已，但其内容和语言并不逊色。《美人赋》所描写的际遇和感情，与长卿文君情事有关，所以司马相如的赋不仅是赋才，更是赋心。所谓赋心，不仅是写亲身经历之事，更是抒发内心最真实的情感。

《美人赋》并没写到卓文君。当然，司马相如给梁王讲故事时，还没遇见卓文君呢。结合司马相如后来凤求凰的浪漫之举，能够看出：他选择卓文君的原因，也正是他拒绝以前遇见的两大美人的原因。东邻女孩与卫国美女，艳丽得像孔雀，但并不是司马相如心目中的凤凰。待到与卓文君眉目传情、琴瑟相和，他才知道什么叫命中注定、什么叫灵魂的伴侣。

司马相如不乏激情，但又是理智的；不乏浪漫，但又是务实的。在感情上尤其如此。美色能诱惑他的眼，但拴不住他的心。他总能透过人与事的表象看穿其本质，掂量出是否与自己相适宜。

邂逅卓文君，司马相如第一次有了电光石火的澎湃热情，相信自己遇对了人。她是美人，又岂止是美人？集美人、贵人、爱人于一身，堪称完美之人。

司马相如的《美人赋》，只写出了一半，若是加上卓文君，或参照着他与卓文君天地绝配的故事来读，就完整了，就更容易理解他对美人的态度。

司马相如看美人、衡量美人，也是以自我为中心的。以美人有利还是无益于自己的前途，来决定是跨越还是停留。也就是说，单单是美色，并不足以对他构成致命的诱惑。

司马相如借此表明自己头脑清醒，意志坚定，能抵御所有无益或有害的诱惑。

说到这里，我们该明白司马相如为何要强调自己"脉定于内，心正于怀，信誓旦旦，秉志不回"，话里有话啊。

《美人赋》虽是谈美人，但不止于谈美人。说是证明自己能拒绝美色的诱惑，分明还在发誓：自己能拒绝所有诱惑，尤其是那些有危害性的，妨碍自己事业发展的。

如果司马相如写《美人赋》的时间，确实是汉武帝元朔元年（前128）被诬告受贿而丢官之后，就能理解他写此赋的真正动机了。

他前些年出使西夷时被人诬告有受贿行为，汉武帝为显示自己严于律法、赏罚分明，不分青红皂白就作出将其撤职察看的决定。

皇上一言九鼎，司马相如有口难辩，觉得跳进黄河也洗不清了。这成了他一大心病，想死的心都有。但若真的以死明志，又觉得有所不值。郁闷之中，只好自寻解药，于是写了《美人赋》。

说是《美人赋》，更像是《陈情表》，澄清自己并非贪污受贿的小人，懂得爱惜自己的羽毛。借陈年往事来表明自己是怎样一个人，连美色的诱惑都能一身正气地加以拒绝，怎么可能贪恋钱财之类身外之物呢？作为有例可证的正人君子，即使爱财，也会取之有道，不至于贪小便宜吃大亏的。清者自清，浊者自浊，身正不怕影子歪，我发誓自己是个能抵御诱惑、洁身自好的人了，你们相信也罢，不相信也罢。我也懒得辩解了。既然我敢信誓旦旦地这么写，白纸黑字，说明我问心无愧。这就够了。难道活人还能让尿憋死，君子还能被污蔑压垮？我本坦荡荡地来，还就坦荡荡地去了。

当然，这些话外音，是我替司马相如说出来的。他在《美人赋》里没说得那么具体，但大家都能听出来。

司马相如写《美人赋》，写到"翻然高举，与彼长辞"这一句，长舒了一口气。想开了，想通了，也就浑身轻松，觉得没必要再往下写了。他已过了自己这一关。其他算什么呀？

司马相如写《美人赋》，并不只是为了排解心病、治疗心伤而写，也是写给那些不了解自己甚至误解自己的人看的。你们看看：我是那样的人吗？什么样的诱惑、什么样的挑战我没经受过呀，怎么可能在小河沟里翻船呢？不是我吹牛，那点蝇头小利我还看不上呢。

司马相如最期待的读者，只有一个。他相信爱好辞赋的汉武帝会读到这一篇的，并且能读懂的，读懂言外之意、弦外之音。

司马相如仕途折翼、丢官回家后，觉得被汉武帝疏远甚至遗忘了。后来为什么又重新赢得汉武帝的好感，被再次录用呢？

不得不承认，还是他无人能及的才华起了作用。《美人赋》功不可没，使汉武帝也觉得可能错怪司马相如了，他没那么坏，只不过心高气傲，遭人嫉恨。

司马相如又有文人宁死不屈的倔强劲儿，被泼了污水也不屑于洗刷，相信自己质本洁来还洁去，耻于鸣冤抱屈、低头求情，只是含蓄地写了这篇《美人赋》，以示清白。

加上汉武帝此前就读过陈皇后托宫人捎来的《长门赋》，一看文笔就猜测是司马相如代写的，连读两遍，黯然神伤，他没对陈皇后心软，却对代笔者司马相如心软了。到底是才子，借题发挥，把自己的个人感受也融入其中，而又做得天衣无缝。其实他哪里知道，朕对他还是有所挂念的，觉得他若毁在这件事上，于国于己都挺可惜。找个机会再向他问问究竟怎么回事吧。还没等到汉武帝召见司马相如，这篇《美人赋》又不请自来，虽也是借题发挥，但已不再犹抱琵琶半遮面，直抒自我，光明磊落，平添几分浩然正气。自己若再装作没看懂，就不仅对不起司马相如这个人，更对不起这两篇精巧华美的辞赋。得，再给他一次机会算了。他既然给我留了面子，没直接诉说自己的冤屈，只表明纤尘不染的心志，我也不提那陈芝麻烂谷子的旧事，只恢复他原有的职务并给予相等的待遇，也算是物尽其用、人尽其才。相信他能读懂我的歉意，接受我的补偿。

不管写《长门赋》还是《美人赋》，司马相如都可谓用心良苦。《长门赋》于情上很有感染力，《美人赋》于理上很有说服力，更大的优点是对自身所受不公正待遇只字未提，无怨无悔。

好在虽是旁敲侧击，却不是对牛弹琴，起到了润物细无声的效果。一方面，这说明汉武帝不愧为司马相如的一大知音，听得懂弦外之音。另一方面，也说明司马相如太了解汉武帝了，处理两人关系出现的毛病，也能对症下药，化解了误会，又不伤感情，一切尽在不言中，使其觉悟后有回旋余地纠正误判，而又保留了尊严。

从《长门赋》到《美人赋》，司马相如下了两步棋啊。前一步棋是天降良机，歪打正着，后一步棋是声东击西，直奔主题。好在收放有度，没有一下子把对手将死了，使其颜面尽失、恼羞成怒。你给了汉武帝台阶下，他也是聪明人，心领神会，自然可以重新布局，借机弥补你的损失。

在野的司马相如，以《长门赋》《美人赋》为棋子，和深宫里的汉武帝巧妙博弈，达成彼此的双赢。既讨到了不是说法的说法，又使对方觉得自己通情达理。

与司马相如用的巧劲相比，后来司马迁为李陵辩护就显得用力生猛，固然勇气可嘉，但也把爱面子的汉武帝逼到墙角，他要么收回成命，要么反戈一击。就其刚愎自用的大独裁者性格，只能选择后者。就实际效果而言，司马迁不仅没能保护住李陵，还给自己带来灾祸，无辜地成为汉武帝发泄愤怒的对象。等到汉武帝清醒过来，一切已晚矣，损失已在司马迁身上发生。况且汉武帝又是个明知做错了也不可能认错的人，跟这样的人讲道理、要说法，无异于与虎谋皮。司马迁后来也只能把牢骚发在《史记》里。好在《史记》恰恰因这股骨气屹立天地间而不朽。

三、真病与假病

司马迁的《司马相如列传》屡次提到司马相如的病，有的是真病，有的是假病："与卓氏婚，饶于财。其进仕宦，未尝肯与公卿国家之事，称病闲居，不慕官爵。常从上至长杨猎，是时天子方好自击熊彘，驰逐野兽，相如上疏谏之。……相如既病免，家居茂陵。"

其实司马相如初次入京时担任汉景帝的"武骑常侍"，想"跳槽"到梁孝王的门下，就是以生病为借口顺利辞职的。他尝到托病的甜头了，从此屡试不爽。

司马相如很擅长装病。有时是为了给彼此留有面子，有时也是为了摆架子："司马相如归蜀，临邛令王吉缪为恭敬，日往朝相如。相如称病，使者谢吉。及卓氏为具，相如又称病不往。吉自往迎，相如观吉意，欲与相如为率钱之会尔。"这段相如称病"摆谱"的描述，见之于《东坡志林》。当然，苏东坡接着又对司马相如身上诸多的"臭毛病"大加批评："而相如遂窃妻以逃，大可笑。其《喻蜀父老》云以讽天子。以今观之，不独不能讽，殆几于劝矣。诒谀之意，死而不已，犹作《封禅书》。相如，真所谓小人也哉！"他把司马相如当成病态文人的典型来敲打。在他眼里，所有小人都是有心病的。

嵇康《高士传》，则把司马相如赞为高人，因为他蔑视世俗礼法、托疾辞官、不慕高爵，在嵇康眼中潇洒极了，甚至成为仿效的对象："长卿慢世，越礼自放。犊鼻居市，不耻其状。托疾避官，蔑此卿相。乃赋《大人》，超然莫尚。"

鲁迅也写过司马相如的装病，而且是装给帝王看的："汉武帝时候，只有司马相如不高兴这样，常常装病不出去。至于究竟为什么装病，我可不知道。"是否可看成一种沉默的抗议？在封建时代，文人能作出如此的反抗，哪怕很微弱，已不容易了。况且，正是由司马相如敢于托疾辞官开始，后来才有了竹林七贤装疯佯狂的魏晋风度，有了陶渊明不为五斗米折腰，有了李白的"天子呼来不上船，自称臣是酒中仙"，直至鲁迅的《狂人日记》以及指桑骂槐的杂文。

小隐隐于野，司马相如是不屑于做小隐的，他想做隐于朝的大隐，最起码也得隐于市。在权力中心失意后，他被边缘化了，可也自甘于边缘化，在长安西郊的茂陵，与卓文君重新过起了小日子，琴瑟相和，自得其乐。仿佛又回到起点，回到在市井当垆卖酒的幸福时光。

拿得起，放得下，并且始终有美人相伴，司马相如活得确实洒脱，做名士则风流，做隐士也安逸，难怪从嵇康到李白等一系列性情中人，无不对司马相如的能静能动、左右逢源充满仰慕，还夹杂着一丝艳羡。是啊，他们虽有美酒作陪，却缺乏美人相伴，相伴到终老。

就此而言，古今文人中，司马相如不仅在别人眼中属于把日子过成了诗，自身的幸福指数也绝对是最高的。不是高人，怎么成得了高士？

司马相如形象由唐至宋经历了一次"大滑坡"，赵俊波《唐人评司马相如》论述：

> 司马相如的传记见于《史记》《汉书》等文献记载，按照传统的社会道德标准来衡量，其事迹有值得肯定的一面比如文学才华出众，也有为人所诟病的一面，如所谓的"窃妻"和"以赀为郎""文艳用寡"等。唐人较少指责相如的节操，而宋人言论中，指责相如"好色""窃赀""谄谀"等行为的言论比比皆是。不仅一些道学家鄙薄其为人，就连一些相对比较开明的士人也多有微言。斥其越礼自放，责其谄谀逢迎。黄震《黄氏日钞》："相如素行不谨，立朝专是逢君之恶，或者犹以其文墨取之，不知《大人》之赋，《封禅》等书，正其逢君之具也。吁，尚足置齿颊间哉！"鄙薄其"窃妻"之可笑，谄谀之不齿，而且这种看法在宋人中很是普遍，这恰与唐人形成了鲜明的对比。

到了宋代，批评的声音越加密集，堪称"大批判"了。

苏东坡对司马相如的批评是最尖刻的，直言其为谄媚小人，道德上有诸多污点：司马相如视临邛县令王吉邀请他赴卓氏之宴是"率钱之会"。《说文解字》释"率"："率，捕鸟毕也，象丝罔，上下其竿柄也。"因此，"率"可以讲为"聚集""聚敛"。"率钱"即聚钱，"率钱之会"即敛钱之宴。"苏轼认为这次赴宴就是一个地地道道的敛钱之宴。苏轼尽管在文中怒斥王吉，但司马相如是这次敛钱的元凶。"王立群据此认定苏轼是第一位将司马相如"窃妻"与"窃赀"两项罪名放在一篇短文中大加挞伐的文人。这两大罪名，任何一项都足以使一个人声名扫地，已不只是身心的病态了，而且是人格上的致命缺陷。

苏东坡多次对司马相如进行过"道德审判"，打分极低，某些品质甚至是负数，基本上将其定位为文人中的负面形象："司马相如谄事武帝，开西南夷之隙。及病且死，犹草《封禅书》，此所谓死而不已者耶？列仙之隐居山泽间，形容甚臞，此殆'四果'人也。而相如鄙之，作《大人赋》，不过欲以侈言广武帝意耳。夫所谓大人者，相如孺子，何足以知之！"若处于同一时代，苏轼一定会当面质问。

司马相如在文人圈里承担着这么大的骂名，但似乎并未被真正打倒，总还有人喜欢他，喜欢他的真实与任性。

每逢有人骂司马相如，为之辩护者也大有人在。即使到了今天，网络上仍有许多草根为司马相如打抱不平。看来司马相如还是很"接地气"啊。

司马相如即使真如苏轼所做的道德审判是小人，也是有性情的真小人，比伪君子还是更容易获得大众体谅。所以在大众领域，司马相如的美名并未被其人格上的缺点所抵消。

其中不乏卓文君的功劳。人们不看僧面看佛面，出于对卓文君重情重义的赞赏，也不会觉得司马相如能坏到哪里去。

司马相如和卓文君的这段情缘被《史记》《汉书》《西京杂记》《乐府诗集》等文献所载，王立群分析司马相如的影响已超越了他的文化贡献，还是沾了卓文君的光："历史上的司马相如是一颗文坛巨星，因为他是汉赋四大家之首，创作了大批极有代表性的汉赋。当今社会中司马相如的赋除了仍受文学史研究者关注外，早已不为绝大多数人欣赏，但是，司马相如依然没有淡出当今人们的视野。原因在于他和卓文君的一段传奇情缘备受时人青睐，司马相如也被今人誉为情圣。历史给了司马相如两个截然不同的定位：古代的文圣和当今的情圣。"

每个成功的男人后面都有一个伟大的女人，卓文君就是最好的例子。她不仅默默支持司马相如尽其所能地实现了人生价值，甚至把他履历里的晦暗之处都给照亮了。

王立群一方面觉得司马相如"琴挑"卓文君的动机不见得多高尚，但也不得不承认司马相如与卓文君的故事还向着另一个方面演变："司马相如与卓文君是自由爱情与美满婚姻的典范！这种变化首先出现在宋元话本《警世通言》的《卓文君慧眼识相如》一篇中。此期，更多的戏剧作品演绎了司马相如与卓文君的爱情故事，突出了卓文君不以穷富选夫君，终成连理的故事。"

不管文人怎么挑刺，司马相如和卓文君在大众口碑中已成爱情神话，即使苏轼这样有话语权的权威人士，想捅也捅不破。王立群认为司马相如未被击倒是因为已被世人偶像化了，司马相如"琴挑"文君的故事已经定型为民间流传的经典范式，历代文人对司马相如"琴挑"文君的质疑不为中国广大民众所知晓，即使知晓了，也不愿接受："神话是对历史事件和历史人物的偶像化。偶像，包括政治偶像、娱乐偶像、学术偶像等。司马相如与卓文君，一个是才子，一个是才女；一个贫穷，一个富有；二人的结合方式又是私奔。这些潜在的因素可以解读成一见钟情的自由爱情、不以贫富定终身的理想婚姻。"

直到近现代，新文化运动的旗手胡适，也拿司马相如"祭旗"："用浮华的辞藻来作应用的散文，这似乎是起于司马相如的《难蜀父老书》与《封禅遗札》。这种狗监的文人做了皇帝的清客，又做了大官，总得要打起官腔，做起人家不懂的古文，才算是架子十足。"

文学史家刘大杰论述："名望最大，在赋史上占着最显著的地位的，自然是司马相如。他是四川成都人，生于文帝初年，死于武帝元狩五年（前118年），是一个活了六十多岁的中国式的风流才子的典型。他同韩非一样，患着口吃的毛病，不善于讲话而长于写文。他同卓文君那幕恋爱的喜剧，成为中国文坛上第一件有名的桃色案。结果，他是死于慢性的淋病。后来儒家总欢喜骂文人无行，鄙弃文士。我想推源祸首，司马相如是逃不了这罪名的。"

东汉第二位皇帝汉明帝，和班固谈论司马迁和司马相如：司马迁因为汉武帝让他受了腐刑，就心怀怨恨，把汉武帝写得很不堪，处处挖苦，不是一个忠臣。司马相如虽然为人轻浮，文章也多浮夸之词，没有太大的本事，但他在官场不如意、身体生病的情况下，还为汉武帝谋划封禅大事，这是一个忠臣的表现。

不管是主动，还是被动，不管是为了求取功名，还是因生活所迫，司马相如走的都是御用文人的道路，而且是御用文人的极致，走的是"上层路线"。

也就是说他心目中的读者对象，是帝王将相，而非普罗大众。他流传下来的大多数作品，目标都很明确，不只是追求美学意义，更注重追求社会意义，少有自娱自乐的闲情逸致。

为帝王写作，但也并非违心之作，他就是这么想的，就是这么认为的。与他的价值观以及政治热情密切相关。

如果我们能不带褒贬地看待"御用文人"这个概念，视之为中性词，视之为客观存在，就能理解司马相如的一片苦心。

司马相如是乐意被"御用"的，甚至以被"御用"为幸运，不惜为之作出许多牺牲，譬如牺牲自由、牺牲自我。他已把自我与其赞美的对象融为一体，你中有我，我中有你。他以牺牲小我为代价，换取了大我。

这个"大我"有多大？

很明显不是汉武帝一个人所能代替。作为御用文人的一大典范，司马相如效忠的并不只是汉武帝一个人，而是整个大汉帝国，而是一个大时代。

你觉得他只是汉武帝的传声筒，他觉得自己是一个时代的代言人。

你觉得他在歌功颂德，他觉得是在由衷地赞美。

为祖国、民族、时代所"御用"，司马相如不以为耻，反以为荣。子非鱼，安知鱼水之情，安知鱼之乐？

由于主观与客观的原因，司马相如在理想的实现方面，打了点折扣：未能如其所愿成为大汉王朝的政治代言人，却歪打正着成为汉赋的代言人。

其实，成为汉赋的代言人，又何尝不是汉朝的代言人？

汉赋被公认为汉朝的文化成就之一。但在司马相如心中，政治高于文化，政治才是主战场，自己在主战场上被边缘化，似乎并未完全摆脱自古文人怀才不遇的宿命。

这才是他的一块心病，成为永远的痛。

司马相如身上确实有种种小毛病，但瑕不掩瑜，遮挡不住他整体的光芒。他对得起汉朝，对得起自己。

秦砖汉瓦，土崩瓦解，而美轮美奂的汉赋，仍然凌空屹立，成为《诗经》楚辞与唐诗宋词之间不可忽略的标志性建筑。在这座精神地标的最高一层，铭刻着司马相如的名字。

司马相如，与汉赋同在。就像屈原与楚辞同在，李白与唐诗同在。够了不起的了。

虽然他自己，对此可能总还有些不满足。

他其实更想进入的是另一个领域的排行榜。

司马相如，并不想成为司马相如。司马相如，并不想成为自己，更想成为别人。他更想成为蔺相如。唉，让我怎么说他好呢？

第八章 书生与帝王：司马相如与汉武帝的关系

一、从郎官到孝文园令

我们谈论司马相如，可以不提卓文君。可我们谈论卓文君，却没法不提司马相如。

我们谈论汉武帝，可以不提司马相如。可我们谈论司马相如，却没法不提汉武帝。

这或许就是文化的悲哀？就一时一地而言，政治在文化面前占上风，文化在政治面前常常居于从属地位。虽然司马相如已堪称文化的幸运儿，甚至幸运儿中的幸运儿，但也不得不主动向权力靠拢，他的这份幸运也是为政治服务而获得的。

司马相如一生，有两个人最重要：卓文君与汉武帝。这算得上司马相如的两大知音。一个影响了他的情感、他的生活，一个影响了他的文运、他的仕途。

汉代大赋的兴隆与武帝善赋的个人爱好有关，同时也是"武帝朝崇礼尊神的产物"，是那空前绝后的盛世使然。司马相如也就英雄有了用武之地。一篇《子虚赋》，使司马相如成为汉武帝的红人，进入帝国的文化核心。司马相如备受鼓舞，为了迎合好大喜功的汉武帝，同时也为了显示自己劝谏有方，一鼓作气写了《上林赋》《谏猎书》《哀二世赋》《大人赋》等。

汉武帝利用汉初以来积累的巨大财富，开拓边疆，平南越、东越，使西南夷，定朝鲜，更主要的是击匈奴、通西域，最终取得了成效。和卫青、霍去病驱逐匈奴以及张骞凿空西域一样，司马相如使西南夷，也为汉帝国立下汗马功劳。

汉武帝其实比司马相如本人更了解他自己，看出司马相如最大的优势还在于文学才能，蒸蒸日上的汉帝国正需要"正能量"的吹鼓手，于是一手捧红了司马相如，将其列为第一号的宫廷文人。

司马相如跻身天子一侧，却不满足于担任高级别高待遇的言语侍从，他最大的理想还是做政治家，譬如帝王师，或者出将入相，不仅为皇帝出谋划策，还能身体力行地加以贯彻。光有话语权是不够的，他还渴望掌握实权。奉汉武帝之命作为中郎将持节出使西夷，使他美梦成真。这也是他在汉武帝面前努力争取的结果，他是主动请缨的。可惜宦海总有不测之风云，遭遇同僚倾轧，大好前程就此断送。

汉武帝之所以不愿保他，大概是看穿了司马相如并非在官场冲锋陷阵的料，而且既缺乏卫青、霍去病领兵打仗之勇猛，也不适合像苏武、张骞等人那样出使匈奴或开通西域：还是回家作文去吧。那才是你最该干也最能干的事情。

可读到《长门赋》，汉武帝分明听出了司马相如借陈皇后之苦酒浇自己胸中块垒的弦外之音，就起了恻隐之心。又读《美人赋》，知道司马相如在表明清者自清。加上武帝确实有点想念相如的好处，就招他重新出山，还是在御阶前做郎官。

元朔二年（前127），汉武帝复召失官家居一年多的司马相如为郎。只是现在这个郎官，跟司马相如出使西南夷所做的那个货真价实的郎官相比，已大大缩水了，相当于一个空衔。从郎官到郎官，十多年来司马相如官未升级，已五十多岁，不年轻了，渐渐死了升官发财这条心。更主要的是，他看出政坛的格局于己不利，不想沾惹是非。

司马相如之前写《难蜀父老》得罪了的公孙弘，拜御史大夫，而当时一样反对开发西南夷的张汤等大臣，善于体会武帝意旨出言行事，也逐渐得势为高官，占了上风。他们看出汉武帝精力转向加强皇朝的专制统治，鼓励其向内部施压立威，自皇亲国戚至平民百姓，凡不太听话的，一批批被杀。同时，为全力对付匈奴，费时十年通南夷的治道工程暂停下来，主张开发西南夷一派失宠了。公孙弘心狠手辣，司马相如知道他还惦记着当年宫廷争辩时的一"箭"之仇，退避三舍，没事就绕着走。在这种由对立面掌握话语权的政治环境下，司马相如尽量缩小目标，谨言慎行。祸从口出啊，说不，还不如不说呢。况且，又有什么非说不可，不得不说？司马相如虽仍从武帝，有武帝罩着，但也知道稍不留神照样会惹来杀身之祸，于是刻意要求自己做一只跟屁虫，看武帝的脸色，跟风说一些不咸不淡的话，不图帝王高兴，只求帝王不扫兴。唉，只是备员而已，可有可无，比闲职还悠闲，自己难道还不会偷闲吗？

两年之后，元朔四年（前125），汉武帝又改拜司马相如为孝文园令，就是给汉文帝陵墓担任守陵人，掌管孝文皇帝的陵墓事务。陪死人去了。汉武帝不想再给相如参政议政的机会。觉得文人嘛，还是离军国大事远点好。即使他们再热衷于此，该泼冷水还是得泼，免得他们不知自己吃几碗饭的了。

由郎官转为孝文园令，相如由汉宫武帝身边出来，越离越远。离开活皇帝，陪伴死皇帝，主管祖宗陵墓，相如更清闲了，在别人眼中成了"半个废人"。相如自己却有虎口脱身之感，大把的时间，全属于自己了，正好用来温习辞赋。

郎，为天子侍从之臣，备顾问，可作为天子私人代表出使四方。郎之品秩，三百石至六百石不等；陵园令，秩六百石。而当时的县令秩千石。司马相如由郎为中郎将，复为郎，最后迁为孝文园令。可见"以赀为郎"起家的司马相如，通"西南夷"临时挂过中郎将衔，算是做过风云人物。中郎将为郎官群体的中层管理者，秩比二千石，与天子十分接近，地位显要。除此之外，相如长期担任的不过是郎、孝文园令之类小小芝麻官，职位一直不曾有大踏步的升迁，或者说几乎相当于原地踏步，甚至略有退步。孝文园令品秩略高于郎，主要任务却是"掌守陵园，案行扫除"，与郎官清要之职比较起来，简直不可同日而语，等于明升暗降。

司马相如"未尝肯与公卿国家之事，不慕官爵"，仗着与卓氏婚，家有余财，以患有"消渴疾"为由，常称疾闲居，以为文著书自娱。

司马相如之所以能显得对升官不强求、对已有职位也很超脱，动不动就请病假，处于"半弃权"状态，有两大原因。

第一大原因是表面上的：司马相如的老婆卓文君本就是富婆，从娘家分了巨额财产，过日子自然不差钱，司马相如不仅不需要带病养家，还被里外一把手的贤内助养起来了，养病兼养心，升官发财对他的诱惑力也就变小了，他懒得为晋级涨工资操心，与世无争。

第二大原因才是本质上的：本想大展宏图干一番事业，出使西南夷崭露头角，就被同僚们视为威胁与障碍，明枪暗箭纷纷袭来，躲闪不及丢了官，司马相如不仅伤透了心，更看透了官场的险恶，没了兴趣。就像一个迷魂阵，新手慎入：丢官还算好的，丢命都不稀奇。倒不是说司马相如真吓破了胆，但他原先想得越美，失落也就越大，已是败下阵来的伤病员，无心再战。

即使被汉武帝重新录用，司马相如也没有东山再起的快乐，半遮半掩地挂个免战牌，以养病打掩护，不参与任何明争暗斗，彻底做个逍遥派。

武帝虽有心让司马相如再试一把，可他自己却使自己"退居二线"，甘于边缘化。因为他发现在这旋涡与暗流密布的超级大染缸里，越边缘越安全，而越是靠近舞台中心，越危险。

一开始他还满足于靠边坐在观众席上，后来发觉做看客也有风险，索性连戏都懒得看了，不闻不问，什么都不知道最好。

从起初渴望大有作为，到安于无所作为，司马相如只跨了一步，却是一大步：从儒家的积极进取，迈向道家的消极无为。

司马相如前半生崇敬并学习孔子周游列国、励精图治，真干起来才知道其辛苦、其劳累、其颠簸，有所不值。

常常自怜自艾自叹：有点条件的话，还是做庄子好啊，为自我而活，为自由而活，为自在而活。隐于野？隐于市？还是有点小家子气。要做就把庄子做足了、做大了，隐于朝吧。

司马相如此时虽名为武帝侍从，也确实生存在天子脚下，却已修炼出一颗隐士的心。至少，是半官半隐。一半为面子活着，一半为内心活着。面子是给别人看的，内心才是自己的，是自己的江山。

和秦始皇一样，汉武帝迷信，渴望长生不死，上过不少方士的当。秦汉时的这些方士，如同当代的某些"气功大师"，很有诱惑力，也很有欺骗性。

汉武帝时，幸李夫人，夫人卒后，帝思念不已。方士齐人李少翁，言能致其神。乃夜施帷帐，明灯烛，而令帝居他帐，遥望之。见美女居帐中，如李夫人之状，还幄坐而步，又不得就视。帝愈益悲感，为作诗曰："是耶？非耶？立而望之，偏娜娜，何冉冉其来迟！"令乐府诸音家弦歌之。于是封少翁为文成将军，以客礼相待。并作甘泉宫，中为台室，画天、地、泰一诸神，置祭具以招天神。《史记·封禅书》载："齐人少翁以鬼神方见上。……居岁馀，其方益衰，神不至。乃为帛书以饭牛，详不知，言曰此牛腹中有奇。杀视，得书，书言甚怪，天子识其手书，问其人，果是伪书。于是诛文成将军，隐之。"

武帝秘密诛杀文成，又后悔。于是方士栾大乘虚而入。这个栾大厉害之处在于一眼就看穿汉武帝的"四大梦想"：黄金可成，河决可塞，不死之药可得，仙人可致。声称有办法全部加以满足。等于找到了汉武帝的软肋，从意志上控制住了这个有所求的帝王。

就因为方士徐福上书说海中有蓬莱、方丈、瀛洲三座仙山，有神仙居，秦始皇曾派方士徐福率领童男童女数千人，携带可支撑三年的粮食、衣履、药品和耕具，乘坐楼船入海，寻求得道成仙的秘方。他真是想长生不老想疯了。汉武帝有过之而无不及，不仅相信东海有仙山，还认定西海有王母。他把西王母手中握有长生不死药的传说当真了，想方设法要结识这位云里雾里的女神。

传说西王母见过好多朝代的中原帝王。甚至到了汉代，汉武帝还老是向她讨要仙药。西王母推却不过，最终给他几颗蟠桃来代替，总算打发掉了他的奢望。《汉武帝内传》载："七月初七，王母降，自设天厨，以玉盘盛仙桃七颗，像鹅卵般大，圆形色青，王母赠帝四颗，自食三颗，帝食后留核准备种植，王母说这种桃三千年才能结果，中土地薄，无法种植。"

元朔四年（前125），改任孝文园令的司马相如，看出汉武帝迷恋仙道，再写子虚、上林之类已无法让其惊艳，故而识趣地提出："上林之事算不得最美好，还有更美丽的。臣曾经写过《大人赋》，未完稿，待我写完后献给皇上。"

司马相如认为传说中的众仙人居住在山林沼泽间，形体容貌特别清瘦，并不是帝王心目中仙人的最理想状态，于是别出心裁写成《大人赋》，给已对宫苑等人间景观审美疲劳的汉武帝以新刺激。

何谓"大人"？隐喻天子。《大人赋》又称《大人之颂》，蕴含丰富的道家思想，描写"大人"遨游天庭，体会到无限的自由。

作为汉武帝重用过的文豪，司马相如在《大人赋》里对西王母进行过文学想象："低回阴山翔以纡曲兮，吾乃今目睹西王母皬然白首，戴胜而穴处兮，亦幸有三足乌为之使。必长生若此而不死兮，虽济万世不足以喜。"

司马相如和汉武帝一样，关注的是西王母使人长生不死的无边法力。这是一种医术，还是巫术或魔术？

与司马相如齐名的扬雄，可能受司马相如影响，在《甘泉赋》里描绘了光彩照人的西王母："风傱傱而扶辖兮，鸾凤纷其御蕤。梁弱水之濎滢兮，蹑不周之逶蛇。想西王母欣然而上寿兮，屏玉女而却宓妃。"堪称曹植《洛神赋》里那位凌波微步、罗袜生尘的女神的先驱。

不只西王母，连西王母的宠物，或者说西王母麾下的"通讯员"青鸟，都成了众多文人墨客的咏叹对象，可谓"爱屋及乌"。不为五斗米折腰的陶渊明，也以《三青鸟》殷勤相问："我欲因此鸟，具向王母言。在世无所须，唯酒与长年。"陶渊明还有《读山海经》诗之五："翩翩三青鸟，毛色奇可怜。朝为王母使，暮归三危山。"李商隐的"青鸟殷勤为探看"，南唐李璟的"青鸟不传云外信？丁香空结雨中愁"，都把这神秘的青鸟拟人化了，成了诗歌王国的小情人，成了情人之间超越时空的信使。或者说，成了东方的小爱神丘比特。

我沿着周穆王西行的路线，也是汉武帝无限向往的路线，来到昆仑山，来到西王母昔日的领地。向导问我最想看什么，我说还用问吗，肯定是瑶池。必须是瑶池。在曲终人不见的西王母瑶池边，我想起周穆王，想起汉武帝，也想起替汉武帝呼唤西王母的司马相如。司马相如没来过青海昆仑山，但他写《大人赋》进呈汉武帝，似乎对这一片奇境、幻境、梦境、仙境了如指掌。

二、《大人赋》：提供给汉武帝的新刺激

关于《大人赋》，司马迁《史记·司马相如列传》中原文如下：

相如拜为孝文园令，天子既美子虚之事，相如见上好仙道，因曰："上林之事未足美也，尚有靡者。臣尝为《大人赋》，未就，请具而奏之。"相如以为列仙之传居山泽间，形容甚臞，此非帝王之仙意也，乃遂就《大人赋》。其辞曰：

世有大人兮，在于中州。宅弥万里兮，曾不足以少留。悲世俗之迫隘兮，揭轻举而远游。乘绛幡之素蜺兮，载云气而上浮。建格泽之长竿兮，总光耀之采旄。垂旬始以为帻兮，扡彗星而为髾。掉指桥以偃蹇兮，又猗抳以招摇。揽欃枪以为旌兮，靡屈虹而为绸。红杳渺以眩湣兮，猋风涌而云浮。驾应龙象舆之蠖略逶丽兮，骖赤螭青虬之蚴蟉宛蜒。低卬夭蟜据以骄骜兮，诎折隆穷躩以连卷。沛艾赳螑仡以佁儗兮，放散畔岸骧以孱颜。蚑踽辖蟧容以委丽兮，绸缪偃蹇怵奂以梁倚。纠蓼叫奡以艐路兮，蔑蒙踊跃腾而狂趡。莅飒卉翕熛至电过

兮，焕然雾除，霍然云消。

邪绝少阳而登太阴兮，与真人乎相求。互折窈窕以右转兮，横厉飞泉以正东。悉征灵圉而选之兮，部署众神于摇光。使五帝先导兮，反太一而从陵阳。左玄冥而右含雷兮，前陆离而后潏皇。厮征伯侨而役羡门兮，诏岐伯使尚方。祝融警而跸御兮，清雾气而后行。屯余车其万乘兮，綷云盖而树华旗。使句芒其将行兮，吾欲往乎南娭。

历唐尧于崇山兮，过虞舜于九疑。纷湛湛其差错兮，杂遝胶葛以方驰。骚扰冲苁其相纷挐兮，滂濞泱轧洒以林离。钻罗列聚丛以茏茸兮，衍曼流烂坛以陆离。径入雷室之砰磷郁律兮，洞出鬼谷之崛礨嵬碟。遍览八纮而观四荒兮，朅渡九江而越五河。经营炎火而浮弱水兮，杭绝浮渚涉流沙。奄息总极泛滥水嬉兮，使灵娲鼓琴而舞冯夷。时若薆薆将混浊兮，召屏翳诛风伯而刑雨师。西望昆仑之轧沕洸忽兮，直径驰乎三危。排阊阖而入帝宫兮，载玉女而与之归。登阆风而摇集兮，亢乌腾而壹止。低徊阴山翔以纡曲兮，吾乃今目睹西王母曜然白首，载胜而穴处兮，亦幸有三足乌为之使。必长生若此而不死兮，虽济万世不足以喜。

回车揭来兮，绝道不周，会食幽都。呼吸沆瀣兮餐朝霞，噍咀芝英兮叽琼华。婏侵浔而高纵兮，纷鸿涌而上厉。贯列缺之倒景兮，涉丰隆之滂沛。驰游道而循降兮，鹜遗雾而远逝。迫区中之隘陕兮，舒节出乎北垠。遗屯骑于玄阙兮，轶先驱于寒门。下峥嵘而无地兮，上寥廓而无天。视眩眠而无见兮，听惝恍而无闻。乘虚无而上假兮，超无友而独存。

此赋是相如因武帝喜好求仙而作，属于投其所好的游仙文章。果然正中武帝下怀。武帝读到精神一振，感到飘飘然有凌云之气，似游天地之间。可见他确实好这口。相如为其"特供"的每一篇赋，总能挠着他的痒处，总能起到兴奋剂般的效果。

司马相如借西王母说事："皬然白首，载胜而穴处"，"幸有三足乌为之使"，这样成仙，又有什么意思呢？希望用一记警钟，敲醒做着长生不老美梦的汉武帝。

汉武帝是一个非常自我的皇帝，忽略了《大人赋》中多少也有讽劝其好神仙之道的意思，辜负了相如过于含蓄的苦口婆心。他反而觉得《大人赋》以"游仙"、求长生等超现实的追求，体现了汉帝国积极向外的宏大气魄和不朽精神。

相如上《大人赋》原本是为了讽谏，动机是好的，结果却适得其反。汉武帝求仙的愿望反倒更强烈了。相如没能力挽狂澜，反倒推波助澜了。相如的赋，原本是对症下药、巧妙包装的"糖衣炮弹"，可惜糖多药少，反倒被武帝当成精神仙丹，提神打气，甘之如饴。

自古文人之于政治或体制，大抵选择两种立场：要么迎合（歌颂），要么批判（讽谏）。当然，也有第三条道路：游离或脱离，做"不为五斗米折腰"同时也懒得管俗世闲事的陶渊明。司马相如无疑是"歌德（歌功颂德）派"之先驱，他也未忘文人有批判的义务、文章有讽谏的职能，但运用起来有所顾忌，显得心有余而力不足。尤其当讽谏在汉赋中已经模式化、成为调味品之后，药用价值大大降低。

不理解乃至误解司马相如的，自古以来大有人在。譬如苏轼，觉得司马相如人品有问题，大加批驳："作《大人赋》，不过欲以侈言广武帝意耳。"

汉武帝没听懂《大人赋》的讽谏之意，司马相如就把《大人赋》唱给自己听吧。他听懂了自己的心声：一种宦海沉浮、烈士暮年的慨叹。

对牛弹琴无效，不如换一种心态：就当弹琴给自己听。《大人赋》不是写给武帝的，而是写给自己的，是司马相如伤时自伤之作，大半辈子仕进与退隐、出世与入世矛盾心理的流露，一篇抒写"悲士不遇"的游仙兼思玄作品的新论。仕途失意，落到迁至孝文园令这步田地，司马相如年事已高，感慨人生短暂，虽然壮心不已，但也深知无力回天："皬然白首，载胜而穴处兮，亦幸有三足乌为之使。必长生若此而不死兮，虽济万世不足以喜。""乘虚无而上假兮，超无有而独存。"唉，即使如此能活万世，也高兴不起来啊。

正如鲁迅好友川岛（章廷谦）概述：在《汉文学史纲要》中，曾提到司马相如有十来次之多，说司马相如的专长，终在辞赋，"卓绝汉代"，且"不拘成法，与当时甚不相同"。说他是"辞赋高手"，说他"不慕官爵"等，对司马相如有恰当的评价。

鲁迅写作《汉文学史纲要》期间（1927 年 1 月上旬），正值离开厦门大学前夕，特意赠送给川岛夫妇一个册页手书作为纪念，亲自送上门去，书写的内容就是司马相如《大人赋》中一节，附有题跋："将去厦门，行箧束缚俱讫，案头遂无一卷书。翻废纸，偶得司马相如《大人赋》数十字，录应斐君矛尘两君钧命。"

鲁迅书赠川岛以司马相如《大人赋》片段，可见热爱自由的鲁迅，对《大人赋》是喜欢的，将其读成了"自由之歌"。

有研究者认为：司马相如"职卑多诮"，常被"寸析"，加之他远权贵、反传统的"傲诞"风格，遭到的非议显然要多出他人。不同时代，司马相如的处境鲁迅却能够理解，在心志方面似还有契合之处。鲁迅也曾供职"教育部"，不肯迎合大人先生，有着孤独、傲诞的一面，笔下"过客"与"战士"的形象，都不通世故，毅然决然，甚至一意孤行。鲁迅与司马相如精神方面不无应合，对之有理解，也有苦嘲，更多则是欣赏。

三、天子脚下的乐府：心中自有《郊祀歌》

侯柯芳《浅说司马相如》指出："润色鸿业，歌功颂德，劝百讽一，虚构夸饰以谀帝，堆砌藻饰以逞才，皆文学侍从之行也。"但也承认司马相如的著作"亦可分为帮闲驰辞、写实抒情、论证如理者三类"。

盛世中的辞赋大家司马相如在气势浩荡的《天子游猎赋》之外所作的抒情赋到底抒发了何种情感？吴娱《论司马相如抒情赋中的私人情感》指出，我们所看到的司马相如形象都是生活在《子虚赋》《上林赋》那种民丰物阜、国力强盛的盛世中的得意文臣，但司马相如的仕途也并不是一帆风顺的，这就为他写就抒情赋提供了现实依据和感情基础：关于司马相如的抒情赋在讽谏之外到底抒发了什么情感，这就要联系他一生的仕途经历来看。从宏观的角度看，汉代赋家的地位也许并没有司马迁在《史记》中记载的那么高，更没有我们想象的那样春风得意……注重政治教化的汉儒热衷的是作诗颂美统治者的功德。可见这正是王朝统一和思想专制给文学带来的影响。这也可以解释为什么司马相如抒情赋作较少见，以至于大家普遍看到的是其讽谏意义。但这并不意味着和众多受规范和重压的知识分子一样的司马相如内心没有丝毫的失意、苦闷和愤怒。只是因为汉代文学的特殊情况，诗赋都往歌颂方向发展，往往主体情感就淹没在其中了。但即便如此，司马相如还是委婉地抒发自己或无奈或抑郁的情感……司马相如这种繁丽之辞较少的短赋才更体现他的真性情，是摆脱了文学侍从身份以及润色鸿业任务之外内心私人情感的直接表达。所以研究这些抒情赋有利于我们更全面地了解司马相如其人其文。

司马相如青云直上的时候是膨胀的，以大汉的代言人自居，心中只有天空、只有大我。而仕途遇挫，翅膀折断，回落凡尘，才想起还有另一个自我：小我。所以，司马相如在大赋之外也有小赋，在大作之外也有小品。

挂个闲职，有了闲情，相如又想写东西了。跟以前习惯了写奉命、应景之作不同，他想给自己写点东西了，想写点自己想写的东西了。或者说，他不想纯粹为迎合别人喜好而写东西，也想逗自己开心了。加上眼见仕途上再无进步的可能，孝文园令可能已是自己最后的官职了，只好彻底移情于文艺。

正在此时，汉武帝元狩元年（前122），武帝定立祭祀天地（郊祀）的礼仪，由于制礼作乐的需要，急需文艺人才，尤其作词作曲的，于是筹建乐府，招兵买马。仿佛特意为转型期的司马相如而设的。

汉武帝想到的第一个人选，就是司马相如："能写大赋的人，写起歌词来，还不是小菜一碟？"汉武帝就像掂量一枚闲置多年的棋子：该派上用场了。乐府，正需要一面大旗。

汉武帝想到的第二个人选，才轮到精于音律、能创作新声变曲的宦官李延年。他官居协律都尉，筹办乐府名正言顺。

有了这两人，一个能作词，一个会谱曲，绝佳的搭档，乐府也就有了奠基石。

汉武帝元狩三年（前120），乐府机关正式挂牌。司马相如也就找到新的舞台。它可能在政治上不是很前沿，可对全社会尤其市民阶层照样能产生影响。其实，汉初已有草创的乐府（音乐歌舞机关），主其事者为夏侯宽。但这次不同，这次是汉武帝亲手抓的"文艺工程"，扩大了乐府的组织，充实了乐府的职能。乐府名义上由协律都尉李延年主管常务，后台老板却是汉武帝。

司马相如在乐府的写作班子里，属于偶像级的，并未担任什么具体的官职，顶多相当于名誉主席或高级顾问。汉武帝亲自召见，请教："乐府成立后的第一件事该做什么？"

司马相如联想到《诗经》时代采诗官到阡陌搜集民歌的故事，建议："采集南北各地方曲调歌谣，到乐府里来诵读歌唱，留作曲谱库存。"

汉武帝下令照办。他真是个说干就干的帝王，干什么都跟打仗一样。一场新"国风"运动在大江南北掀起。乐府也分成赵、代、秦、楚等地方音乐小组，下派各个郡县，借助行政力量，采集各地民歌，以供重新填写诗赋。

武帝还亲自点将，选派他身边的辞赋文人，积极为乐府制作歌诗以备合乐歌唱。计有数十人，其中包括吾丘寿王、东方朔、枚皋、董仲舒、萧望之、邹阳等人。一个名人荟萃的团队。司马相如的文名最大，其风格最受武帝推崇，因而成为乐府创作集体的领衔人物。名人中的名人啊。

深受武帝喜爱的作曲家李延年，也需要作词的啊，把司马相如当成主心骨，有啥事都要跟司马相如商量。

那天一上班，李延年急得头上直冒汗，向司马相如求援："宫中命令我等从速完成《郊祀歌》，以赶上皇帝定郊祀之礼，祠太一于甘泉，就乾位也；祭后土于汾阴，泽中方丘也。大家这段时间要加夜班了。要靠您作表率了。不然新手们都不知该怎么下笔。"

司马相如问："《郊祀歌》要写多少章？"

李延年回答："以合八音之调，作十九章之歌。任务够重啊。"

司马相如不慌不忙："我先写一章，供大家参考。"

李延年大喜："由您亲自作示范，我等照着您的样子来，也就不难了。"

写什么呢？司马相如问自己。

正如司马光《资治通鉴》指出："元狩……三年……得神马于渥洼水中。上方立乐府，使司马相如等造为诗赋，以宦者李延年为协律都尉，佩二千石印；弦次初诗以合八音之调。"乐府都是汉武帝获得汗血马后一高兴设立的，沾了宝马的光。作为乐府的开山之作，肯定是武帝最喜欢什么先写什么了。这个道理，久经宫廷的司马相如懂。汉武帝不是最爱马吗，那就以《天马》为题写一章吧。写着写着，司马相如忘却了日常琐事的羁縻，灵魂腾空而起，终于体会到天马行空的感觉。

下班时，司马相如就给李延年交上了《天马》一章，共有二首，歌辞为：

其一

太一况，天马下，沾赤汗，沫流赭。志俶傥，精权奇，蹑浮云，晻上驰。体容与，迣万里，今安匹，龙为友。

其二

天马徕，从西极，涉流沙，九夷服。

天马徕，出泉水，虎脊两，化若鬼。

天马徕，历无草，径千里，循东道。

天马徕，执徐时，将摇举，谁与期？

天马徕，开远门，竦予身，逝昆仑。

天马徕，龙之媒，游阊阖，观玉台。

李延年一看：多好的歌词啊。赶紧安排人连夜配好曲调，第二天就呈报给武帝："司马相如已为《郊祀歌》抢得了头彩，率先写出《天马》一章。"

武帝一听是司马相如新作，写的是天马，顿时来劲了："我倒要瞧一瞧，写赋的才子，是如何写歌词的，又是如何以歌词写天马的。"他不看文稿，要听宫廷乐队现场演奏，领头主唱的是一位男高音。撕云裂帛的歌声响起，如同战马嘶鸣，把武帝的思绪带到西天之极、昆仑一侧，好大的一片沙场。他闭目倾听，跟随鬃毛飘扬的天马远走高飞，叩响天门，踏碎海角，遍寻芳草，看见自己亲自下令打通的西域，大道通青天。这不只是歌颂天马，也在歌颂英雄。英雄就是驾驭天马的人，也是使天马插上翅膀的人。他虽然隐形于虚空之中，却分明掌控着一切，掌控着天马的行程，也掌控着万物的命运。

歌声停止，余音仍绕梁不绝。武帝沉浸在天马飞过的云里雾里，久久不愿睁开眼睛，感叹道："朕爱天马，朕也爱相如。相如，你也是一匹千里马啊，朕成全了你，也委屈了你。遇见朕这样的骑手，是你的幸运，也是你的不幸，多多少少会束缚你自由的灵魂。朕听出来了，你最爱的还是自由啊。"

汉武帝尚武，同样崇尚文治，对于以"楚风"为核心的文学格外重视，而司马相如暗合"楚风"，充满巫鬼诗情，正对汉武帝的胃口。汉武定特意下诏，号令《郊祀歌》十九章全由司马相如监制。有司马相如最终把关，他才放心。

据《汉书·淮南衡山济北王传》载："时武帝方好艺文，以安属为诸父，辩博善为文辞，甚尊重之。每为报书及赐，常召司马相如等视草乃遣。……使为《离骚传》，且受诏，日食时上。又献《颂德》及《长安都国颂》。每宴见，谈说得失及方技赋颂，昏暮然后罢。"龙文玲认为武帝是一位颇以文才自负的帝王，但为了表示对"辩博善为文辞"的刘安的敬重，常召司马相如等对自己的诏书进行润色，然后才着人送给刘安，这足见当时司马相如在汉武帝心中的位置："《郊祀歌》是在汉武帝组织领导下集体创作的结晶。其作词有把握国家政教方向的汉武帝，有文采斐然兼通五经的文人邹子和司马相如等，其作曲有善为新变声的音乐家李延年。可以说，《郊祀歌》是一组集合了武帝时期著名文人与音乐家共同智慧创作出来的郊庙乐歌，其内容体现了当时汉帝国政治宗教树立至上神、加强中央集权制的需要，其艺术达到了武帝时期的最高水平，是我们研究汉帝国不可或缺的重要文学艺术范本。"

司马相如奉诏参与了汉郊祀歌诗的写作。不只《天马》，其他作品也都有司马相如的影子。虽是乐府的集体创作，但以相如的风格为准绳，并经过他统一修订。说白了，又是"相如体"。

《郊祀歌》十九章确实是集体创作，司马相如也是这个创作集体或者说写作班子的代表人物。其他人都是当绿叶的，甚至就是当枪手的，借司马相如的名气当大旗。

在这一次"汉乐府革命"中，音乐由民间流行影响社会各阶层，直至被皇家"御用"，司马相如作为领头羊，绝对起到了旁人无法替代的推动作用。

先不说司马相如用古琴自弹自唱《凤求凰》时，早就在音乐方面露了一手，把他的《子虚赋》《上林赋》直至《长门赋》《美人赋》挨个浏览一遍，就知道他若是俯身拾捡起乐府，还不跟玩似的，这是用宰牛刀杀鸡啊，轻而易举。从满腹的才华，掰点零头来用就可以。

到了汉武帝在甘泉宫定郊祀之礼那一天，五郊互奏司马相如冠名的《郊祀歌》十九章。这是皇家音乐会啊，协律都尉李延年是总导演，司马相如是总撰稿。《郊祀歌》十九章即《练时日》《帝临》《青阳》《朱明》《西颢》《玄冥》《惟泰元》《天地》《日出入》《天马》《天门》《景星》《齐房》《后皇》《华烨烨》《五神》《朝陇首》《象载瑜》《赤蛟》以及《安世歌》等。另有刘安的《离骚传》等，后来失传了。

此事载入史册，郭茂倩《乐府诗集》卷一："武帝时，诏司马相如等造郊祀歌诗十九章，五郊互奏之。"《诗源辨体》卷三："汉之《房中》《郊祀》，乃相如之徒所为。"

乐府初创时的代表作是《郊祀歌》，后来又有代表作《房中》，其时的写作班子，都成了司马相如的徒弟，以司马相如为师。

司马相如不仅是汉赋的大宗师，又成为汉乐府的大宗师。横跨两界。文人跨界，也自相如始。

汉乐府与辞、赋三足鼎立。有人拿《诗经》打比方，说乐府相当于

"风"，辞、赋相当于"雅"与"颂"，各有千秋。司马相如的大赋，无疑把《诗经》里"颂"的传统给做得更大更强了，尤其以"高大上"的《天子游猎赋》为登峰造极。可物极必反，以造空中楼阁为能事的御前第一文人，因仕途转变而边缘化之后，也歪打正着地接上了地气，开始吸纳民间的风情，进而返照自身。人间的烟火真香啊，真好闻啊，远胜过仙乐飘飘。

司马相如很少写大赋了，改写小诗、歌词了。目标听众变了，他的风格也变了。离自己更近了，还是更远了？他也弄不清那个慷慨抒写《天子游猎赋》的司马相如，和现在这个低吟浅唱《郊祀歌》的司马相如，哪个更接近自己。但直到现在，他才可以说把风、雅、颂三种滋味全尝尽了，把风、雅、颂三种境界分别体验了一遍。

汉代文学有两大空前绝后的丰碑，一是汉赋，二是汉乐府，都与司马相如的建树有关。在汉朝最强盛的时期，武帝忙于在地理上开疆拓土，司马相如也没闲着，不仅曾参与帝国的"地理大发现"出使西南夷（跟张骞通西域有同样的重要性），而且在文艺上建功立业，左右开弓，把汉赋与汉乐府推向极致，使帝国的精神文明建筑平添两座巅峰。

司马相如由大赋而兼攻乐府，由官方代言人而放低身段亲近民间，不只造就一次华丽的转身，更体现了他本人是触类旁通的多面手，拿得起洪钟大吕，也玩得转低吟浅唱。

用现在的话来说，就是既力能扛鼎，举得起重金属摇滚，又百炼钢化作绕指柔，造得出生命中不能承受之轻音乐，勾人魂魄。

即使到了唐朝，李白与杜甫也是各领风骚，而司马相如生逢其时，没有旗鼓相当的对手，一个人就独领风骚。如《史记·自序》所说："自孔子卒，京师莫崇庠序，唯建元、元狩之间，文辞粲如也。"

方向红的《司马相如及其辞赋研究》本着"知人论世"的原则，从社会历史发展的角度评价司马相如的人品，分析司马相如的人格个性的形成以及对创作个性的影响，并遵循文学发展规律，对司马相如的辞赋的文学价值和对辞赋创作的贡献做出评价，将司马相如辞赋写作，根据不同时间和思想的变化分为前后两个时期："前期，司马相如政治热情较高，处处关心朝廷大事，尽情讴歌赞美明君盛世，同时又对武帝给予期望，文学创作以铺张扬厉的汉大赋为主；后期，由于他政治热情消退及思想的变化，文学创作上再也看不到前期作品中的恢宏气象，而代之以低徊局促、感情细腻的抒情小赋和文辞典雅的陈情讽谏，以寄托作者的理想。"同时发现司马相如辞赋最大的艺术特色："最为人称道的是辞赋所呈现出来的磅礴气势，作者用蔚然有序的结构、阴阳五行的立体空间模式和铺陈、排比、夸张等修辞手法层层渲染，使文章发扬蹈厉；另外，灵活多变的讽谕艺术也值得关注，作者运用推而隆之、取譬隐喻和以颂为讽等基本讽谕方法进行讽谏。"

我更关心的是，司马相如辞赋写作的前后两个时期，究竟以何时、因何事为分水岭？

汉武帝元狩三年（前120），司马相如到乐府工作，转行写歌词，虽有代表作《郊祀歌》，但在政治上真正"退居二线"了。他的政治热情，快被仕途的风风雨雨折磨得灯枯油尽。文艺热情却一如既往。以前汉武帝说司马相如只是个文人，相如心里并不服气。现在，他与其服气了，不如说是认命了："看来我真的只能做个文人，一沾政治，就搞砸了。还是躲远点吧。"

司马相如丢过官，可他丢官之时也没丢了辞赋。官复原职以及多次改任，都没丢了辞赋。他可能已意识到：这才是他的命根子。

第九章

司马相如的『遗书』：《封禅文》

一、留给汉武帝的《封禅文》

写完司马相如之病，下面该写司马相如之死了。生老病死，自然规律，难以避免。司马相如的病难掩风流，司马相如的死也堪称传奇。

"国之大事，在祀与戎"（《左传·成公三年》），中国古代，封禅作为最高级别的祭祀大典，是国家礼制建设的重要组成部分。在泰山筑坛祭天叫封，在泰山下的梁父山筑坛祭地叫禅。每一个新王朝建立，取得成功的帝王就要举行封禅，表示得天命。传说三皇五帝直至周代都举行过封禅，共有七十二王登泰山封禅，但典礼失传。封禅典礼是秦汉大一统制度下的新生事物，秦始皇首创，汉文帝时贾谊等人曾提出封禅，汉文帝谦让，没有进行，理由是封禅要耗费巨资，国力还不够支撑（汉文帝被司马迁称赞为仁君）。到了汉武帝时代，欲加以效仿。汉武帝之前，只有秦始皇登泰山封禅。秦政暴虐，二世而亡，秦始皇不是一个有德君主，焚书坑儒，得罪了儒生，记仇的汉儒，不承认秦始皇封禅，纷纷造谣："上天不接受秦始皇封禅，降下暴风雨阻止了封禅典礼的进行。"以报"一箭之仇"。汉儒拒绝传承，造成秦朝的封禅礼仪湮灭于苍茫岁月。

汉武帝有心封禅，却没有先例可供参考，只能平地起高楼，命令礼部奉常与博士诸生商议从头制定。制礼班子积极性不高，故意拖拉，商议了十几年也拿不出可行的方案，成了"烂尾工程"。

司马相如隐居京城郊外，却默默关注着这一切。

汉武帝元狩四年（前119），司马相如不知道自己的死期已不远，只有一年时间了，他振邦济国的心却没死，或者说，这颗不甘凡俗的心虽曾假死过，又死灰复燃了。不，也许他预感到大限将至，才全力以赴地完成自己的一桩夙愿：写一篇《封禅文》。帝王并没有向他约稿，可他还是写了，并且相信迟早会用上的。

司马相如仕宦于景帝及武帝前期约四十年，终不得意，"盖雄于文者，常桀骜不欲迎雄主之意，故遇合常不及凡文人"。蒙冤后复职，但一直未受重用。对汉武帝，司马相如也闹点小情绪："圣上虽圣，不该把赋家当作弄臣来摆布啊。弄臣没骨头，赋家却是有骨头的，而且是硬骨头。"

汉武帝的冷落，对于司马相如而言，也相当于冷暴力，他骨子里是不服气的。直到他构思并完成了《封禅文》，相信此文必将改变汉武帝对自己的看法，甚至可能改变历史，内心里才咽下这口气。

司马相如既为帝国勾画宏伟蓝图，又委婉地向心目中的读者——汉武帝，暗示自己也是有雄韬伟略，只可惜未得到充分发挥。帝国虽大，可帝国提供给自己的舞台，还是有点小了。这不仅是个人的遗憾，更是帝国的遗憾。

写下最后一个字，司马相如就知道自己死而无憾了。

如果有什么遗憾，就留给汉武帝吧。汉武帝会遗憾未对司马相如的全部才能加以重用的。司马相如未能完全实现效仿蔺相如济国兴邦的理想，自己固然有责任，也不能说汉武帝完全没责任。他真的做到人尽其才了吗？还是让他自问自答吧。

以力能扛鼎的文笔，写完这篇与泰山同重的大作，司马相如有呕心沥血的虚脱感，身心俱疲又引起糖尿病加重，只得辞去孝文园令，回茂陵家中养病。

这次辞官，真是因为大病一场。他甚至来不及向汉武帝当面陈情，而是拖着病躯在家中写了"请假条"及辞职信，托人呈送汉武帝。由于司马相如以前经常请病假，汉武帝没太当回事，批准了司马相如辞去孝文园令职位。

可一旦几个月没见到司马相如，汉武帝还是有点想念，同时有了一种不祥的预感：莫非这位老作家，这一回真的要离得远远的、走得远远的，一去不复返？汉武帝一打听，别人汇报说司马相如病情越来越重，似乎已无药可救。汉武帝顿时担心这位大才子倘若亡故，他家中的书稿会散失，就派人去司马相如家把藏书收存宫中。

使者所忠进门，司马相如已咽下最后一口气，可书房空空荡荡。

卓文君听所忠说明来意，答复：长卿写书很少留底稿，谁约他写，他就让人直接把手稿取走，所以书房里啥也没有。忽然又想起：长卿临终前倒是刚写完一篇书稿，交代过若皇上派人来求文，可将此稿奉上。

司马相如真是太了解汉武帝了，知道皇上再忙，也不会忘记派人来"抢救"自己的著述：他不仅舍不得自己，也舍不得自己的文章失散、失传。他不仅舍不得自己走，也舍不得自己把写过的文章带走。

汉武帝爱文化、讲政绩，潜意识里觉得自己对执政期间的所有文化成就，都具备所有权或冠名权，听说司马相如即将撒手人寰，肯定急不可耐地来继承这笔文学遗产，"收归国有"，加以保护，打造成一块金字招牌，来彰显本朝的文脉。汉武帝同时还充满好奇心，想看看司马相如抽屉深处，还藏有什么没有公开的手稿，以及不为自己所知的秘密。这也算一般皇帝身上难得的"童心"：想验证一番自己的下属是否偷偷留了一两手？

汉武帝元狩五年（前118），司马相如因患糖尿病与世长辞，终年五十五岁。司马相如没留下什么遗物，只留下一篇"遗书"。司马相如留下的遗言，也正是关于这篇"遗书"的。

幸好司马相如的遗孀卓文君，在悲伤之中，没忘记亡夫的遗嘱。

司马相如走到生命尽头，还是没忘记两个人，一个是卓文君，另一个是汉武帝。一个是他的爱，一个是他的梦。司马相如走到生命尽头，还是无法忘怀自己的爱与梦。仿佛相信死后，自己的爱还会轮回，自己的梦也不会中断，可以继续做下去，直至变成真的。

汉武帝收到使者带回的司马相如遗书，一看是《封禅文》，正合自己想选择时机去泰山封禅的心愿，不禁感叹："司马相如虽然久已不在朝中，却对国家大事乃至帝王的规划，了解得很透彻，而且还能做出如此周到、如此有远见的安排，真不是一般人。"唉，都说司马相如"未尝肯与公卿国家之事，常称疾闲居，不慕官爵"，并不说明他没有政治理想啊。他知道本朝关于封禅制度的争论激烈，互相抵牾，久议而难决，病死前遗书，颂功德，言符瑞，足以封泰山，表明他时刻在思考封禅等国家大的礼制的建设。"公卿国家之事"是琐碎的公务，司马相如不屑为也。他想参与国家要事的讨论，为上建言献策。可惜，我没给他更多的机会。

想到这里，汉武帝心里痛了一下。

正是在封禅与否两种观点相持不下的时候，司马相如的《封禅文》突如其来，提供了理论支持与现实呼吁。一场及时雨啊。汉武帝有了理由，也下定决心，废弃原先的制礼班子，委派太史令司马谈（司马迁的父亲）与祠官宽舒负责起草封禅礼仪。

司马相如病逝五年之后，新的制礼班子经过几年努力，终于草成封禅礼仪。汉武帝开始立后土祠与泰畤坛，祭祀地神和太乙天神。如此演习三年，才拍板定案。

司马相如病逝八年之后，汉武帝元封元年（前110），司马相如特意遗留的《封禅文》终于派上大用场，或者说真正起到作用：汉武帝亲自登泰山封禅祭天地神祇，正式举行中国历史上第一次有文献记载的封禅大典。

这是一项庞大的仪式，也是一次漫长的行旅：绕行半个中国，前后历时八个月，耗资以亿万计。封禅的序曲叫"择兵振旅"，选择时机，举行大规模军事演习，震慑匈奴。汉历以十月为岁首。元封元年十月，汉武帝御驾亲征，率领十八万步骑北出长城，向匈奴示威，旌旗招展，连绵千里。回长安途中，必不可少的项目是到桥山祭祀黄帝。正月，正式的封禅之旅开始了：汉武帝率领朝廷百官和十八万步骑，由长安出发，先祭华山，经过洛阳祭嵩山，四月到达泰山封禅。礼毕，汉武帝东行海上，乘船至碣石，登岸后再次出长城巡边，经辽西、九原，五月回到长安。

司马迁《史记·封禅书》云：自古受命帝王，曷尝不封禅？盖有无其应而用事者矣，未有睹符瑞见而不臻乎泰山者也。虽受命而功不至，至梁父矣而德不洽，洽矣而日有不暇给，是以即事用希。传曰："三年不为礼，礼必废；三年不为乐，乐必坏。"每世之隆，则封禅答焉，及衰而息。厥旷远者千有馀载，近者数百载，故其仪阙然堙灭，其详不可得而记闻云。《封禅书》对于司马迁有极特殊的意义：其父司马谈因病未能随汉武帝行封禅，作为太史官的终生遗憾，临终前"执迁手泣"，悲叹："今天子接千岁之统，封泰山，而余不得从行，是命也夫！命也夫！"（《太史公自序》）

封禅，肯定是汉武帝极其关心的国家大事之一。汉武帝所关心的，司马相如绝不可能忽略。泰山鼎立于中华，声名盖世，源自历代帝王以封禅为标榜千秋的大事，历代帝王封禅又和司马相如热衷鼓吹封禅的《封禅文》不无联系，这是迄今能见到的最早的关于封禅泰山的完整文字。司马相如之于泰山，"功莫大焉"，是吹鼓手，更是代言人。司马相如苦心经营一篇《封禅文》，证明自己不只是文艺的天才，还是政治的设计师与预言家。他认定真理九死而未悔的精神，与泰山同在。他留取丹心照汗青的死，也重于泰山。

《封禅文》对于司马相如一生的文学理想与政治理想，都相当于泰山极顶。是绝笔，更是绝唱。有李贺《咏怀》为证："长卿怀茂陵，绿草垂石井。弹琴看文君，春风吹鬓影。梁王与武帝，弃之如断梗。惟留一简书，金泥泰山顶。"

让我们再读一遍司马相如的"遗书"：

> 伊上古之初肇，自昊穹兮生民。历撰列辟，以迄于秦。率迩者踵武，逖听者风声。纷纶葳蕤，堙灭而不称者，不可

胜数也。续《韶》《夏》，崇号谥，略可道者七十有二君。罔若淑而不昌，畴逆失而能存？

　　轩辕之前，遐哉邈乎，其详不可得闻也。五三《六经》载籍之传，维见可观也。《书》曰："元首明哉，股肱良哉。"因斯以谈，君莫盛于唐尧，臣莫贤于后稷。后稷创业于唐尧，公刘发迹于西戎，文王改制，爰周郅隆，大行越成，而后陵夷衰微，千载无声，岂不善始善终哉！然无异端，慎所由于前，谨遗教于后耳。故轨迹夷易，易遵也；湛恩濛涌，易丰也；宪度著明，易则也；垂统理顺，易继也。是以业隆于襁褓而崇冠于二后。揆厥所元，终都攸卒，未有殊尤绝迹可考于今者也。然犹蹑梁父，登泰山，建显号，施尊名。大汉之德，烽涌原泉，沕潏漫衍，旁魄四塞，云专雾散，上畅九垓，下泝八埏。怀生之类沾濡浸润，协气横流，武节飘逝，迩陕游原，迥阔泳沫，首恶湮没，暗昧昭晰，昆虫凯泽，回首面内。然后囿驺虞之珍群，徼麋鹿之怪兽，导一茎六穗于庖，牺双觡共抵之兽，获周余珍，收龟于岐，招翠黄乘龙于沼。鬼神接灵圉，宾于闲馆。奇物谲诡，俶傥穷变。钦哉，符瑞臻兹，犹以为薄，不敢道封禅。盖周跃鱼陨杭，休之以燎，微夫斯之为符也，以登介丘，不亦恧乎！进让之道，其何爽与！

　　于是大司马进曰："陛下仁育群生，义征不憓，诸夏乐贡，百蛮执贽，德侔往初，功无与二，休烈浃洽，符瑞众变，期应绍至，不特创见，意者泰山、梁父设坛场望幸。盖号以况荣，上帝垂恩储祉，将以荐成。陛下谦让而弗发也，挈三神之欢，缺王道之仪，群臣恧焉。或谓且天为质暗，示珍符固不可辞；若然辞之，是泰山靡记而梁父靡几也。亦各并时而荣，咸济世而屈，说者尚何称于后，而云七十二君乎？夫修德以锡符，奉符以行事，不为进越。故圣王弗替，而修礼地祇，谒款天神。勒功中岳，以彰至尊，舒盛德，发号荣，受厚福，以浸黎民也。皇皇哉斯事！天下之壮观，王者之丕业，不可贬也。愿陛下全之。而后因杂荐绅先生之略术，使获耀日月之末光绝炎，以展采错事；犹兼正列其义，校饬厥文，作《春秋》一艺，将袭旧六为七，摅之无穷，俾万世得激清流，扬微波，蜚英声，腾茂实。前圣之所以永保鸿名而常为称首者用此，宜命掌故悉奏其义而览焉。"

于是天子沛然改容，曰："愉乎，朕其试哉！"乃迁思回虑，总公卿之议，询封禅之事，诗大泽之博，广符瑞之富。乃作颂曰：

自我天覆，云之油油。甘露时雨，阙壤可游。滋液渗漉，何生不育；嘉谷六穗，我穑曷蓄。

非唯雨之，又润泽之；非唯濡之，氾尃护之。万物熙熙，怀而慕思。名山显位，望君之来。君乎君乎，侯不迈哉！

般般之兽，乐我君囿；白质黑章，其仪可嘉；旼旼睦睦，君子之能。盖闻其声，今观其来。厥途靡踪，天瑞之征。兹亦于舜，虞氏以兴。

濯濯之麟，游彼灵畤。孟冬十月，君徂郊祀。驰我君舆，帝以享祉。三代之前，盖未尝有。

宛宛黄龙，兴德而升；采色炫耀，熿炳辉煌。正阳显见，觉寤黎烝。于传载之，云受命所乘。

厥之有章，不必谆谆。依类托寓，谕以封峦。

披艺观之，天人之际已交，上下相发允答。圣王之德，兢兢翼翼也。故曰："兴必虑衰，安必思危。"是以汤武至尊严，不失肃祗；舜在假典，顾省厥遗：此之谓也。

此文先概述自古以来历代封禅的帝王，指出封禅能保障国运昌盛；又用遥远的三皇五帝和夏商周三代之王封禅的盛事作对比反衬，指出大汉恩德和祥兆空前，武帝更应该封禅，光大德业；还假托大司马（官名）上书，歌颂武帝功德，封禅是天意所示，圣君所宜，顺之则昌，造福百姓；进而假设武帝同意封禅，而拟作颂功德赞祥瑞的刻石词。直陈其意，托人进言，拟作颂词，再三强调武帝最宜封禅，"一篇之中三致志焉"。结尾指出"圣王之德，兢兢翼翼"，"兴必虑衰，安必思危"，以天人感应，强调祭祀典仪可促进居安思危，帝王要兢兢业业治理好国家。真是用心良苦，尽了一个忠臣的职责。

南朝刘勰《文心雕龙·封禅》，把司马相如的绝笔《封禅文》，视为绝唱："秦皇铭岱，文自李斯，法家辞气，体乏弘润；然疏而能壮，亦彼时之绝采也。铺观两汉隆盛，孝武禅号于肃然，光武巡封于梁父，诵德铭勋，乃鸿笔耳。观相如《封禅》，蔚为唱首，尔其表权舆，序皇王，炳玄符，镜鸿业，驱前古于当今之下，腾休明于列圣之上，歌之以祯瑞，赞之以介丘，绝笔兹文，固维新之作也。"

仅就对封禅所起的作用而言，司马相如之于汉武帝，丝毫不逊色于李斯之于秦始皇。秦始皇东巡郡县，借用原来秦国祭祀雍上帝的礼封泰山、禅梁父，刻石颂秦德："皇帝临位，作制明法，臣下修饬。二十有六年，初并天下，罔不宾服。亲巡远方黎民，登兹泰山，周览东极。从臣思迹，本原事业，只颂功德。治道运行，诸产得宜，皆有法式。"云云，共一百四十七字。刻石是四面环刻，颂辞刻了三面。秦二世胡亥嗣位，于元年（前209）也东巡，在空余的一面刻上他的诏书和从臣姓名。刻辞为秦朝统一文字后的小篆，相传是李斯所书。

李斯是秦始皇及秦二世胡亥重用的两朝丞相，估计司马相如除了崇拜蔺相如之外，也渴望效仿李斯，可惜他就是没有当丞相的命。

司马相如写《封禅文》劝汉武帝进行封禅的卖力程度，譬如在文中假托大司马（官名）上书，歌颂武帝功德、祥兆空前，封禅是天意所示，圣君所宜，会给官吏和百姓带来好处；进而假设武帝同意封禅，而拟作颂功德赞祥瑞的刻石词，能看出他本人已进入角色了。

司马相如不仅觉得汉武帝具备了封禅的资格，自己也承担着劝说的义务：此时不说，更待何时？本人不说，更待何人？有一种舍我其谁的劲头。

其实司马相如大可不必羡慕李斯曾享有的无限风光，所谓一人之下、万人之上，也难免高处不胜寒。胡亥即位的第二年（前208），李斯被处以极刑：先是黥面（即在脸上刺字，是秦朝的一种侮辱刑），然后劓（即割鼻子，也是秦的一种酷刑），砍断左右趾（即砍掉左右脚），又腰斩（拦腰斩断），最后是醢（即剁成肉酱），这在当时是最为残忍的一种处死方式，叫作"具五刑"，即用五种刑罚处死。李斯全家也同时被杀。

想想这一代名相从高空掉进十八层地狱的悲惨结局，司马相如就不该为自己当不上丞相而惆怅，甚至不妨为此而庆幸。你觉得李斯好风光，没准司马迁还觉得你好福气。在天子脚下，别说当丞相可能送命，连做个太史公都有风险啊。弄不好就缺这个或少那个，生不如死。

司马相如，你虽未受封王侯将相，但也算无冕之王啊，汉武帝一直对你另眼相看，视你为天才。直到你死后，他还很怀念，甚至觉得有所亏欠，辜负了你的才华。

你知道吗？汉武帝在泰山封禅，下令改元，更年号为元封，在登顶的过程中，还真想到了你，以及你写的《封禅文》。

这是元封元年（前110），汉武帝想到：司马相如已离开八个年头了，若是他活着看见封禅大典，一定为自己的《封禅文》有了回音而骄傲。虽然这是迟到的答复，毕竟没让你这篇文字白写啊。相反，世人还觉得你不愧为朕之心腹，有先见之明。

《汉书·郊祀志》，叙述了汉武帝封禅经过：

四月，还至奉高。上念诸儒及方士言封禅人殊，不经，难施行。天子至梁父，礼祠地主。至乙卯，令侍中儒者及皮弁缙绅，射牛行事。封泰山下东方，如郊祠泰一之礼。封广丈二尺，高九尺，其下则有玉牒书，书秘。礼毕，天子独与侍中奉车子侯上泰山，亦有封。其事皆禁。明日，下阴道。丙辰，禅泰山下阯东北肃然山，如祭后土礼。天子皆亲拜见，衣上黄而尽用乐焉。江淮间一茅三脊为神藉。五色土益杂封。纵远方奇兽飞禽及白雉诸物，颇以加祠。兕牛象犀之属不用。皆至泰山，然后去。封禅祠，其夜若有光，昼有白云出封中。

《汉书·郊祀志》还提到"玉牒书",系指在玉石片上刻上祷词。

这一切,司马相如无法亲眼看见了,但他写《封禅文》时,已想象过类似的情景。他甚至还能想象出汉武帝封禅时对自己的怀念。至少,他忘不掉自己。写文章提建议,不管何时被采纳,也相当于立功啊。即使自己不在了,也会在汉武帝心目中被追认为有功之臣。

从元封元年(前110)至汉武帝死前两年,共二十二年间,汉武帝到泰山举行封禅祭祀八次。他对这一神圣仪式极其重视。这也是需要大本钱的。后世的历代封禅君主,不得不大大降低规格,再也没有汉武帝那样的实力与魄力。

虽然没有司马相如的陪伴,但司马相如的《封禅文》,如影随形地成为汉武帝每一次封禅的画外音。他提议的事情,他想象的情景,都实现了,而且实现了不止一次。

二、临终的一场赌博:遗愿与遗恨

作为临终封笔之作,劝汉武帝封禅泰山的《封禅文》,对于司马相如,类似于一场赌博。虽然他因老、因病一再被边缘化,远离汉武帝的权力核心圈,写出此文,也没有机会亲手呈献,但他相信自己辞世之日,会重新吸引汉武帝的注意力,此文一旦被其拆阅,必将备受重视。在那特定的情境之下,汉武帝才能读懂自己的赤胆忠心:司马相如活了一辈子,最后的愿望,居然与个人无关。司马相如活了一辈子,直到临死,还在替天子操心、为社稷着想。这是一位愿意把出众的才华、全部的才能奉献给国家的大才子啊,只可惜,国家低估了他的价值,没能提供更大的舞台。

应该说,这一回生死豪赌,司马相如赢了。

《封禅文》取得了应有的效果:不仅被汉武帝采纳,更深化了汉武帝对司马相如的认识。唉,这个相如,退休了,老了,病了,临死了,还在关心着现实政治。比许多现职的高官还要热心。

从上林苑里奉旨创作《天子游猎赋》，到出使西南夷连续抛出《喻巴蜀檄》与《难蜀父老》，司马相如尝到了文学为政治服务的甜头。

本已踏上金光大道，可仕途多险恶，小河沟里翻了船，命运与文运都遭受挫折，只好随波逐流，写点风花雪月、小情小调，安慰自己，其实是自我麻醉。骨子里是咽不下这口气的。直到真的快咽气之前，才通过《封禅文》长长地吐了一口气：这才是我最想干的事情啊，这才是我最想写的文章。这才是我之外的我，真正的我。

司马相如死后，仍然通过《封禅文》赢了一把，扭转了后半生每况愈下的颓势。这只是因为他不甘心，他一直不曾服输。他一生中最大也是最后的梦想，还是实现了，那就是代天子立言、替天子立威。

司马相如一生热衷于以文学为政治服务，他的《封禅文》，正是一个迟到的高潮，也是其层峦叠嶂的顶峰："雍容文雅深，王吉共追寻。当垆应酤酒，托意且弹琴。《上林》能作赋，《长门》得赐金。唯当有汉主，知怀《封禅》心。"（祖孙登《赋得司马相如诗》）司马相如的赋三次"惊"动汉武帝，既成就了他与汉武帝一生的文缘，也奠定了其在赋史上首屈一指的地位。

张大可《论司马相如》，总结司马相如三进皇宫的故事，发现他是带着遗恨谢世：

> 司马相如文武双全，但他自己并不看重自己的文才武技，司马相如要的是大智大勇，像蔺相如那样建功立名。司马相如"以赀为郎"，事汉景帝，这是一进皇宫。汉景帝看中司马相如的骑射，提升司马相如为武骑常侍，积资升迁，也有出将入相的机会，但司马相如"非其好也"，不看重武功，也耐不住等待，他辞官游梁，表现了巴人基因的轻躁，也表现了才子的傲岸，潇洒自如去也。汉武帝即位，读《子虚赋》，复召司马相如为郎，这是二进皇宫。汉武帝好文学，君臣相知，如鱼似水，司马相如才艺大展。司马相如的代表作是两赋两文，两赋《子虚》《上林》，两文《喻巴蜀檄》《难蜀父老》，

除《子虚》外，都完成于得遇汉武帝时。汉武帝的雄才大略，给司马相如的情采添加了几分自豪和磅礴气势。汉武帝识人任人，在元光二年（前133），破格任用司马相如为钦差大臣，一年之中两度出使喻巴蜀，通西夷，使司马相如的政治才能得到绽放，也是司马相如人生事业的顶点。其实，司马相如此时仅仅是剑出鞘，初露锋芒而已。由于司马相如超群的文才，遮蔽了他的政治才干，汉武帝紧紧地把司马相如留在身边，作为文学侍从"倡优畜之"，司马相如十分不满意。当元光六年（前129），司马相如作《难蜀父老》讽喻汉武帝，蒙受贪贿的不白之冤被罢官，司马相如由此淡泊仕进。司马相如免官一年后复职，这是三进皇宫，时在元朔元年（前128），汉武帝外征内作的事业蒸蒸日上。司马相如仍然抱有政治热情，关注国家，上《谏猎书》，作《哀秦二世赋》《封禅文》，但看轻名利。因"与卓氏婚，饶于财"，对于仕宦，"未尝肯与公卿国家之事，称病闲居，不慕官爵"。司马相如全身引退，求为孝文园令，这是一个闲职，既而称病家居茂陵，与卓文君相守，著书以自娱。司马相如善著书，名震天下，他写的辞赋文章，求索的人很多，写一篇，送一篇，他自己并不看重，表现了一个文人的潇洒情怀，同时也是未尽其才的消极颓废。司马相如的大志在于建功立业，临终还作《封禅文》，表明他的心脏紧紧地与时代脉搏连动在一起。司马相如走得并不潇洒，带着遗恨离开了人世。

司马相如一再为汉天子与汉帝国的内在意志立言，《封禅文》遵从儒学要求，真正在文学作品中完成了将汉代帝王的圣化，并按照儒学讽颂相结合的传统，寓以讽谏。

当然，也一直有另一种观点，觉得司马相如是表面支持、实际反对。清代张裕钊说："相如之为此，正以讽武帝之封禅耳。"

有人认为司马相如《封禅文》是对汉武帝的"讽谏"，甚至是超常规的"尸谏":"讽武帝不要夸功封禅。"事与愿违,反而促进了武帝泰山封禅的行动。造成这一目的与效果相背离的原因,是汉武帝只听好听的,只听爱听的,只听想听的,根本听不懂或至少假装听不懂《封禅文》的弦外之音:讽谏之意。

王世贞《艺苑卮言》:

> 自古文章于人主未必遇,遇者政不必佳耳。独司马相如于汉武帝奏《子虚赋》,不意其令人主叹曰:"朕独不得此人同时哉!"奏《大人赋》则大悦,飘飘有凌云之气,似游天地间。既死,索其遗篇,得《封禅书》,览而异之。此是千古君臣相遇,令傅粉大家读之,且不能句矣。

白寿彝主编《中国通史》第四卷《中古时代·秦汉时期》写到汉武帝的用人之道:

> 武帝即位后,通过各种形式,选用人材。在官廷内,即在自己的身边,也聚集不少人物,以备使用。其中尤亲幸者,有东方朔、枚皋、严助、吾丘寿王、司马相如。但武帝对待他们也有不同。相如常托病不出,逃避外事。东方朔、枚皋,态度滑稽,说话无根据,武帝视他们如俳优。"唯助与寿王见任用,而助最先进",在这班内廷人物中,严助选用最早,为中大夫,即在建元元年、二年间。司马相如为郎,当在此后不久。司马相如为郎后,常怕事避事,并不积极争取任职,只以辞赋之长侍从武帝。

汉武帝周围一批红人,司马相如名列其中,但他并不是红得发紫,而是不温不火,未像严助、吾丘寿王那样在治国安邦方面得到重用。

司马相如起点挺高,一见汉武帝就受封为郎官(帝王的侍从官),但似乎也就封顶了。因事被免,后来重新任用,也只相当于官复原职,再未在这一级别上升一步。也就是后半辈子并没尝到升官发财、官运亨通的喜悦，一直在原地踏步，熬到"退休"才兴味索然地平安着陆。而他那所谓的郎官，也是文职、闲职，不过是充当武帝的"专业秘书"（文学侍从），可有可无的点缀。

固然有其出事之后怕事避事、消极应付的原因，但他是多么聪明的人啊，何尝看不出汉武帝根本没有提拔自己委以重任的意思，即使积极争取，也是白花心思浪费感情，不如安于现状。

司马相如表面上超脱散淡，心里还是不服气的。为了自保，不得不低调做人、做事，但从他出使西南夷时也曾新官上任三把火，就能看出，他骨子里是高调的，是希望天降大任于自己的。

只不过，现实越来越让他失望。

失望，并不是绝望。

司马相如写《封禅文》，并且寄予厚望（其实是最后一线希望），如同孤注一掷的赌博，也不无赌气的成分。就是想改变汉武帝对自己的看法。你低估我了。我是凤凰，你却把我当成孔雀来豢养。我是鲲鹏，你却捆住我的翅膀，让我像鹦鹉那样歌唱。那我就亮一嗓子给你听听，学舌的鹦鹉，怎么可能有这么大的嗓门、这么精辟的思想？到了这一刻，你该听出我是谁了吧？我比你印象中的那个司马相如要厉害多了。之所以云遮雾罩，不显现真面目，不显露真身手，是在看你的态度啊。不是我配不上你，是你配不上我呀。你不配让我呕心沥血动真格的，那我就装呗，那我就混呗。谁求谁啊？谁稀罕谁啊？此生带来的才华，没派上大用场，我再把它带走呗。你要是觉得可惜那是你的事，我没觉得有啥大不了的。

赌的就是这一口气。

《封禅文》，既是司马相如扯不断的遗愿，也是他理还乱的遗恨。一个人的长恨歌。幸好，汉武帝作为迟到的听众，还是听懂了，听懂了司马相如失落后的期待，期待后的失落。

当然，也有许多人不理解司马相如的《封禅文》。有些已不只是不理解，简直是不屑。最有代表性的是苏轼。苏轼斥责司马相如"及病且死，犹草《封禅书》"。"此所谓死而不已者耶！"终身扮演奴才相，临死还不忘向主子献媚邀宠，带病草拟《封禅书》，以期在死后仍能获得汉武帝的垂赏与怀念。

其实，司马相如努力推动封禅大典进行，在当时，是顺应时代潮流的进步思想，代表了举国一致的民心，值得肯定。他用尽余力写《封禅文》，临死都想再做一回弄潮儿。

鲁迅先生看出来了：司马相如并不仅仅想做一名"帮闲"的弄臣，而是想做"帮忙"的人。

《封禅文》，司马相如不只是想帮忙，而且确实帮上了忙。

司马相如相信自己不只是文艺人才，也是政治人才。而汉武帝对此一直表示怀疑。

"迟到"的《封禅文》，使汉武帝不得不反思自己对司马相如的态度与定位：即使没有辜负司马相如的政治才华，也辜负了他的政治热情。

三、铁打的营盘流水的官，司马相如却只有一个

某日上网搜索，发现百度百科里，有人怯怯地提出这样一个问题："汉武帝时期，哪些人担任过丞相？他们都是谁？司马相如担任过丞相吗？"电脑评出了最佳答案："按照顺序分别是卫绾、窦婴、许昌、田蚡、薛泽、公孙弘、李蔡、庄青翟、赵周、石庆、公孙贺、刘屈氂、田千秋（车千秋）。司马相如就是个文人而已，不可能当丞相的。"不知是哪位网友回答的。尤其后半句，有点童言无忌的意思。

司马相如在天之灵若能看见，肯定像被迎面泼了一盆冷水。连我这样的司马相如追星族看见，都不由得清醒一些。唉，这就是现实。理想很丰满，可现实很骨感。这不只是当今的现实，也是当时的现实。估计汉武帝也这么想的，当时的高官平民都这么想的："司马相如就是个文人而已，不可能当丞相的。"只是没好意思说出来，因而没能一语惊醒梦中人。唯一没这么想的，恐怕就是司马相如本人了。恰恰相反，司马相如一生做梦都想着当丞相。

　　从他少小时因崇拜蔺相如而自我改名司马相如开始，当丞相就是他最爱做的美梦，也是他最想实现的美梦。有几次似乎加把劲就可能够得着了，但终究失之交臂，甚至南辕北辙。他一直搞不懂：梦干吗总是捉弄自己？命运干吗总是捉弄自己？如果说他一生有什么困惑，这就是最大的困惑。如果说他一生有什么痛苦，这就是最大的痛苦。更难受的是，这种困惑与痛苦还不能与旁人言。也许他只跟卓文君说起过，但卓文君也爱莫能助，顶多弹几支琴曲为之解忧。也许他没跟汉武帝说起过、汉武帝也能看出来，但精明的汉武帝故意没看见、假装听不懂。

　　现在，终于有人一语道破天机。司马相如就是个文人而已，不可能当丞相的。甚至，越是优秀的文人，越不适合当高官、当丞相。官场与文坛是两码事。政治与文学更是有矛盾冲突。彼此的规则与潜规则都不一样。文人与官僚，就像飞禽走兽的区别。司马相如能走进官场，已属侥幸，当他刚刚春风得意，就呛了一口水，已证明他没掌握水性，甚至很难掌握水性。他既爱富贵，又爱自由，却忽略了二者如同鱼与熊掌不可得兼，结果没得到大富贵，又失去大自由。栽了一个大跟头之后，只能小心翼翼、如履薄冰，眼睁睁地看着年轻时的理想擦肩而过，却越去越远。他高估了自己，却低估了现实。现实，就是让他这样爱做梦的人梦碎的，就是让他这样想入非非的人心碎的，就是让他这样追求自由的人遍体鳞伤的。因为现实无情。现实是铜墙铁壁，现实有阴暗面，需要你妥协、需要你扭曲。

　　司马相如本身倒愿意妥协，可他毕竟是文人，骨子里还是有底线的。司马相如本身倒不怕扭曲，可扭曲得又不够彻底，变来变去还是那个自己。这已不是春秋战国蔺相如的时代了。大汉帝国江山大一统，蒸蒸日上，可官场与政治也变异得更为复杂，即使蔺相如当丞相，在大独裁者汉武帝面前，也不见得玩得转，甚至可能比司马迁活得更惨。司马相如虽没当上丞相，但毕竟保全了自己，高空走钢丝步步惊心而未掉下来，已算很不错了，已算够聪明了。该知足了。

　　铁打的营盘流水的官，大汉的丞相有那么多个，谁还记得谁啊，司马相如却只有一个。他，已算很了不起了。

四、卓文君是否写过《司马相如诔》?

以上那一段文字,原本想作为本书结尾。还是觉得有些话没说完。是啊,还没来得及跟卓文君打声招呼,怎么能头也不回地走呢?怎么能仓促结束呢?

司马相如以政治与文学为事业,在这两极之间摇摆不定,活得很纠结,卓文君则纯粹得多:以爱情为事业,一生都在全身心地帮助司马相如。直到司马相如撒手西去,还全靠卓文君帮了最后一个大忙:把《封禅文》转交给汉武帝。

司马相如的封笔之作《封禅文》,虽然标志着主人公的华丽退场,标志着一幕人生大戏的剧终,但卓文君还孤零零地站在舞台上呢。她可是司马相如的女主角啊。可惜,为死去的司马相如传递《封禅文》之后,卓文君仿佛也彻底完成了历史使命,下落不明。

司马相如在文学史和民间野史里都属于出彩的人物,卓文君同样让人难以忘怀。汉武帝元狩五年(前118),五十五岁的司马相如去世,当时卓文君四十二岁,并不算老,顶多属于徐娘半老,风韵应当犹存。与相如相濡以沫二十五年,是文君生命中最精彩的段落。"愿得一人心,白首不相离",文君在《白头吟》里吟唱的山盟海誓,究竟算落空了,还是兑现了?她此后的遭际,是再次改嫁,还是独自度过余生?已无任何资料记载。

卓文君后来怎么样了?确实是个谜。凤兮凤兮,又去遨游四海了,或者说,终于回归了乌有之乡,却在人间留下孤独的凰。相如一死,文君也从历史里失踪了。

只有《西京杂记》提及一笔:"长卿素有消渴疾,及还成都,死,文君为诔,传于世。"

司马相如先走一步之后,传为卓文君所作的《司马相如诔》,又叫《绝别书》,流行于世,字字含情,声声滴泪,概括了司马相如的一生:

嗟嗟夫子兮亶通儒，少好学兮综群书。纵横剑伎兮英敏有誉，尚慕往哲兮更名相如。落魄远游兮赋《子虚》，毕尔壮志兮驷马高车。忆昔初好兮雍容孔都，怜才仰德兮琴心两娱。永托为妃兮不耻当垆，生平浅促兮命也难扶。长夜思君兮形影孤，步中庭兮霜草枯。雁鸣哀哀兮吾将安如，仰天太息兮抑郁不舒。诉此凄恻兮畴忍听予，泉穴可从兮愿殒其躯。

卓文君寄托哀思的《司马相如诔》，原载明人梅鼎祚《历代文纪》，然而出处不详。有人考证，《司马相如诔》一文当是后人伪托。

大家好好听一听，像不像卓文君的声音？像不像卓文君的悲伤？

你觉得像，那就是了。你觉得不像，那就不是。

关于"诔"这个字，以及这种文体，我最早还是少小时读《红楼梦》才认识的。那是贾宝玉的代表作，题为《芙蓉女儿诔》，第七十八回《老学士闲征姽婳词　痴公子杜撰芙蓉诔》中，祭奠晴雯时所写，是《红楼梦》所有诗文词赋中最长的一篇。贾宝玉的《芙蓉女儿诔》，特意为晴雯画的肖像，也算遗照："其为质则金玉不足喻其贵，其为性则冰雪不足喻其洁，其为神则星日不足喻其精，其为貌则花月不足喻其色。""心比天高，身为下贱"的晴雯，绝对是大观园里最美丫鬟，与出淤泥而不染的荷花互为形影。当然，贾宝玉用了荷花的雅称——芙蓉，以示尊重。芙蓉女儿，传说是白帝宫中管辖秋花之神，成了宝玉对晴雯的重新命名，幻想她死后做了芙蓉花神，以寄托哀思。贾宝玉的《芙蓉女儿诔》又与林黛玉的《葬花吟》遥相呼应："自为红绡帐里，公子情深。""始信黄土垄中，女儿命薄。"像是对《葬花吟》"红消香断有谁怜"的回答。宝玉刚念完，黛玉便从花丛中走出："长篇大论，不知说的是什么，只听见中间两句……"可见这两句诗一下子抓住黛玉的心。二人又细细推敲，当宝玉把诗改成"茜纱窗下，我本无缘，黄土垄中，卿何薄命"时，黛玉听了骤然变色，无限狐疑，可能听出了命运的弦外之音：这莫非也是对自己的预言？

　　读《红楼梦》，我记住了《芙蓉女儿诔》，同时知晓"诔"是哀悼死者的文章。

　　而我读到的又一篇"诔"，《司马相如诔》，则是美女加才女卓文君写的。或者，是伪托卓文君之名写的。其中的叹息，其中的抑郁，分明又像真的，令我感慨。我多么希望它就是真的，真的从卓文君心里流出来的。

　　即使这篇《司马相如诔》果真不是卓文君的手笔，但我总觉得，卓文君为悼念司马相如，一定写过诗文，只不过失传了。或者说，她深深地写在心里。即使落笔于纸上，也没公之于世。她根本没觉得有必要让别人读到。不管是夫唱妇随、琴瑟相和，还是天各一方、生离死别，卓文君都认为这只是她与司马相如两个人的事情，与他人无关，与世界无关。

　　可这个世界，注定是卓文君与司马相如的"第三者"。她和他，也许都想忘掉世界，而且确实也忘掉了，世界却就是无法忘掉他们。

　　明代冯梦龙《情史》，觉得司马相如追爱的一曲《凤求凰》和卓文君悼亡的一篇《司马相如诔》，就足以完美地构成这段千秋爱情之始终："文君之为人，放诞风流也。……文君以身殉相如，相如亦以身殉文君，一琴一诔，已足千古。《美人赋》《白头吟》，蛇足矣。"《美人赋》啊、《白头吟》啊什么的，虽然都是无伤大雅的小插曲，但对这两人天长地久的主旋律没有实际意义，不过是一些多余的小波小浪而已。

　　看问题还得看本质、看结果、看关键，司马相如与卓文君，毕竟是生前以心相伴、死时以身相殉，善始善终了，无恨亦无憾。唐朝白居易写唐玄宗与杨贵妃："在天愿为比翼鸟，在地愿作连理枝。"因结局不佳，故名《长恨歌》。而那奢侈的愿望，其实早在司马相如与卓文君身上就完满地实现过了。与那一对不幸的情侣相比，同样著名的司马相如与卓文君，堪称幸福的榜样，真正做到了白头到老，生死相随。

　　司马相如去世后归葬何处？当时的古籍没有记载，后世却屡有考证。唐代《元和郡县志》载：司马相如葬于四川导江县东二十里；北宋《太平寰宇记》中有"司马相如墓在导江县东十里"的记载；《清一统志》卷二九三《成都府·陵墓》载灌县东二十里有司马相如墓；清乾隆《灌县志》云：司马相如墓在治东十二里刘海坝，其位置在今都江堰市老城区以东十二里处幸福镇境内。《都江堰市金石录》有清嘉庆四年（1799）灌县知事徐鼎立碑"汉中郎将文苑令司马相如墓道"，该碑于一九五八年被灌县文物管理所收藏。有专家考证：司马相如的墓葬虽无从查找，但其墓道碑的存在，是证明这位汉赋大家埋骨都江堰的重要物证。

司马相如死后为什么既未归葬出生地蓬安，也未葬于文君故里临邛，又未就近葬在离都江堰不远的家乡成都？王克明经考证、分析认为主要有两方面原因：一方面，"都江堰内江边的高墩庙至刘海坝一带是龙脉风水宝地。汉代极为看重风水，从风水堪舆术发展的历史来看，先秦两汉是勃兴时期，到魏晋南北朝时确立。司马相如生活的时代，正是特别讲究风水源流的时代，对墓地所处的山形水势、河流走向十分重视。按风水堪舆术的要求，廖家桥附近的高墩庙和羊子桥附近的刘海坝背后有大面山（即赵公山）、灵岩山拱卫，又处于风口水口的龙脉风水宝地。因此，风水先生选定羊子河畔的高墩庙、刘海坝作为司马相如的墓地也就不足为奇了"。另一方面，"司马相如为人有胆有识，敢作敢为，堪称一代伟丈夫。他的一生，不仅锐意进取，曾经投身西部开发，为大西南地区经济繁荣奠立了基础，而且一生潜心著述，勤谨治学，博古通今，为后世留下了宝贵的文学财富。司马相如的创新精神与宏富辞章，沾溉着一代又一代的巴蜀儿女。今天的成都，还保留着取自相如载誉荣归典故的地名驷马桥，有纪念相如夫妇的琴台故径、文君酒家；经过整治的锦江之畔，又新塑起司马相如花岗石造像。在据传为司马相如出生地的川北蓬安，相如故宅、慕蔺山、文君里、长卿祠、古琴台等文物古迹有幸得以保护，并修建了相如门阙，已成为与新农村建设有机结合的耕读文化乡村生态旅游景区。当人们在此徜徉之时，怎能不油然而生自豪之感、缅怀之情，平添几分文化气息。然而埋葬司马相如遗骨的地方至今却不为人知，人们无以追思凭吊，作为历史文化名城的都江堰市，这不能不说是一个遗憾"。

都江堰市（原灌县）人余定夫，民国时期著名教育家，新中国成立后任灌县第一届政协副主席、灌县文史馆馆长。他一九二八年写有一篇

《谒司马相如墓（墓在邑东刘海坝）》："玉垒山前羊子河，羊子桥边碑峨峨。行人下桥尽低首，司马墓道鬼神诃。昔年驱车尝过是，但知墓道罔知址。宗邦文献尚无征，遑论之宋更之杞。戊辰九月二十辰，风晴日美最宜人，约得竹林七君子（同游七人），乘兴来访司马坟。周道挺挺直东下，土人指点刘海坝。旁行斜上转向西，落日衔山方说驾。夷然道旁一丘土，枯草断蓬谁为主？韩陵片石已无存，宁是当年不封树。牛溲马勃积坟前，踯躅临风意惘然。郁葱佳气今何在？不堪沦落二千年。闻说逊清当末叶，野人掘土得遗碣。俗物无知空谰言，等闲毁弃灭其迹（咸同间野人掘得遗碑或谓之曰：是不可存，存则墓近非所有矣，自是碑遂无考）。又闻皙人自远来，馨香布奠芟蒿莱。徐福子孙居海上，饮水思源尚溯洄（同光间，有俄人来扫墓，云是相如后裔侨居异国者）。呜呼，考献征文贤者务，肯将显晦委之数。试看郫西扬子坟，肃肃秋霜接春露。但得衣冠展拜勤，自然草野仰风声。归途更作重游约，要因司马起人文。"

司马相如归葬四川，有其自身的遗愿，但也可能是卓文君的主意。她知道司马相如想家了，想回家了。司马相如游梁时说过："梁园虽好，不是久恋之家。"后半生定居长安，在天子脚下虽能享受别处难得的荣华富贵，但也多了几分伴君如伴虎的诚惶诚恐，心里从未真正踏实过，本质上仍然是一个游子，临终前总结，恐怕还是会感叹："长安虽好，不是久恋之家。"只有巴蜀老家，在其记忆中堪称完美，那既是他人生的起点，也是他爱情的故乡，更比任何地方都适宜作为身心的归宿。

离长安还是越远越好，那里葬送了一位书生的梦想，于他已是一块伤心地，不如归去，不如归去。

巴山蜀水，天高皇帝远，才是真正的安乐窝。

长安的金窝，梁园的银窝，都不如老家的狗窝，舒适服帖。有生之年，要尽天职，不能背叛汉武帝，告老还乡。耗尽了光与热，总该赎回自我，按自己的愿望安排下落，不如归去，不如归去。

卓文君自然知道司马相如渴望叶落归根，她自己又何尝不是如此呢？长安虽好，与我何干？长安没有了司马相如，对卓文君真的没有什么意义，她一天都不愿多待下去。巴蜀才是她的娘家，也是她与司马相如共同的老家，不如归去，不如归去。

卓文君既是护送司马相如的灵柩回家，也是由司马相如的在天之灵引领着回家，回到来的地方，回到无限美好的记忆深处。记忆深处，永远有一个弹琴复长啸的青年和一个春心萌动的少女。相遇的那一刻，风起云涌，电闪雷鸣。凤兮凰兮归故乡，遨游四海终难忘。

我怀疑卓文君的《司马相如诔》，正是还乡之后在司马相如坟前写下的："诉此凄恻兮畴忍听予，泉穴可从兮愿殒其躯。"连共赴黄泉的心都有，这是怎样一种悲伤？凤兮凤兮，你怎么忍心抛弃你的凰？你没觉得孤独，我却感到孤单。我们不是说好要白头到老吗？望向远方，雪山还在，你却不在了。

对于我们这些绝代爱情的观众，又何尝不是如此：梧桐还在，凤凰却不在了。

第十章 屈原之后、李白之前，有一个司马相如

一、司马相如，在屈原之后领风骚

屈原之后、李白之前，中国的文学史还出过司马相如。他们都是引领一个大时代之风范的标志性人物。屈原使楚辞得以和《诗经》共领风骚，李白构成唐诗的巅峰，司马相如同样不简单，是汉赋的奠基者。两汉四百年的赋坛，最引以为骄傲的还是司马相如这面大旗。与屈原、李白相比，司马相如同样写出了足以开宗立派的创新之作，对中国古代文体的演变与发展作出不可或缺的贡献，而且他人生的传奇性也并不逊色。

《汉书·艺文志》的论述承自《别录》《七略》，最初是刘向探讨了屈、马二者之间的具体关系："大儒孙卿及楚臣屈原离谗忧国，皆作赋以风，咸有恻隐古《诗》之义。其后宋玉、唐勒，汉兴，枚乘、司马相如，下及扬子云，竞为侈丽闳衍之词，没其风谕之义。"有当代学者据此分析："在这里所论述的序列中，屈原属于创始者，继承者是宋玉等，其流变而有司马相如等。这一序列又似乎是分成两截的，屈原与孙卿（荀子），而宋玉以下包括司马相如在内。因此，司马相如的辞赋与屈原的继承者宋玉更具有直接的关系。"

与父亲曹操共同名列"建安七子"、支撑起一代风骨的曹丕，曾拿司马相如与屈原作比较："或问：屈原、相如之赋孰愈？曰：优游案衍，屈原之尚也。穷侈极妙，相如之长也，然原据托譬喻，其意周旋，绰有余度矣。长卿、子云，意未能及已。"虽然曹丕在承认屈、马各有所长之外，还作出屈原优于司马相如、扬雄的论断，但能与具有开创性意义的屈原相提并论，可见晚生一百五十年左右的司马相如在辞赋方面已成异军突起之势，且有独特的贡献。屈原无疑是辞宗，而司马相如也被班固、刘勰称为"辞宗"（班固称他为"蔚为辞宗，赋颂之首"），被林文轩、王应麟、王世贞等学者称为"赋圣"。即使是"赋圣"之名，也不是谁都能这么叫的。

而对此或明或暗加以比较的，肯定不止曹丕一人。沈约说其间有前后继承关系："周室既衰，风流弥著。屈平、宋玉，导清源于前，贾谊、相如，振芳尘于后，英辞润金石，高义薄云天。自兹以降，情志愈广。"类似前锋与后卫。刘勰称："是以枚、贾追风以入丽，马、扬沿波而得奇，其衣被词人，非一代也。"

司马迁《史记》卷八四《屈原贾生列传》，以贾谊与屈原并列，卷一百一十七则是《司马相如列传》，为一个文人立专传，待遇极高。整部《史记》，专为文学家立的传只有这两篇。司马迁在《司马相如列传》中全文收录了他三篇赋、四篇散文，以致其篇幅相当于《屈原贾生列传》六倍。可见这个同时代人在太史公心目中的重要地位。司马迁似乎还以此表明，司马相如的文学成就超过贾谊。

当然，司马迁很清楚司马相如等汉代赋家的知识结构是以屈原为主心骨的："汉人作赋，必读万卷书，以养胸次。《离骚》为主，《山海经》《舆地志》《尔雅》诸书为辅。"

作为后起之秀的司马相如，跟屈原一样跻身为《史记》里的人物，让人不服也不行啊。

以文人而非帝王将相之身，列席《史记》，自然要在文艺方面顶尖拔萃，司马相如究竟是沾了屈原的光呢，还是把屈原未竟的事业给发扬光大了？

或许兼而有之吧。

这其实正是司马相如的一大理想：凭借文脉的源远流长，弄潮儿也是可以进入历史的。文运或许比仕途更有意思，更能穿越时空，因为你不只是服役于某一个朝代，而且也将获得更为长远与广阔的参照。

屈原对司马相如的影响是很明显的，《子虚赋》《上林赋》设为主客问答，就是摹仿屈原的《卜居》《渔父》。因袭屈原创作手法的可不只司马相如一人，而是一代人、几代人、一大批人。《容斋五笔》里说："自屈原词赋假为渔父、日者问答之后，后人作者悉相规仿。司马相如《子虚》《上林赋》以子虚、乌有先生、亡是公，扬子云《长杨赋》以翰林主人子墨客卿，班孟坚《两都赋》以西都宾东都主人，张平子《两京赋》以凭虚公子安处先生，左太冲《三都赋》以西蜀公子东吴王孙魏国先生，皆改名换字，蹈袭一律，无复超然新意稍出于法度规矩者。晋人成公绥《啸赋》无所宾主，必假逸群公子乃能遣词。枚乘《七发》本只以楚太子吴客为言，而曹子建《七启》遂有玄微子镜机子，张景阳《七命》有冲漠公子殉华大夫之名，言语非不工也，而此习根著未之或改。"《野客丛书》里说："小宋状元谓相如《大人赋》全用屈原《远游》中语。仆观相如《美人赋》又出于宋玉《好色赋》。自宋玉《好色赋》相如拟之为《美人赋》，蔡邕又撰之为《协和赋》，曹植为《静思赋》，陈琳为《止欲赋》，王粲为《闲邪赋》，应玚为《正情赋》，张华为《永怀赋》，江淹为《丽色赋》，沈约为《丽人赋》，辗转规仿，以至于今。"但司马相如堪称这种"超级模仿秀"的"始作俑者"，其后又有人模仿他的模仿、模仿他的成功，好像也成功了。

司马相如在辞赋领域开疆拓土屡获成功，无疑是因为站在屈原这样的巨人肩膀上，但社会的发展、时代的巨变也为之提供了新视野。陈彦革写过一篇论文叫《司马相如赋作对屈原楚辞的承传》："相如生活的景帝、武帝时代，国力强盛，经济繁荣，一派歌舞升平的气象。这使汉赋这一主要文学样式在题材上能够极度拓广。与屈原忧患濒临危机的楚国不同，相如笔下大汉帝国的一统风貌气势非凡，绚丽夺目。地理山川、花鸟鱼兽、宫馆苑囿、音乐舞蹈等素材，皆入赋中，丰富了表现内容，充实了寓意蕴涵，其对游猎题材的极大丰富，更是独步。且相如还首次在赋中塑造了封建社会失宠皇后的悲悯形象，如《长门赋》，相如也因此开我国古代文学史上宫怨题材的先河。"

屈原的楚辞，是司马相如无形中继承的一笔精神遗产，他有了这本钱，可以在辞赋方面再起高楼，搭建楼上楼、楼外楼，不只保持了辞赋在文学中的主流地位，还使集大成的汉赋呈现出层峦叠嶂的丰富与开阔。

但屈原对司马相如更大的影响，还是其人生。

只不过这与其说是影响，不如说是提醒。

司马相如把屈原的悲剧视为文人的悲剧，他敬佩屈原，但又不希望自己重蹈其覆辙。

分析屈原大起大落的命运，司马相如认识到文人不可能与政治脱离关系（除非甘愿做一个生前无名、死后寂灭的隐士），无经世济国的大情怀很难成为大文人，但屈原热情拥抱政治却反遭到政治打压乃至唾弃，走投无路而自沉，也让司马相如触目惊心。看来这也是悬崖上跳舞，稍有不慎就会掉下万丈深渊。

司马相如不敢走屈原的老路，他觉得文人以自我为中心横冲直撞、仗义执言，只会走上死路，他不只在乎过程的酣畅淋漓，而追求结果的功德圆满：最好是既得到政治的帮助（说俗点就是得了政治的好处），又避免成为政治的牺牲品。天下有这样光赚不赔的好事、美事吗？司马相如宁信其有，不信其无。果然，信则有，不信则无。这说到底还来自自信：司马相如相信自己的运气，更相信自己的悟性，知进知退，敢赢敢输，换句话说，能退就能进，能舍就能得。

司马相如不是懦夫，胸中也跟屈原一样壮怀激烈，只是觉得有一个屈原就够了，在屈原之后，他不愿意做烈士，不甘心做烈士，要做就做活着的烈士。死是容易的，活才是有难度的。死可以无原则，活却需要技巧。

屈原宁为玉碎，不为瓦全，固然壮烈，在司马相如眼中却是不值得效仿的悲剧角色。悲剧值得去看，却不值得亲自去演。做平庸的观众也比做悲剧角色幸福啊。

司马相如与屈原说到底不是一路人，他的人生价值观表面上也是在追求辉煌，其实还是在追求幸福。做一个不幸的大文人，还是做一个幸福的小文人？这是个问题。但司马相如心中早已有答案。他宁愿选择后者。但一个小文人，若能各方面都幸福到极致，就不是小文人了，也是大文人了，是另一种大文人，或者说另类的大文人。

司马相如总结屈原磕磕碰碰、伤痕累累的一生，觉得关键在于没处理好与楚王的关系。与其说屈原不了解楚王，不如说他更不了解自己，他高估了自己，高估了自己对楚王以及楚国的影响力和重要性。一个国家，离了谁都照样运转。不管你有多爱它或多恨它，一个文人，一定要知道自己是吃几碗饭的，你无法从根本上帮得了它或救得了它。也不过就是个敲边鼓的，别真把自己当主角了。

司马相如把屈原当作前车之鉴，小心翼翼地绕道而行，导致他与汉景帝相处能全身而退，与梁孝王相处能该聚则尽欢、该散也无妨，与最难伺候的汉武帝相处，也能打个平手：虽然也栽过小跟头，但毕竟未受过致命伤。相反，得到的好处还不少呢。

司马相如从屈原身上汲取了血的教训，避免受他受过的伤，窍门是什么？

很简单，就是既亲近政治，也和政治保持必要的距离。即使面对汉武帝的恩宠有加，也得看脸色，也得识时务，能帮忙则帮忙，不能帮忙就帮闲吧。让自己做什么就做什么、做好什么，不让自己做的或没让自己做的，就不去做，甚至不去想。尽量不要像屈原那样用力过猛。其实，这种克制、这种收敛、这种理智，比那种冲动、那种张扬、那种激昂，对文人气质的士大夫来说，更难做到啊，更费力气啊。因为你不得不约束自己的感情、扭曲自己的个性。

文人的心里都有一匹野马、烈马，快马加鞭固然难能可贵，更难的是给放任的自我套上缰绳、装上鞍具。难上加难的是认识到自己不过是在效鞍马之劳，不过是为骑手服务的，而骑手是帝王。自己的命运，和骑手的舒适度密切相关。这就是现实。你不承认还不行。

文学与政治的关系，文人与帝王的关系，司马相如算是看明白了、想明白了。

他不只该感谢自己未卜先知，更该感谢屈原，提供了活生生的教材、血淋淋的教训，使他与帝王相处时下意识地加以预防，防患于未然。

赵俊波《唐人评司马相如》，发现司马相如在唐代得到的评价非常高，超越了前代，成为当时文人们的偶像，因而解释为什么唐人以相如而非屈原为楷模："在司马相如之前、同时，其作品也更为后世传诵的人，还有屈原，而且相如的辞赋写作受屈赋的影响很大。但唐人不把屈原作为自己的偶像却挑选了司马相如，是因为文人的目标是中举、入仕，而屈原恰恰在仕途上很不得意，所以虽然其遭遇值得同情，其高洁的人格、忠诚的品质等也值得赞颂，但却不可能成为多数文人学习的目标。相反，相如却凭借其文学才华而飞黄腾达，这正是唐代文人所艳羡的。王勃《春思赋》：'长卿未达终希达，曲逆长贫岂剩贫。'抱着渴望显达的心理，无怪乎要向往相如而疏远屈原了……唐人评相如，虽然并没有超出前人的观点，但是相对而言，持肯定、赞颂态度的要占绝对的多数，持批评态度的非常少，因此相如在唐代的地位最高。这种情况的出现出于多种原因，最主要的是对相如赋遇天子的艳羡、润色鸿业的需要、科举试赋以及推崇壮丽的文风等。"

司马相如的辞赋对屈原的楚辞既有继承，更起到发扬光大的作用。司马迁甚至比之于《诗经》："《春秋》推见至隐，《易》本隐之以显，《大雅》言王公大人而德逮黎庶，《小雅》讥小己之得失，其流及上。所以言虽外殊，其合德一也。相如虽多虚辞滥说，然其要归引之节俭，此与《诗》之风谏何异！"推崇可谓至矣。汉代辞赋本来就直接与《诗经》所代表的三代之雅颂传统相联系，正如《两都赋·序》所说："大汉之文章，炳焉与三代同风。"扬雄也视贾谊、司马相如为《诗经》文化的传承者："如孔氏之门用赋也，则贾谊升堂，相如入室矣，如其不用何！"（《法言·吾子》）

赋与诗是有渊源关系的亲近文体。赋成为汉代最有代表性的文体，并非平地起高楼，乃在于"受命于诗人，而拓宇于楚辞"（《文心雕龙·诠赋》）。依靠着《诗经》与楚辞两座高山，司马相如横空出世，分明已是再领风骚者。汉代的辞赋以大赋为最高峰，而司马相如则是汉大赋的最高峰。

当然，也有人认为从屈原到司马相如，辞赋在走下坡路：情怀由崇高降低至庸俗，格局也越来越小。唐代李华《扬州功曹萧颖士文集序》记载萧颖士的言论："君以为六经之后，有屈原、宋玉，文甚雄壮，而不能经。厥后有贾谊，文词最正，近于理体。枚乘、司马相如，亦瑰丽才士，然而不近风雅。"

如果说屈原作为中国第一位大诗人的形象具有顶天立地的神性，李白身上不乏借助诗酒超凡脱俗的仙气，司马相如可能更现实也更世俗化一些，以文艺青年的身份出道，横溢的才情却震撼朝野，加上又有与卓文君当垆卖酒的艳史在民间广泛流传，因而堪称中国古代第一大风流才子。至少，他是第一个因为创造了爱情传奇而受到历代老百姓追捧的大文人。他的人生，他的心路历程和情路历程，也是他无形的作品，是他作品的背景或作品的一部分。

屈原是政治诗人的代表，哀民生之多艰，最终不惜以身殉国难，兑现了其九死犹未悔的诺言。李白是自由诗人的代表，天子呼来不上船，只爱潇洒山水间。司马相如以赋成名，本不是严格意义上的诗人，可他只凭琴歌《凤求凰》以及浪漫的艳遇，即显得比诗人还像诗人，算得上爱情诗人的代表。

司马相如、李白，就骨子里的原始理想而言，都有屈原的政治基因，渴望报效家国、建功立业，也分别被汉武帝、唐玄宗召见并御用，只不过在仕途遇挫之后，作出了不同选择。

司马相如是韬光养晦，以图东山再起，而且是边等边唱、边走边唱，即使实现不了大理想，也自足于个人的小世界，把小日子过得诗情画意。李白被赐金放还，从此背对长安、愈行愈远，尤其是在政治上站错队差点流放夜郎之后，彻底死了这条心，以山水为伍，借诗酒行乐，回归自然与天性。

在屈原的大悲剧之后，诗人们都学聪明了，对政治不再死心眼儿。司马相如是向左转，采取迎合或顺应的态度，如果不能急流勇进，就随波逐流，至少也要保证全身而退。李白是向右拐，本想舍了自由博取功名，见帝王不稀罕，索性舍了功名换回自在，做酒中仙去了，做江湖上的无冕之王去了。

以这三人为代表，划分出三条道路，中国的知识分子，其实有了更多的选择。虽然每一种都有舍有得，但毕竟有了参照自身性情来取舍的权利。不至于像屈原那样走投无路，或只能一条路走到黑，撞上南墙也回不了头。

屈原的道路是高尚的，是英雄主义的。李白的道路是潇洒的，是浪漫主义的。但总有人不愿为伟大所累，也不甘为自由而虚度年华，于是司马相如的选择也显现出价值，他的道路是理智的，进可攻，退可守，是现实主义的。

这其实跟儒家精神很吻合：达则兼济天下，穷则独善其身。而屈原与李白，接近于道家思想，属于理想主义者，虽然因理想而飞扬，但也难免为理想而受累、受罪。

不知大家注意到没有，与屈原、李白相比，司马相如的形象不是最高大、高傲、高尚的，但他的牢骚确实是最少的。

屈原的《离骚》把自己都要压垮了，李白幸亏有酒相助，再加上阿Q式的精神胜利法，使满腹牢骚得以稀释；屈原与李白的诗篇都是以牢骚为燃料的，苦了自己，照亮了别人。司马相如改变了诗人的悲苦形象，他要么是春风得意，要么是诗情画意，即使也曾落魄到食无鱼、出无车的地步，但靠弹琴唱情歌，立马就"勾搭"上富家女，红袖添香不算啥，能让红袖替你端茶沏水、帮你卖酒养家，那才叫本事。

司马相如能把苦日子过得很浪漫、很甜美，还怕好日子吗？还愁好日子不会来吗？他不是诗人胜似诗人，总能将山重水复疑无路改写成柳暗花明又一村。他怎么可能有太多的牢骚呢？即使他与屈原、李白有一样多的牢骚，但他也无师自通地知道该怎么化解、怎么排遣。能想得通，就能看得开。

其实跟屈原与李白一样，司马相如本来也是理想主义者，只是他明白光靠理想是对付不了现实的，于是他给自己添加了务实的精神：以理想主义对待理想，又以现实主义对付现实。他不是理想主义的叛徒，而是一位现实的理想主义者，不只有激情，更有理智，不只有理想，更有策略。当政治抱负得不到实现，他不至于丧魂失魄、怨天尤人，更不会破罐子破摔，而是善待自己，过好小日子。

屈原、李白，各有各的不幸，司马相如也不见得天生就是幸运儿，但再大的不幸都不至于使他放弃对幸福的追求。追求幸福的人，或迟或早、或多或少都会得到幸福的，哪怕是或大或小的幸福，也代表着积极的人生态度，终归是有价值的。

司马相如不是屈原、李白那样顶天立地或惊天地泣鬼神的大诗人，但做一个幸福的小诗人，难道不可以吗？难道有什么不好吗？小中也可以见大，平凡、平稳、平衡中，同样不失于伟大。既是一种日积月累的修行，也需要脱胎换骨般的修炼，以自知之明来自我塑造，在与现实的痛苦磨合中，赢得凤凰涅槃般的新生。

司马相如的性格就是命运，他的性格有较大的张力与弹性，他的命运才有较强的可塑性。

屈原、李白，都是天才，靠的是天赋，以及种种先天性的条件。与屈原、李白相比，司马相如可能只算人才，或人才中的人才，但他创造了自己的奇迹。既有文学的奇迹，又有爱情的奇迹。是司马相如自己，把自己塑造成司马相如的。

中国的诗歌史，出过许多爱情诗人，但就行动力与影响力而言，似乎没谁比司马相如更像爱情诗人、更配称作爱情诗人。他不仅把爱情写进了生活，还写进了历史。更难得的，他是把"实名制"的爱情写进生活、写进历史的第一人。不仅是天下第一风流才子，也算天下第一爱情诗人。

从赢得青楼薄幸名的杜牧、有井水处皆有柳词的柳永、在沈园给唐婉写下《钗头凤》的陆游，到点秋香三笑的唐伯虎，乃至先后与林徽因、陆小曼分享过人间四月天的徐志摩，等等等等，即使不能说是司马相如的徒子徒孙，但都是这种风流才子精神的传人。

司马相如因为汉赋而进入庙堂，有井水处也同样有他的传说。这也是他从枚乘、扬雄、班固等一批汉赋大家中脱颖而出，美名能飞入寻常百姓家的原因。他以《子虚赋》《上林赋》《长门赋》等华章奠定了文学史地位，又无意识地因情史而丰富了才子的形象及人格魅力，自然比许多纯粹以作品留存世间的文人要更有体温一些。

文学史展示的是司马相如作为汉赋奠基人的这一面，民间野史展现的是司马相如才子加情种的那一面，其实，司马相如还有更多的侧面。他算得上是千面文人。

譬如，他也是有雄心的，有政治上的抱负，渴望自己十年磨一剑学得的文武艺能在治国平天下中实现价值，并不满足于仅仅做一个经典文人或经典情人。清词丽句，风花雪月，在其理想的人生中，不过是一些花边。可命运对此却另有看法、另有安排：司马相如最想做的建功立业的人生大梦总是海市蜃楼，反而是他在文学上和情感上的美梦，却成真了，得到历朝历代读者乃至大众的承认。

二、琴棋书画诗酒花，更有辞赋走天下

文人雅趣，琴棋书画诗酒花，司马相如不能说样样精通，但在其生活中似乎也占全了。

琴，尤其是他人生转折的关键词。司马相如持有绿绮琴，可他不仅有琴，还有情，不仅弹得一手好琴，还会作词谱曲，追求卓文君时当场创作《凤求凰》琴歌二首，并且自弹自唱，轻而易举挑动美人心，造就出"琴挑卓文君"的佳话，赢得喝彩的程度，不亚于游刃有余的勇士：两军阵中取上将首级如同探囊取物。他因绿绮琴而如有神助？不，分明是绿绮琴因他而出名了。如果没有司马相如一曲定情、一曲定终身的"行为艺术"，绿绮哪有资格入列"四大名琴"。司马相如哪里只是琴圣啊，更是情圣。后来汉武帝为所立乐府点将，特邀司马相如挂帅造诗赋，想来领略过司马相如的琴艺，知道他不仅出口成章，音乐才能也非别人可比。当然，司马相如也对得起他，领衔创作出《郊祀歌》，为汉

代皇家的大雅之堂增添了一连串颂歌。晋崔豹《古今注》云："司马相如作《钓竿》诗，遂传为乐曲。"可见相如诗写得好，而且可转换为歌词，一谱上曲就如虎添翼，不管庙堂之高，还是江湖之远，都能风行。

司马相如之所以成为最浪漫的琴师，因为他本质上是诗人，行吟诗人。行吟于故乡的驷马桥，行吟于蜀道，行吟于梁园，行吟于美人窗下，行吟于"酒吧"（当垆卖酒也可歌可泣），直至行吟于皇宫御苑、祖庙圣殿。他这一生即使载沉载浮、有进有退，磕磕碰碰还跌过跟头，但还都是边走边唱的。即使在天子脚下唱赞歌，让有的人羡慕，又让有的人看不起，但他本人倒是宠辱不惊、能开能合。你可以说他是御用文人，他一笑了之，心里想：还不知道是谁利用谁呢？谁在用谁，谁在为谁所用？你可以说他是宫廷诗人，他若是有知，可能更认同我的提法：行吟诗人。最自由的行吟是没有禁区，可以行吟于青山绿水，也可以行吟于雕栏玉砌，只要心中有我、有自己，心是自由的，行吟于市井与行吟于宫廷又有多大区别呢？小隐隐于野，中隐隐于市，大隐隐于朝——可以修改一下：小诗人吟于野，中诗人吟于市，大诗人吟于朝。诗人光有大胸怀还不够，还得见大世面。在诗人里，司马相如绝对算见过大世面的。

不知司马相如棋艺如何？也许不如他的琴技高明，但我想陪梁孝王和汉武帝下几盘是应该不成问题的。他在情场与官场进退有度、收放自如，一看就是个明白人，深谙棋理，一点就通。在人生的每一个转折点，他都处理得颇为审慎，仿佛能看清三步以外的结果，该豪赌时敢拼能赢，身处逆境也懂得低调、擅长蛰伏，要么全身而退，要么原地待命，保存实力以图东山再起。和许多有志之士一样，司马相如把个人的命运当作一盘棋，与国运相串联，借风趁势，事半功倍。司马相如为汉武帝写诗作赋，也陪聊过苍生与鬼神等诸多话题，茶余饭后是否下过棋虽不可知，但从这一对君臣的相处之道来看，堪称棋逢对手，互补共赢。伴君如伴虎，陪侍于天子鞍前马后，本就是一步险棋，或者说步步惊心，司马相如虽也难免小有损失，但毕竟得大于失，至少未像司马迁那样触怒龙颜而身心俱损，说明他比司马迁更能揣摩汉武帝的心理。知已知彼，百战不殆。司马相如的《谏猎书》《哀二世赋》《大人赋》等，虽也相当于"笔谏"，但无时无刻不掌握着分寸，润物细无声，点到为止。你若是能听进去，那就一点即通。你若是不爱听、不想听，就当我没说。反正我该说或不得不说的道理也说了，听不听由你。君臣关系也是一种政治、一种博弈，司马相如不求赢得对方没面子，但也非毫无原则的容忍与退让，只想打个平手，和为贵，互相帮衬。他最明白君臣关系说到底还是红花与绿叶的关系，必须时刻照顾着君王的面子、维护其尊严，才不至于失宠乃至惹祸，重臣也不过是宠臣中的宠臣，一旦失宠就什么都不是了。即使君王征求你的意见，相当于请你对弈，你别真以为平起平坐了，可以直言不讳了，只要一句话说得不够技巧，对方说不定就会恼羞成怒地翻脸，掀翻这盘棋。司马相如正因为对棋里棋外的道理了然于心，与喜怒无常的汉武帝相处那么久，倒也从没有真的撕破脸，一直维持着表面的和谐。不容易啊。算得上若即若离、以柔克刚的典范：既借火取暖了，又未被火灼伤。

司马相如与书画的关系不太明显，但与酒结有不解之缘。倒不是说他像李白那样嗜酒如命或者有多大的酒量，而是说他人生中最浪漫的情节与酒有关。司马相如"琴挑"卓文君，是在酒席上（酒酣，临邛令前奏琴曰："窃闻长卿好之，愿以自娱。"）酒后借着几分醉意，当场作词谱曲、自弹自唱，使琴歌《凤求凰》不仅捕获美人芳心，而且在文学史上余音绕梁。尤其后来这一对小夫妻在闹市当垆卖酒的情景，在名流如织的《史记》里也很抢眼，或者很扎眼："相如与俱之临邛，尽卖其车骑，买一酒舍酤酒，而令文君当垆。相如身自着犊鼻裈，与保庸杂作，涤器于市中。"大才子啊，没法卖文为生，只能卖酒为生，好辛酸，幸好有红颜知己相伴，这落魄的时光反而洋溢着诗情画意，显得比花前月下更有感染力。斗酒诗百篇的李白，诗酒合一，成为中国诗文化与酒文化的形象代言人，司马相如不以善饮闻名，写赋时都透射着理智与清醒，他却当过酒馆小老板，还有一位才貌双全的老板娘，这在文人圈里几乎无法复制的爱情故事，倒是为酒文化做了最温柔的软广告。虽然是为生活所迫，但给人的印象，谈恋爱也能谈得如此艺术、如此有戏剧性，不能说是把爱情玩成了行为艺术，但确实达到了艺术的最高境界：把日子过成了诗，把爱情变成了故事。司马相如与卓文君应该感谢酒，他们靠着开一家小酒馆，安然度过那段贫贱夫妻百事哀的困难时期。酒也应该感谢司马相如与卓文君，这一对最著名的才子佳人，为爱代言，同时为酒代言。

琴棋书画诗酒花，花对于司马相如绝对是双关语。李白有诗"美人如花隔云端"，这对于李白是梦想，对于司马相如却是现实。如花美人，与他共守于同一座屋檐下，琴瑟相和，夫唱妇随。更难得的，这如花美眷不是花瓶，是美女加才女，"皑如山上雪，皎若云间月"，为他写诗，期待白头到老："愿得一心人，白头不相离。"尤其是在他饥寒交迫的低谷期及时出现，陪伴他从无到有，丰衣足食直至荣华富贵。不说像仙女下凡，也跟画中人或田螺姑娘的传说似的，你缺什么她就给你变出什么。这几乎是所有落难公子、落魄文人梦寐以求的，却只有像司马相如这样极少数的幸运儿，能把美梦变成现实。官方把司马相如评为赋圣，民间却发现他更大的闪光点，直呼其为情圣。

琴棋书画诗酒花，是司马相如之所长，也带给他更多的机缘、加倍的幸运。

司马相如除了好读书、弹琴，击剑也是他的长项。这样一来，就显示出他的文武双全。熊伟业《司马相如研究》，就研究了司马相如的这几大特长：司马相如好"击剑"，应来自世代家传，也属于当时人士必备格斗技能之一，如儒生辕固生之"刺豕"等。以司马相如后来"为武骑常侍"看，他来自家传的剑法水准相当高。"读书、击剑、弹琴"乃战国士人的普遍技巧，汉初仍然流行。但士人毕竟属于极少数，况且成功者能取富贵者又是极少数，再加上选官体制在战国汉初还是以军功或贵族世袭为主，靠"读书、击剑、弹琴"难以取得富贵，并不受到社会尊崇。读书、弹琴在当时似乎与日常生活相隔较远，不是一般人所应选择的技艺。当然，识字还不等同于读书，所谓读书，应当是指花费大量时间精力而言，弹琴也是如此，均属个人爱好，虽然高雅，但难以以此谋生……司马相如好"读书、击剑、弹琴"，在这几方面的造诣都很高，不是单纯靠自修能达到的，除"击剑"家传外，"读书、弹琴"皆需求学，是不小的花费。因家道殷实，虽不为世俗所称许，似乎也不为父母所禁止，取名"犬子"，或有父母无可奈何之义。而冲动率性，贯串司马相如一生。

当然，司马相如虽然德、智、体全面发展，既有情怀又有情调，既有风骨又有风度，既爱读书又爱写书，但最拿手的，最让别人不敢小瞧乃至无法超越的，还是辞赋。

司马相如因辞赋而一举成名天下闻，进入了汉帝国的上层建筑。即使他后来被边缘化，那也是相对于政治核心圈而言的。他仍然是文艺圈的风流人物，一落笔就能产生轰动效应。

同样，辞赋这一文体也因而进入新时代，汉赋构成中国文学史上一大奇峰。司马相如的创新精神，给汉赋的异彩纷呈提供了极大的推动力，正如鲁迅所说："盖汉兴好楚声，武帝左右亲信，如朱买臣等，多以楚辞进，而相如独变其体，益以玮奇之意，饰以绮丽之辞，句之短长，亦不拘成法，与当时甚不同。"（《汉文学史纲要》）

白寿彝主编《中国通史》第四卷《中古时代·秦汉时期》，对司马相如的辞赋做了很高评价：司马相如是西汉杰出的文学家。他的作品有诗歌、散文和辞赋，而以辞赋为大宗。他仕宦于景帝及武帝前期约四十年，终不得意，"盖雄于文者，常桀骜不欲迎雄主之意，故遇合常不及凡文人"。这一方面的原因是可能有的；另一方面是因为文人的社会地位还很低，武帝从政治需要出发，重视建功立业实际有用的文人，而不仅仅以文辞取士。而相如一生恰恰只以辞赋擅长。汉武帝时代，以屈原赋为典型的骚体赋，犹兴盛一时。司马相如亦常作这类赋，如《大人赋》等。而相如"不师故辙，自撷妙才"，独创一格，则是他的鸿篇巨制如《子虚赋》《上林赋》……可见其夸张实事，全面铺叙，连类并举，侈陈物象，句式整齐，文辞华丽。它们是从散文变来、名副其实的辞赋。其源应溯于春秋时代的行人之辞与战国时代的纵横家之辞。司马相如《答盛览问作赋》："赋家之心，苞括宇宙，总览人物。"他的大赋，实欲纵横悉陈，网罗一切，表现了广泛富丽的气格，是汉赋发展新的里程碑，有划时代的意义。它们是汉武帝时代的政治经济由文景无为而治走上强大繁荣在文学上的反映。他的散文《谏猎书》《喻巴蜀檄》《难蜀父老》等，亦表现了气格雄伟、说理畅达的特点。相如有文字著作《凡将篇》，可见其文章特别是大赋以辞藻繁富著称，决非得之朝夕，而是有其深厚的素养的。"然相如亦作短赋，则繁丽之词较少，如《哀二世赋》《长门赋》。"他的突出成就，在于大赋。

明代王世贞评论司马相如的大赋实一代汉赋之冠，他本人也不愧为西汉大文学家之一："《子虚》《上林》，材极富，辞极丽，而运笔极古雅，精神极流动，意极高，所以不可及也。长沙（指贾谊）有其意而无其材，班（固）、张（衡）、潘（岳）有其材而无其笔，子云（扬雄）有其笔而不得其精神流动处。"

《汉书·艺文志》著录"司马相如赋二十九篇"，现存《子虚赋》《天子游猎赋》《大人赋》《长门赋》《美人赋》《哀秦二世赋》六篇，另有《梨赋》《鱼菹赋》《梓山赋》三篇仅存篇名。

《西京杂记》卷三："司马长卿赋，时人皆称典而丽。虽诗人之作不能加也。扬子云曰：长卿赋不似从人间来，其神化所至邪。子云学相如为赋而弗逮，故雅服焉。长安有庆虬之，亦善为赋，尝为清思赋，时人不之贵也，乃托以相如所作，遂大见重于世。"读这段文字我想到了什么？首先，"诗人之作不能加也"，这评价够高的，拿《诗经》的作者们跟再领风骚的司马相如来比较，等于承认司马相如引领的汉赋已有了与《诗经》相提并论的价值。其次，司马相如之于汉赋绝对具有开宗立派的奠基人地位，效仿者众，即使"二号人物"扬子云（扬雄），也是靠学习司马相如起家的，并且很难做到"青出于蓝而胜于蓝"。也就是说司马相如赋在汉代，一直被模仿，从未被超越。连扬雄都心服口服。

"司马相如作赋甚弘丽温雅，雄心壮之，每作赋，常拟之以为式。"扬雄的《甘泉赋》，序文中就说："孝成帝时，客有荐雄文似相如者，上方郊祀甘泉泰畤、汾阴后土，以求继嗣，召雄待诏承明之庭。正月，从上甘泉还，奏《甘泉赋》以风。"

当代学者徐娜拿司马相如和扬雄作过比较："相如所在的蜀郡尚未

受文翁教化，仍属于蛮夷之地，受礼教约束较少，思想也较为开阔，因此相如赋有着丰富的想象和夸张。而扬雄则深受儒家文化影响，在文辞上相较于相如有了较大的收敛，更为写实。"

明代张溥说："《子虚》《上林》，非徒极博，实发于天材。扬子云锐精揣炼，仅能合辙，疏密大致，犹《汉书》于《史记》也。"

又岂止扬雄，其他人也躲闪不掉司马相如的影响。张大可就认定司马相如是两汉一代文宗，顶级的汉赋大师："《子虚》《上林》两赋足可代表。汉赋名家辈出，司马相如、扬雄、班固、张衡被并称为四大赋家，而扬雄、班固、张衡，他们学习司马相如，均以司马相如为样板。他们的代表作有扬雄的《羽猎赋》、班固的《两都赋》、张衡的《西京赋》，都无可比拟于《子虚》《上林》两赋。'辞宗'二字，就是班固在《汉书·叙传》中对相如赋的评价。班固说：'文艳用寡，子虚乌有，寓言淫丽，托风终始，多识博物，有可观采，蔚为辞宗，赋颂之首。'这是极其崇高的评价。辞宗，即一代辞赋创作的宗师。"

但还是鲁迅说得最到位："盖汉兴好楚声，武帝左右亲信，如朱买臣等，多以楚辞进，而相如独变其体，益以玮奇之意，饰以绮丽之辞，句之短长，亦不拘成法，与当时甚不同。"（《汉文学史纲要》）鲁迅看出了司马相如之所以脱颖而出，在于他并不是墨守成规地师范屈原、继承楚辞，而是在文风、文体甚至文心上都全方位地加以变革，焕然一新。这不仅使之与屈原、宋玉有了区别，更与同时代的所有照本宣科者泾渭分明。

汉赋在司马相如手上才真正成熟、获得独立性与合法性：虽有楚辞的遗传基因，但绝非楚辞的倒影，从里到外都像一种新文体。

沈伯俊概括了司马相如在文体创新方面所作的努力，认为司马相如的赋作确立了汉赋的体制，因此而成为汉赋的真正奠基者，在中国文学史上作出了重要贡献："汉赋是从楚辞演化而来的。从内容来看，楚辞偏重抒发作者的感情，而汉赋则'铺采摛文，体物写志'，不管是写宫殿、苑囿，还是写田猎，都标志着文学表现范围的扩大，有助于发挥文学认识生活、再现生活的作用。从形式来看，汉赋中诗的成分减少，散文的成分增加，句式比楚辞更加参差多变，标志着文体的进一步解放。尽管汉赋有种种缺陷，但它的兴起和发展，它对两汉文坛的巨大影响毕竟是文学史上的一个重要阶段。"

这也验证了李泽厚《美的历程》里的观点："文学没有画面限制，可以描述更大更多的东西。壮丽山川、巍峨宫殿，辽阔土地、万千生民，都可置于笔下；汉赋正是这样。……尽管呆板堆砌，它在描述领域、范围、对象的广度上，却确乎为后代文艺所再未达到。它表明中华民族进入发达的文明社会后，对世界的直接征服和胜利……汉代文艺尽管粗重拙笨，却如此之心胸开阔、气派雄沉，其根本道理就在这里。汉代造型艺术应从这个角度去欣赏。汉赋也应从这个角度去理解，才能正确估计它作为一代文学正宗的意义和价值所在。"

司马相如赋追求"巨丽"的审美特征与汉武帝时期的大汉气象相呼应。汉赋一举成为一代文学之正宗，司马相如功不可没，绝对是汉赋的大宗师。他因有创新精神、变革勇气，才划清楚河汉界，使楚辞汉赋各行其道、各逞其能，分别构成文学史里两大龙脉，而不是一条大河及其支流。

三、司马相如与扬雄，李白与杜甫

扬雄称赞"长卿赋不似从人间来"，让我联想到后来杜甫对李白的敬仰："昔年有狂客，号尔谪仙人。笔落惊风雨，诗成泣鬼神。"

杜甫还曾为李白的怀才不遇打抱不平："冠盖满京华，斯人独憔悴！""千秋万岁名，寂寞身后事。"与李白的不幸遭遇相比照，司马相如绝对属于幸运儿：有生之年已是文学界的顶级名牌，不仅有人千金求赋，甚至模仿者冒名顶姓伪托相如之作，也能借助其名人效应而被争相抢购、流传于世，同样一篇文章，境遇天壤之别。也就是说，司马相如实现了诗人作家最梦寐以求而又最难得的理想：不仅死后拥有千秋万岁名，而且生前也一点不寂寞。他创造的这一纪录，后世越来越难以打破。

尤其李白，对司马相如是无比羡慕的。李白五岁时，父亲教他诵读司马相如辞赋，为之树立了崇拜的偶像："经商可致富，但诗文比经商更有意义，能留下永恒的精神财富。我希望你将来能像司马相如一样，成为文化名人。那比像你爹这样只是做个商人要活得值。"李白在《秋于敬亭送从侄耑游庐山序》中承认："余小时大人令诵《子虚赋》，私心慕之。"

李白十岁开始作赋。"处女作"就是《大鹏赋》。没多久，李白就不仅仅满足于向司马相如学习了，更把司马相如作为赶超的对象。"十五观奇书，作赋凌相如"，这是李白在《赠张相镐》诗中流露的"野心"。

李白十五岁时模仿司马相如所写的辞赋，计有《明堂赋》《拟恨赋》等。二十岁时作《大猎赋》。《大猎赋》序言："白以为赋者古诗之流，辞欲壮丽，义归博达。不然，何以光赞盛美、感天动神？而相如、子云竞夸词赋，历代以为文雄，莫敢诋评。臣谓语其大略，窃或褊其用心。《子虚》所言，楚国不过千里，梦泽居其大半，而齐徒吞若八九，三农及禽兽无息肩之地，非诸侯禁淫述职之义也。《上林》云：'左苍梧，右西极。'考其实地，周袤才经数百……当时以为穷壮极丽，迨今观之，何龊龊之甚也？"李白一针见血指出相如之作的不足，很有勇气地表明要加以超越的态度，在赋中说当今天子游猎与相如赋中汉天子不同："岂比夫《子虚》《上林》《长杨》《羽猎》，计麋鹿之多少，夸苑囿之大小哉？"

李白诗文十六处提及司马相如。尤其那与卓文君所作诗同题的《白头吟》，共二首。《白头吟》（其一）："……此时阿娇正娇妒，独坐长门愁日暮。但愿君恩顾妾深，岂惜黄金买词赋。相如作赋得黄金，丈夫好新多异心。一朝将聘茂陵女，文君因赠白头吟。东流不作西归水，落花辞条羞故林……"《白头吟》（其二）："相如不忆贫贱日，官高金多聘私室。茂陵姝子皆见求，文君欢爱从此毕。"

还有《长相思》，也提到与司马相如琴挑故事有关的蜀琴："……赵瑟初停凤凰柱，蜀琴欲奏鸳鸯弦。此曲有意无人传，愿随春风寄燕然……"

李白同时代就有人看出他在跟司马相如暗自"较劲",常将其与司马相如比较。益州长史苏颋,为青年李白打气:"此子天才英丽,下笔不休,虽风力未成,且见专车之骨,若广之以学,可以相如比肩也。"意思是说:李白,加油,向司马相如看齐。等你翅膀硬了,自然飞得跟他一样高,谁也挡不住你。

开元九年(721),李白二十一岁,特意在成都瞻仰司马相如琴台、扬雄故宅。

开元十五年(727),二十七岁的李白游遍东南半壁江山,乘舟溯长江西上,踏访湖北湖南,为什么转了这么大一个弯?就因为少年时读《子虚赋》,总想一探云梦大泽之虚实:司马相如笔下的人间仙境,在现实中究竟美到什么程度?

李白在天宝元年(742)到长安,贺知章偶然读到他的《乌栖曲》《乌夜啼》两首诗,未来得及读更多的,就马上下了结论:此真"天上谪仙人也"!贺知章是把李白评为"诗仙"的第一人。此也正如扬雄对司马相如佩服得五体投地:"长卿赋不似从人间来,其神化所至邪!"李白四十二岁时,受贺知章举荐而接到唐玄宗诏书,狂喜之中除了写下"仰天大笑出门去,我辈岂是蓬蒿人"的《南陵别儿童入京》,还一定想到司马相如因《子虚赋》被汉武帝下旨征召的情景。

独孤及《送李白之曹南序》,作为见证者,记叙李白这段"天上掉馅饼"的幸运经历,将李白比为相如:"曩子之入秦也,上方览《子虚》之赋,喜相如同时,由是朝诣公车,夕挥宸翰。"

等李白到了长安,接见他的是唐玄宗而非汉武帝,可他仍然觉得自己成功地复制了司马相如的成功。李白奉诏入宫,原本跟司马相如一样是梦想做帝王师的,辅佐唐玄宗治国平天下,最好能靠自己的锦囊妙计把唐朝版图再扩大一圈儿。他理想中与唐玄宗的关系,比司马相如与汉武帝要进一步,甚至比东方朔与汉武帝的关系还更上一层楼。

可事实是:司马相如曾经的失落,也在李白身上重演了一遍。唐玄宗安排给李白的,尽是些该弄臣干的事情。充其量算是给帝王做了一回家庭教师,而且仅仅是文学艺术类的师傅,跟李白想实现的政治抱负相差太远。唐玄宗尊敬李白的方式，简直跟汉武帝对待司马相如如出一辙：是把这个大文学家给养起来，不是用来在工作上帮忙的，而是在业余生活上用来"帮闲"的。直到遭遇"赐金放还"而"下岗"，比司马相如被汉武帝撤职好听点，却强不到哪里。宫廷的大门无情地对诗仙关上了。

同样是为了梦想经历蜀道难，同样是鲤鱼跳龙门，同样是跳进去又被赶出来，司马相如好歹还等到官复原职的那一天，李白则只能永远淡忘于江湖了。

司马相如比李白沉得住气，不管心里怎么难受，表面上总做出宠辱不惊的样子，因而能在长安待得下去：咬定首都不放松，只要我不犯大错，你就无法将我"驱逐出境"，至死都是"长安户口"。李白就缺乏这股"生做长安人，死做长安鬼"的韧劲儿，长安之于他，犹如南柯一梦。初入长安，到处找关系，无人理睬，玉真公主喜欢王维，不爱李白，视之为外地打工仔。盘缠耗尽，一气之下走了："等着瞧吧！"九年后杀个回马枪，直登上唐玄宗的黄金台。可伴君如伴虎，李白在长安城里度日如年，很快便拂袖而去，恢复了中断三载的浪游生涯，重新与山水为伍。在他心目中，低眉折腰事权贵是莫大的耻辱，在一隅城池中钩心斗角是对生命的浪费；与之相比，同慈眉善目的山水共处则简单得多、平等得多，同大自然琴瑟相伴、诗酒唱酬，是无上的光荣。

王雪凝《巴蜀文化对李白布衣意识的影响》，提到李白与司马相如有共同的文化基因：司马相如历来被认为是奠定巴蜀文学范式之人，他身上极为鲜明地体现出巴蜀人的人格个性和行为方式。"未尝肯与公卿国家之事，称病闲居，不慕官爵"（《史记·司马相如列传》），司马相如有着绝世独立、顺情适性的布衣意识，引发了后代蜀人对他的认同、模仿、学习。蜀人被认为是"未能笃信道德，反以好文讥刺"，这几乎正是司马相如的写照，蔑视正统道德如琴挑卓文君、自着犊鼻裈，好文善著如作《天子游猎赋》等奠定汉大赋体制基础。司马相如充分兼顾了布衣的任性和才子的风流。李白有浓厚的"相如情结"，"十五观奇书，作赋凌相如"。李白不仅在文学造诣上对司马相如心向往之，更对相如

"为帝王诗友"的布衣意识产生了强烈共鸣。李白将司马相如引为异代知音。"汉家天子驰驷马，赤军蜀道迎相如"，这让李白追慕感慨。然而汉武帝只是将相如作为盛世点缀，"圣主还听《子虚赋》，相如却欲论文章"，李白对相如空有报国之志的遭遇感同身受，这种社会身份与社会作用之间的落差是布衣之士背负强烈的社会责任感而不得施展才华的一种苍凉无奈的现实。

如果你能找一套《李太白全集》，翻开来，开卷第一篇就是《大鹏赋》。李白很年轻时就写下这篇赋的初稿，很明显他受了庄子《逍遥游》启发，也可以说中了《逍遥游》的"毒"：他不想做人了，想做人上人，做恃才傲物的大鹏；他不想老死于家乡，渴望像振翅的大鹏那样去远征；他不甘于平庸，无时无刻不梦想出人头地……他还一无所有，在赋中就敢于自比为大鹏，相信自己展翅高飞，必将使"斗转而天动，山摇而海倾"。真是少年壮志可凌云。后来他经历种种蜀道难，投奔长安，春风得意没多久，仕途上就四面受敌，被唐玄宗"赐金还山"，给炒鱿鱼了。大鹏的意象在他脑海中并没因之而被击落，他仍以此激励自己穿越滔天巨浪，早日东山再起。在致友人诗中抒发这种不屈服的情怀："大鹏一日同风起，扶摇直上九万里。假令风歇时下来，犹能簸却沧溟水……"颇有点让暴风雨来得更猛烈点吧的意思。直到后来遇上"流放夜郎"这样的大难，他也没有完全死心。大鹏已成为他的精神支柱，纵然怀才不遇，只要理想中的吉祥鸟还在飞，天就塌不下来。

李白的《大鹏赋》，既是在向庄子致敬，也是在向司马相如致敬。那天地间逍遥游的，远看像庄子的鲲鹏，近看又像司马相如的凤凰：凤兮凤兮归故乡，遨游四海求其凰。

李白的好诗太多，我偏偏最喜欢那首短短六行的《临路歌》，又叫《临终歌》，传说是六十多岁的李白临终前的长歌当哭，带有自撰墓志铭的性质。"大鹏飞兮振八裔，中天摧兮力不济。余风激兮万世，游扶桑兮挂左袂。后人得之传此，仲尼亡兮谁为出涕？"很明显受了庄子《逍遥游》的影响，他仿佛已成为庄子《逍遥游》的传人。我为什么特别为李白的《临终歌》感动呢？在这首诗里，我看见那只大鹏老了，飞到半空伤了翅膀，摇摇欲坠。我看见，李白老了。实在想不到，李白也会老的，那么壮怀激烈的诗人也会老的。在这时候，他才流露出真实的痛苦和无比的绝望。我听见了大鹏的哀歌：实在飞不动了，实在飞不动了……看来这世上就没有真正的逍遥游，逍遥游也有不逍遥的一面：终将迎来结束的时刻。以梦想为动力的"超人"，不管飞得多高多远，最终还将回归地面，回归自己，回归平凡。梦终究要醒的。李白毕竟还是李白。《临终歌》写得悲怆，又不失悲壮。唐代李华在《故翰林学士李君墓铭序》里说："年六十有二不偶，赋《临终歌》而卒。"孤独的李白以歌告别这个世界，也告别自己。即使在临终之际，旧的理想覆灭了，又滋生出新的理想：大鹏半空夭折，遗风仍然激荡千秋万代；诗人死了，诗篇不死，精神不死还可能影响后人……在生命开始倒计时的关头，绝望的李白又超越了绝望，不再为生前的寂寞惆怅，又开始继续梦想，梦想自己死后可能获得的尊敬与荣誉。无论在东西方，超人的精神必然形成超人的文化。庄子的《逍遥游》充满对超人力量的羡慕与超人境界的向往，他笔下其翼若遮天之云、扶摇直上九万里的大鹏形象，与其说是其名为鲲的北溟之鱼变成的，莫如说是人变成的，是心游万仞的庄子自己变成的。哪怕只能在他自己的想象中变成现实，变成想象中的现实。这种想象本身，已体现出超凡脱俗的理想和超越芸芸众生的雄心，真正是壮志凌云啊。

庄子善变，既能梦见博大的鲲鹏，还能变作渺小的蝴蝶，变来变去，都不知道是自己梦蝶还是蝶梦自己了。故意混淆了现实与理想的疆界。庄子把鲲鹏与蝴蝶，视为力与美的两大象征。超人的力量，与超人的美感，最终集于一身。力其实是一种美，美其实也能带来力量。不管变大还是变小，都需要超人的想象，超越自我与万物达成和谐与统一。庄子的逍遥哲学，渲染了自我的神化与超脱，在我眼中相当于一门诗意的超人哲学。庄子本身就是中国古代的一位"哲学超人""文化超人"，深深影响了道家思想，道家崇尚神仙的境界，其实是在追求超人的状态。有了"文化超人"，必然还会出现"文学超人"。司马相如应运而生了。李白应运而生了。司马相如的《凤求凰》，也是一种逍遥游，甚至把庄子的梦想推向巅峰：他没有摇身变作鲲鹏，也没有转身梦见蝴蝶，却成为鲲鹏与蝴蝶的结合体——既刚烈又温柔的凤凰。司马相如比庄子更进一步，在力与美之外，又发现了文学的第三极：爱。司马相如的凤凰，不仅比庄子的鲲鹏更有血性更有体温，也比庄子的蝴蝶更为浪漫更为潇洒。大鹏会老，凤凰也会老，只不过凤凰老了之后，还能在烈火中获得新生，获得永生。

　　李白是司马相如之后的一个"另类"。庄子描写鲲鹏时是忘我的，把那只遮天蔽日的神鸟作为世界的核心，既是视野里的全部，又是思想中的全部，眼中只有奇迹与美景，头脑一片空白。李白则没那么谦虚了，赤裸裸地以大鹏自况。他不仅把大鹏当成自我的替身，还把自我当成大鹏的化身，大鹏的旅程就是自己的人生。李白仅用"大鹏飞兮振八裔"七个字就概括了庄子的整篇《逍遥游》，接着他就要写自己了，写自己追求理想所遭遇的现实坎坷，写自己在做强做大时体会到的力不从心。如果说庄子赞美了大鹏的胜利、英雄的荣耀，李白不是在重复庄子的《逍遥游》，他还往幽暗处续写下去：讴歌了大鹏的失败、英雄的末路。原来，越是无与伦比的光明，越是会给自己留下不堪忍受的阴影。如果说庄子渲染了大鹏启程、出巡时的朝气蓬勃，李白则勾勒出一只受难的大鹏、垂危的大鹏，简直像另一只大鹏。如果说庄子想象出一种充满力量的美，李白则是在亲眼目睹——不，简直是在亲身感受美的毁灭。这种曾经不可一世的美变得无力，美的衰弱正是其毁灭的前兆。庄子创造一种美，李白表现了美的悲剧，悲剧性结局。青出于蓝而胜于蓝，他不仅继承了庄子的美，还创造出另一种美：悲剧的美。如果说庄子身上弥漫着超人的理想与浪漫，李白的《临终歌》则超越了庄子的《逍遥游》，揭示逍遥的挫折与不可能，在这一点上，李白超越了庄子，又超越了司马相如，超越了在他之前的所有"超人"。这种无力的美，其实比有力的美更为有力。因为，美的悲剧比美的喜剧更为感人，美的失败比美的胜利更能征服人心。

　　我说李白一生都是理想的胜利者、现实的失败者。按道理讲，李白在现实中失败了，他的理想也该是失败的。偏偏他是个诗人，现实与理想的双重落败使他情不自禁地哀叹，而在美的废墟里创造出新的美，在理想的悲剧中实现了另一种理想。小理想（不过是当官发财，锦衣玉食）的破灭促成了大理想的完工，一位大诗人就这么诞生了。所以说，理想还是超乎他本人想象若干倍地兑现，李白赢得了杜甫所称颂的那种"千秋万岁名"（与"寂寞身后事"相并）。作为理想主义者的李白，最终还是成为胜利者，虽然是在死后。作为人的李白，也许不算什么"超人"，既无扛鼎之力，又缺深谋远虑，岂止仕途遇挫，我看他整个人生道路都走得磕磕碰碰的。作为诗人的李白，确实是一位"诗歌超人"，或者说"超诗人""超级诗人"。前无古人、后无来者，他超越了古今中外多少诗人？李白的诗体现出超人的力量、超人的美感，令多少诗人叹为观止、无法企及？在神思妙想方面，连杜甫都甘拜下风。可这些诗怎么写出来的呢？还不是来自作者本人的惊世情怀？李白的精神世界是超人的，他的诗才能超越别的诗人，他的诗才让别的诗人无法超越。李白可不只是在临终时以大鹏自比，那只神游万物的大鹏，简直伴随他终身。他一生都梦想把庄子的那种"逍遥游"进行到底。

同样受庄子影响，同样热爱自由、追求辉煌，李白比司马相如更果断、更坚决、更不计代价。

拿李白跟司马相如相比，很难说谁比谁更成功，或者谁比谁更失败。但有一点很明显：李白比司马相如更狂热，司马相如比李白更理智。"天生我材必有用"，"我辈岂是蓬蒿人"，"我本楚狂人，凤歌笑孔丘"……从这些零碎语句就能看出，李白是把诗当成"狂人日记"来写的，梦想的遥不可及令他疯狂，又给他带来痴迷的激情。在诗中，他是以"狂"的方式来超人的，那种舍我其谁的"狂"，使李白超越了无数中庸的诗人。李白的不同凡响之处，说到底还是因为有梦想在给撑腰，有大鹏的影子在给撑腰。李白的大鹏情绪，是一种"超人"情绪，一种非凡的英雄情绪。李白的诗与人如影随形，他的浪漫主义来自他的英雄主义，他的英雄主义来自他的理想主义。理想是一只大鹏鸟，为他一生追索提供了原动力。什么是超人？超人就是比凡人有更多的希望。什么是诗人？诗人就是比凡人有更多的幻想。我为什么说李白是超人呢？因为他热爱自由，超越世俗，已成为自由与浪漫的象征。其实这最初不是我说的，贺知章等唐朝诗人，最早把李白称作"谪仙人"，不就等于说他不是凡人嘛，等于说他身上有过人之处、超人之处嘛。不仅是李白梦想成为超人，中国的老百姓也是需要超人的，乐意把具有超越性的大诗人作为偶像。他们把李白叫作诗仙，叫作酒仙，仙不就是超人嘛。他们喜欢讲述李白斗酒诗百篇，那超人的才气；讲述"天子呼来不上船"，那是李白对权贵的蔑视；讲述杨贵妃请李白写诗，李白让高力士脱靴，那是天才的骄傲……他们把自己想做而不敢做的，想做而做不到的，全寄托在李白这个人物身上了。欣赏李白的浪漫，李白的潇洒，李白的超脱，李白的雄心勃勃与豪情万丈。李白这个形象，已不仅仅在印证自己的理想了，而且在印证中国老百姓的理想，他在替大多数凡人圆一个超越世俗的梦。李白已不是原始的李白了，这个精神上的超人，是全体中国人塑造出来的。李白已不是他自己了，他是中国人的一个梦。中国人把李白神化了。不仅把他视为"半神"，视为文化英雄，简直还把他封为中华民族的诗神和酒神。诗和酒一样，都需要浪漫情怀与自由精神。

司马相如其实也是超人，只不过他是一位不像超人的超人，或者说更像平常人的超人，他的想法，他的做法，比李白离我们更近一些。

李白写过《大鹏赋》，也写过"凤凰诗"，那就是《登金陵凤凰台》："凤凰台上凤凰游，凤去台空江自流。吴宫花草埋幽径，晋代衣冠成古丘。三山半落青天外，二水中分白鹭洲。总为浮云能蔽日，长安不见使人愁。"当时李白受排挤离开长安、南游金陵所作。"凤凰台"在金陵凤凰山上，相传南朝刘宋永嘉年间有凤凰集于此山，乃筑台，山和台皆由此得名。封建时代，凤凰是一种祥瑞。当年凤凰来游象征着王朝的兴盛；而"凤去台空"，六朝的繁华如同长江水一去不复返。

李白的《登金陵凤凰台》，与司马相如的《凤求凰》对照着读，倒也别有风味。这不是一只求爱的凤凰，而是一只失意的凤凰，政治上的失意，似乎比失恋还要难熬。这不是一只还乡的凤凰，而是一只流浪的凤凰，被驱逐出长安，不知何去何从。

李白与司马相如最大的区别，就是豁出去了，离开长安，永别长安。此地不留爷，自有留爷处——哪怕这仅是精神胜利法，也再不回头。李白背叛了长安，是中国文化史上极其美丽的一次背叛。虽然可能受陶渊明"不为五斗米折腰"的影响，李白还是真正地爆了一个冷门，将这种独立性发扬光大到极致：文人不依赖体制也能生存，文人脱离体制照样能追求到成功，甚至更大的成功（哪怕是死后的成功）。试想，李白在翰林院里，如果像司马相如一样委屈自己、扭曲自己，削足适履，也许能升官，兼而留下几篇中规中矩的经典公文，但绝对写不出那么多目空一切、张扬自我的诗歌。即使文学史上多了一个"司马相如二号"，又有多大意思？李白要做就做自己，做"李白一号"。其实，李白心里还是想学司马相如的，只不过太难学了，学了半天也学不像，还够累的，只好回归自我、恢复原形，该怎样就怎样，爱咋的就咋的，破罐子破摔了，却摔出了惊天的动静。

司马相如与李白最大的区别，就是能忍，不以"折腰"为耻，而视之为体制内生存必要的"柔道"。百炼钢能作绕指柔，他恐怕也是这样要求自己的。当然，只要压力消解，就能立刻反弹，气贯长虹。但他为适应环境而改造自己，改造得还是有点太大方了，以致在下笔为文时，再也找不回来了，找不回少年时的锐气、青年时的豪气，过早地进入四平八稳的"中年写作"：有风韵而无风情，有风流而无风骨。虽然这更适合官方推广，但与接上了地气的李白相比，毕竟少了许多民间的野性与活力。李白离开长安，就像齐天大圣跳出太上老君的炼丹炉，不仅是炼出了一双火眼金睛看破红尘看淡名利，更重要的是变得浑不吝了：天王老子与我何干？帝王将相又算老几？我眼中从此只有自己。这叫无欲则刚。司马相如之所以未尽其才，说到底还是被那点可怜的功名心所制约。不仅没机缘也没勇气跳出炼丹炉（也可以说名利场的大染缸），而且逐渐异化为井底之蛙，眼里只有宫廷却忘了天空，心里只有帝王却忘了百姓。虽然获得"特供"的尊荣，但也无力关心民心民意民情，因而越来越凌空蹈虚，高处不胜寒。

后人常把扬雄与司马相如视为汉赋的并峙双峰，誉为"扬马"。李白也将扬雄与司马相如并称："正声何微茫，哀怨起骚人。扬、马激颓波，开流荡无垠。"

他恐怕想不到：若干年之后，人们也会把他与杜甫以李、杜并称，构成另一个大时代的风云人物。而李、杜将成为遮蔽甚至颠覆扬、马的又一大双子星座。李白与杜甫，以平民化的写作超越了扬雄与司马相如贵族化的写作，不亚于一场文学革命。这其实是读者的选择：新的时代需要新的文学，新的文学需要新的偶像。

李白族叔李阳冰，为李白作品所写序言《草堂集序》，肯定了李白对屈、宋的追赶以及对扬、马的超越："自三代已来，风骚之后，驰驱屈、宋，鞭挞扬、马，千载独步，唯公一人。故王公趋风，列岳结轨；群贤翕习，如鸟归凤。"用大白话来说，就是：从夏、商、周以来，《国风》《离骚》之后，继承并且赶上屈原、宋玉，超过扬雄和司马相如，千年以来，才华绝伦的，只有李白一人。所以王公贵族纷纷倾倒于他，名流也争相与他交游；才子们不约而同向他学习，就像鸟儿拥戴凤凰一般。

在李白之前，能与屈原、宋玉竞争的，就是司马相如。桐城派代表人物刘大櫆在《司马相如》一诗中称："马卿才不羁，文与屈宋竞。"

李白本人，并未意识到自己将取而代之，并未意识到自己正在成为新时代的凤凰，他一直羡慕司马相如的文运、官运，可能还包括桃花运，并且自叹不如：司马相如靠《凤求凰》就搞定了富家女卓文君，成为乘龙快婿，靠一篇《子虚赋》就让汉武帝惊为天人，因而在长安城里扎下根，靠一篇《长门赋》就使陈皇后付出天价稿酬，并且还觉得值，这才真像文曲星下凡呢，要什么有什么，名利双收，江山美人都冲他招手。比较起来，李白就活得寒碜了，太像跑江湖的，或者说在江湖上跑龙套的，写一首诗，只够在地方官那儿蹭一顿饭吃，还是吃了上顿没下顿的。

李白晚年，所写《自汉阳病酒归寄王明府》，还借司马相如之酒杯浇心中之块垒："去年左迁夜郎道，琉璃砚水长枯槁。今年敕放巫山阳，蛟龙笔翰生辉光。圣主还听《子虚赋》，相如却欲论文章。愿扫鹦鹉洲，与君醉百场。啸起白云飞七泽，歌吟渌水动三湘。莫惜连船沽美酒，千金一掷买春芳。"这是李白被贬去夜郎的路上，听闻自己被赦免，绝望中有了希望，马上联想到汉武帝与司马相如的关系，觉得自己也可能时来运转，咸鱼翻身。司马相如的故事真够"励志"的，让李白刚刚转危为安，对那条金光大道的憧憬就死灰复燃，跟打了鸡血似的。当然，这只是回光返照。过不了多久就该彻底死心了。司马相如只有一个，遇见了汉武帝才飞黄腾达。汉武帝只有一个，没赶上的话，有再多的司马相如也白搭。

分析司马相如的成功秘诀，李白一言以蔽之曰：幸遇圣主。总结自己的失败教训，李白觉得很无辜：运气不好，没遇见圣主。唐玄宗在其眼中，估计连汉武帝的零头都不如：有眼不识泰山啊，明明已招揽到自己这样的天才，端详一番，还是把璞玉当成顽石，丢得远远的。弄得李白不仅为自己叫屈，还得替这不识货的君主惋惜：你错过了多好的一个机缘啊，明明可以成为圣主的，什么条件都具备了，缺的就是眼光。

又岂止李白觉得自己是没遇见汉武帝的司马相如，生不逢时，连杜甫都认为当朝皇帝埋没人才。杜甫有好几首诗，是因为听说李白流放夜郎而写的。有什么办法呢，诗人永远只能以写诗来安慰别的诗人，同时安慰被思念折磨的自己。李白流放夜郎的坏消息，不知隔了多久才传入杜甫耳中，可他肯定是在当天晚上就做梦了，梦见李白了。醒来后写下《梦李白二首》。"死别已吞声，生别常恻恻。江南瘴疠地，逐客无消息。故人入我梦，明我长相忆。……君今在罗网，何以有羽翼？……"夜郎离杜甫很远了，他对李白的吉凶生死充满担忧，连梦中的相见都浸透了生离死别的痛苦。"浮云终日行，游子久不至。三夜频梦君，情亲见君意……"写着写着，一向温和的杜甫也忍不住为李白的不幸遭际而鸣不平："冠盖满京华，斯人独憔悴。孰云网恢恢？将老身反累！千秋万岁名，寂寞身后事。"偌大的长安，车水马龙，居然容不下一个诗人，难道只能到边缘化的夜郎寻找葬身之地吗？就不怕后人笑话我们这个时代吗？要知道，这位被放逐的诗人，跟屈原一样，虽然生前坎坷，但死后必将比长安城里那些速朽的权贵名流拥有恒久得多的荣誉。

李白遇赦放还后游湘中的那些诗，没多久就传到正客居秦州（今甘肃天水）的杜甫那里。杜甫原以为李白已长流夜郎了，读诗才知道老朋友已幸免于难，正在湘中一带散心呢，那可是被谗放逐的屈原含恨自沉的地方啊。这么一想，杜甫又心酸了，写下《天末怀李白》："凉风起天末，君子意如何？鸿雁几时到，江湖秋水多。文章憎命达，魑魅喜人过。应共冤魂语，投诗赠汨罗。"不只是祝贺李白逢凶化吉，更是隐喻李白获罪远谪夜郎是遭人诬陷，呼吁大家还李白以清白，免得当代又多了一个像屈原那样的冤魂。

李白与杜甫，之所以成为比扬雄与司马相如更辉煌的双子星座，因为他们不只是诗酒唱酬的文友，更是精神上的战友，是患难之交，惺惺相惜。

唐诗之所以比汉赋更有体温，更深入人心，也因为唐诗的代表人物，比汉赋的代表人物，更有民间性，更有沧桑感与疼痛感。

好战友并不只是相互赞美，也有彼此批评。最早对司马相如辞赋的形式主义倾向提出批评的，正是扬雄，在《法言·君子》中说："文丽用寡，长卿也。"他开了这个头，影响深远。汉明帝也表达同样的看法，称相如赋"但有浮华之辞，不周于用"。其后班固《汉书·叙传》称司马相如作品"文艳用寡"。

李白眼中，司马相如在各方面都取得了前无古人的成功，是全面发展的榜样。杜牧说得更决绝，认定后无来者："相如死后无词客。"

欧阳修却不认这个账，在《苏主簿挽词》中把苏洵比作司马相如："诸老谁能先贾谊，君王犹未识相如。"

清代桐城派大家姚鼐指出："昌黎（韩愈）诗文中效相如处极多，如《南海碑》中叙景瑰丽处，即效相如赋体也。"（《与张翰宣书》）

韩愈、欧阳修，以及苏洵、苏轼、苏辙，都属于唐宋八大家（又称唐宋古文八大家）。唐宋八大家的散文，除了受先秦诸子影响，也绕不过司马相如的影子。司马相如的赋，介于诗、辞与散文之间，相当于在韵文与散文的分水岭上，盖起的一座摩天大厦。虽然人工痕迹或匠气较浓，但毕竟屹立在时代巅峰，让人高山仰止。韩愈与柳宗元同为唐代古文运动的倡导者，主张学习先秦两汉的散文语言，破骈为散，扩大文言文的表达功能，司马相如既是其仿效的先驱，又是其颠覆的对象。韩愈正因最先掀起这场针对司马相如为代表的骈体文的革命，而被明人推崇为唐宋散文八大家之首。然而韩诗中也有追求怪诞诡谲的游戏文字，我觉得恰是下意识地中了司马相如的"毒"。他虽以"打倒"司马相如、推翻华而不实的骈体文为己任，但恐怕也不得不承认，自己也曾被相如赋迷住，偷学过两手，还挺管用的。至少，相如赋的那种大气魄、大气象、大格局、大境界，与风花雪月的小诗小文章相比，确有天壤之别。唉，此曲只应天上有，人间能得几回闻？

司马相如又岂止是让李白及其后的众多唐宋文人难以忘怀，在他有生之年，就是活着的偶像了。尤其他最拿手的大赋，开一代之风气，深深影响了同时代的许多作家。扬雄《校猎赋》《长杨赋》、班固《两都赋》、张衡《二京赋》等大赋，都能找到司马相如代表作《子虚赋》《上林赋》的影子。

他对同时代而稍晚点的另一位重量级文人，产生的影响已不局限于文体、文本、文风，更构成了精神上的地标与参照系。那位同样伟大的人物，名叫司马迁。

第十一章 司马相如和司马迁：西汉文章两司马

一、一座天空，同时拥有两个太阳

正如普希金被誉为俄罗斯文学的太阳、阿赫玛托娃被称作俄罗斯文学的月亮，我一向认为作家分两种：太阳型的和月亮型的。前者发光散热，对同时代人乃至后人产生广泛而深远的影响，后者以借光而崛起，又分两种：要么最终站到巨人的肩膀上，要么一直在大树底下好乘凉。一时代有一时代之文学，一时代之文学又有一时代之偶像，司马相如奠定了汉赋的历史地位及最高海拔，无疑属于太阳型的作家。他的光彩、他的热量，也照耀到晚辈司马迁身上，令其仰叹。但司马迁并不是亦步亦趋地追随先行者路线成为月亮型作家，他没有在辞赋领域与司马相如争短长，而是开辟一条新路，成为传记文学的太阳。

这就是西汉文学创造的奇迹：一座天空，同时拥有两个太阳，交相辉映。司马相如有《子虚赋》《上林赋》，司马迁也不弱啊，一部《史记》定天下。《子虚赋》《上林赋》光彩照人，《史记》同样光芒万丈。

白寿彝主编《中国通史》第四卷《中古时代·秦汉时期》，专门辟有《司马相如司马迁》一章，承认司马相如和司马迁因各有代表性，而成为西汉文章家的两大代表：由于辞赋和散文的发达，东汉时代产生了文章的概念，人们往往以司马相如和司马迁为文章家的代表，文章家就是文学家。司马相如是汉武帝时代的著名的辞赋家；司马迁也写过辞赋，但著名的作品则是《史记》的传记散文。他开创了我国古代散文一个新的历史时代。《史记》流布以后，在历史学和文学的发展史上产生了长远、广泛而深刻的影响。

《史记》的光华，之所以未被司马相如的辞赋遮蔽，因为司马迁有自身的巨大能量，在同一时代，又创造了另一种文学。还是《中国通史》说得好：《史记》人物传记的成功，主要表现在战国秦汉以来的那些篇，既是历史文献，又富有文学性。其特征在于作者根据确实可信的历史事实，加以选择、剪裁和强调，通过明晰通俗的语言，忠实地塑造了各种人物的生动鲜明的形象，有他们的个性和典型性，从而反映了一定历史时期复杂的社会面貌和本质。司马迁开创了我国的传记文学。

司马迁是文二代、史二代，或者说文史二代：父司马谈，在汉武帝建元年间（前140—前135）做了太史令，通称太史公。这是史官，汉武帝新恢复的一种古官。官位不高，职权不大，主管天时星历、祭祀礼仪、搜罗并保管典籍文献。这是史官的传统。司马谈到长安做官以后，司马迁自然地随着父亲到长安，有了更多的学习机会。司马迁自说"年十岁则诵古文"，当是到了长安以后的事情。约在二十五六至三十岁之间（元狩、元鼎间，前122—前116），开始登上仕途的阶梯，做了一名"郎中"。这是汉宫廷内部庞大郎官系统中最低一级的郎官，月俸三百石，实领十七斛。郎官的一般职务是"掌守门户，出充车骑"。皇帝不出巡的时候，他们是宫门武装执戟的卫士；出巡的时候，他们是车驾的侍从。平常在宫廷内部，亲近皇帝，很有光彩，一旦由内廷外调，往往改为"长吏"。所以郎官是富贵子弟追求仕进的目标。司马迁得到小郎官，由一个地位卑微的史官的儿子，变为武帝左右的亲信，那也算很不容易了。从此以后，司马迁以一个郎官身份，当然和宫廷内各种官吏一样，是要侍从皇帝的……在元封三年（前108），司马谈逝世的第三年，司马迁做了太史令，他的郎官生活到此结束。但他在做太史令的时候，也还有一种无定而经常的职务，这就是和做郎中一样，仍需侍从武帝。武帝这时还是常要出巡，元封四年（前107）冬的北巡（自言"北过涿鹿"，就是这一次侍从的事），次年（元封五年）冬的南巡、又次年（元封六年）冬的北巡，司马迁都因太史令的职务不断地侍从武帝。

白寿彝主编《中国通史》介绍司马迁，提到他的出生地：司马迁，字子长。汉景帝中元五年（前145），生于左冯翊夏阳县的一个农村（今陕西韩城南芝川镇）。这个地方，东临奔腾怒吼的黄河，北有横跨黄河的龙门山。

为作家出版社《中国历史文化名人传记》丛书写《凤凰琴歌：司马相如传》，我去陕西韩城拜访司马迁故里，感受大汉往事。我看见了黄河，哺育过司马迁的母亲河。我看见了龙门山，司马迁仰望过的山。我情不自禁背诵《史记·太史公自序》："迁生龙门，耕牧河山之阳。年十岁则诵古文。二十而南游江、淮，上会稽，探禹穴，窥九疑，浮于沅、湘；北涉汶、泗，讲业齐、鲁之都，观孔子之遗风，乡射邹、峄；厄困鄱、薛、彭城，过梁、楚以归。于是迁仕为郎中，奉使西征巴、蜀以南，南略邛、笮、昆明，还报命。是岁天子始建汉家之封，而太史公留滞周南，不得与从事，故发愤且卒。而子迁适使反，见父于河洛之间……"司马迁在汉帝国版图上走了一大圈，而与黄河为邻的韩城，正是他生命的起点。我看见了司马迁的起跑线。

有人可能会问：你明明是给司马相如写传，干吗拐到司马迁的家乡找灵感？有没有搞错啊？

没有搞错。西汉文章两司马，司马迁是最早给司马相如写传的人。我是最新的一个。在这方面司马迁绝对是我的先驱。

汉代文学，出过两大巨人，司马相如和司马迁。一个是"赋圣"，一个是"史圣"，都是在各自领域出类拔萃的人物。

司马迁（前145—前87后）比司马相如（约前172—？）小二十来岁，他忍辱负重写《史记》时，司马相如早就名满天下。司马迁以一篇《司马相如列传》，勾勒出这位在时间上离自己比较近，但注定要进入历史的人物，并毫不掩饰地表达了自己对司马相如才华的倾倒。司马迁选取司马相如生活和事业上的几个事件加以描绘，譬如游梁、娶卓文君、通西南夷等，并全文收录与此相关的文和赋，"连篇累牍，不厌其繁"，计有《子虚赋》《上林赋》《喻巴蜀檄》《难蜀父老》《谏猎书》《哀二世赋》《大人赋》《封禅文》等八篇，文字之多，远超司马迁自己的笔墨。

韩愈列举"汉代文学排行榜"："汉朝人莫不能为文，独司马相如、太史公、刘向、扬雄为之最。"但冠、亚军肯定非司马相如和司马迁莫属。在前两名里，司马相如和司马迁的排位经常调换，有人觉得司马相如应该算老大，有人觉得司马迁比司马相如卓越，还有人是和事佬，觉得两人可以并列第一。

文学史也习惯将两司马相提并论，列为西汉的双子星座。当时有班固说："文章则司马迁、相如。"现代有鲁迅说："武帝时文人，赋莫若司马相如，文莫若司马迁。"

读白寿彝主编《中国通史》第四卷《中古时代·秦汉时期》的《司马相如司马迁》这一章，我还发现许多段落，都无意间证明这两人还真有缘。

写司马相如："有人上书告发相如使蜀时受贿，遂失官家居。他的家在茂陵，是武帝于建元二年（前139）建造的自己的陵园，并改为一个县。这也是皇家新的游苑别墅，是武帝集中'豪杰'及'乱众之民'的禁区。相如为郎后，侍从武帝，大概就住在这里。"

写司马迁："司马迁童年的时候（建元二年，前139），汉武帝在长安城西北八十里，槐里县的茂乡建造自己的陵园，周围三里，把茂乡改为一个县，叫作茂陵（今陕西省兴平市），并鼓励人民移往茂陵，每户给钱二十万，田二顷。到司马迁十九岁这一年（元朔二年，前127），汉武帝为了加强统治，听信说客主父偃的献计，把全国地方豪杰及家产在三百万以上的富户迁到茂陵。在汉武帝始而鼓励人民、继而压迫豪强迁徙茂陵的形势下，司马迁的家庭不知在哪一年和什么原因，也搬到茂陵来了。因此茂陵显武里成为司马迁的新籍贯。晚年的董仲舒和著名辞赋家司马相如，也都移家茂陵。"

我早就知道司马相如后半生做官、赋闲、作文、养病，都以茂陵为居住地。还移情别恋一位无名又著名的茂陵大家闺秀，要不是卓文君写了《白头吟》加以阻止，说不定就休妻另娶了，真正成为茂陵的女婿。至少，也可能将后来书里写到的"茂陵人女"，纳为侧室。"茂陵人女"虽没怎么露面，却因为司马相如一场闹得满城风雨的婚外恋，而成为绯闻的女主角，使故事发生地茂陵也跟着出大名了。当然，司马相如最后也是死在茂陵的，病卧家中，留下一篇遗书——大名鼎鼎的《封禅文》。弄得汉武帝派专人从长安城里赶往东郊茂陵提取，生怕卓文君不当回事一把火烧了。茂陵，和司马相如后半生结下不解之缘。没想到它也成为韩城人氏司马迁的新家。司马迁举家乔迁茂陵时，不知司马相如是否还健在？这西汉文学的两颗太阳，是否可能在茂陵街头擦肩而过？即使司马相如已不在了，司马迁无法登门拜访活人，也会慕名前去瞻仰其故居。

据李长之考证，司马迁十岁即到了京师长安学习，"由于他父亲的关系，他得以认识当时的一些名人"，"在他十六岁的时候，汉武帝设立乐府，老诗人司马相如还活着，曾参加作歌词，司马迁后来写了《司马相如列传》，纪念这个老诗人"（见李长之著《中国文学史略稿》第二卷，五十年代出版社，1954 年版）。

司马迁做过司马相如曾做过的郎官，入宫给皇帝当侍从，仕途的起点与经历都很相似，尤其难得的是，两人不约而同地，先后作为汉武帝的"特派员"，奉旨出使西南夷：汉武帝元鼎六年（前 111），司马迁奉武帝之命出使巴蜀以南，代表汉廷去视察和安抚西南少数民族地区。过去二十多年来武帝先后派唐蒙、司马相如、公孙弘等去西南通好和开发，司马迁此时也肩负这一神圣使命，由长安出发，南出汉中（今陕西汉中南），经巴郡（今重庆市北）到犍为郡（今四川宜宾市），由犍为郡到牂柯郡（今贵州黄平县西）。然后到蜀郡（今四川成都市），出零关道（今四川芦山县东南），过孙水（今安宁河）桥，到越巂郡（今四川西昌市东南），到沈犁郡（今四川汉源县东南）。这就是司马迁说的"奉使西征巴蜀以南，南略邛（西昌）、筰（汉源）、昆明（今云南保山、腾冲、顺宁等地）"的具体路程。

司马迁还侍从武帝封禅泰山：汉武帝元封元年（前 110）春正月，当汉武帝东行齐鲁、准备封禅的时候，司马迁从西南回来，赶到洛阳见快要死去的父亲。他的出使尚未复命，不能多耽搁，必须赶快再去山东侍从汉武帝。汉武帝到山东，先东巡海上，后在泰山上下祭祀天地。复东至海上，沿海北上，至碣石山（在今河北昌黎县境）。又巡辽西郡（今河北卢龙县东），历北边，至九原郡（内蒙古五原县）。五月回到甘泉。司马迁这一次从巡。汉武帝元封二年（前 109）春，汉武帝又东巡祭祀泰山，司马迁再次随从："余从巡祭天地诸神名山川而封禅焉。"他荣幸地成为封禅典礼的参加者。

司马迁陪伴汉武帝在泰山登顶，是否会想到司马相如？是否会想到：这正是司马相如最后的梦想，也是其最大的遗憾？司马相如做梦都想成为封禅典礼的参与者、见证者啊，他也正是这一国庆大典最积极、最重要的倡议者之一。他的遗书，没谈家事，谈的是国事，主题就是关于封禅啊。可惜，当他的呼吁有了反响，当他的愿望得以实现时，他本人却无法在场，不可能亲眼目睹了。

司马迁，替司马相如圆了这个梦。

二、两司马，此司马也非彼司马

司马迁不可能忘掉司马相如，不可能忘掉司马相如做过的梦。司马迁第一个为文学家立大传，选中的就是司马相如。当代学者张大可发现九千一百余字的《司马相如列传》，是《史记》中寥寥可数的人物大传之一，由此可见司马迁对司马相如的重视与偏爱："万世师表，孔子的传记，《孔子世家》才七千七百余字。《史记》中超过八千字的人物大传只有三篇。第一位是《秦始皇本纪》，九千四百余字，第二位是《李斯列传》，九千二百余字，《司马相如列传》占第三位。三篇人物大传，篇幅几乎相等。秦始皇千古一帝，他的本纪包括秦二世，是一代王朝史。李斯一代名相，他的传记包括了赵高，备载秦王朝灭亡的过程。司马相如，一个文人的专传，其篇幅与秦始皇、李斯相侔，值得深究。如果没有司马迁之笔，历史也许会传不下来这位伟人的传奇，至少是大为减色，留下的只是有司马相如这个名字罢了。"

司马迁"特爱其文赋"，"心折长卿之至"，这是无疑的。而司马相如仰慕谁呢？司马相如最崇拜的偶像并不是屈原，而是另一个人。多亏司马迁的记载，才使后人得以了解司马相如最初的志向："司马相如者，蜀郡成都人也，字长卿。少时好读书，学击剑，故其亲名之曰犬子。相如既学，慕蔺相如之为人，更名相如。"

司马迁给司马相如写过传，也给蔺相如写过传，从《廉颇蔺相如列传》里，能看见蔺相如智勇双全的形象，其血性力透纸背。

司马相如以蔺相如为样板的人生理想，究竟实现了没有？还是不得不多少打点折扣？

据我个人的考量，在文采、风流以及亲和力、传奇性方面，司马相如并不输于蔺相如，甚至有过之而无不及。

但与蔺相如高大全的纯正面形象相比，司马相如还是颇富争议的，有一些要么令人遗憾要么容易遭受攻击的缺点，拉开了与其偶像蔺相如的人格差距。虽然白玉微瑕，但正因为在白玉身上也更为刺眼，更容易让眼里揉不得沙子的人（譬如后世的苏轼）挑剔。

以蔺相如为楷模修炼自己、打造自己，司马相如为何没有青出于蓝而胜于蓝，反而显得差点火候呢？

按道理在成功的机遇方面，两者是不相上下的，蔺相如遇见了赵惠文王，司马相如也跟汉武帝不是一般的交情，所处的又都是能够让文武英雄脱颖而出甚至出大彩的特殊时代。

那么我只能如此猜测：在把握机遇方面，司马相如的心态与手段还有点软，不如蔺相如勇敢、果断。当然，你可以反驳我的观点：蔺相如毕竟是战国时期列强竞争局面造就的政治家、外交家，司马相如说到底还只是文人墨客，道路不一样，努力的效果和产生的影响也不一样。但我还是要说：汉武帝提供的平台不算小了，尤其在司马相如奉旨出使西南夷时，已立于时代潮头，距其成为"当代蔺相如"的人生理想只有一步之遥，之所以未能滴水不漏地做到"手把红旗旗不湿"，还在于他虽有凌云壮志，但并不是真正的"政治弄潮儿"，一遇节外生枝或复杂局面，就心有余而力不足，不仅缺乏蔺相如那种明知山有虎、偏向虎山行的勇气，甚至自己内心就打起退堂鼓。

司马相如究竟比蔺相如差了哪点火候？我觉得只是少了点纯粹。可境界上差之毫厘，行动上和结果上就会失之千里。

蔺相如是因为全心全意为家国拼命，无私才无畏，大义凛然，令国人与强敌都肃然起敬。司马相如走仕途，考虑更多的还是出人头地，一遇大展宏图的机缘就想出风头，很容易招惹来政敌，加上在挫折面前有私心杂念，为个人得失所牵绊，斗争意识不坚强不坚定，自然不堪一击。

不管司马相如怎么想成为蔺相如第二，群众的眼睛是雪亮的，还是看出了两者的区别。有一个小故事，也颇能说明世人的判断。传说明朝的于谦十四岁进京赶考，恰巧主考官叫虞谦。考前点名，主考官连叫三次"于谦"，于谦不应答。主考觉得这考生太不礼貌，质问为何不答？于谦回答得很谦虚："小生与主考同名，故不敢答。"主考官转怒为喜，便用半联来安慰于谦：魏无忌，长孙无忌，彼无忌，尔亦无忌。于谦到底是才子，并未被难倒，寻思片刻就答出下半联：蔺相如，司马相如，名相如，实不相如。

"蔺相如，司马相如，名相如，实不相如。"于谦后来之所以成为于谦，或许跟他那么小就看出蔺相如与司马相如的本质区别不无关系。他慷慨悲歌的人生传奇，更得蔺相如之风骨，或者说，他走得比司马相如离蔺相如还更近了一步。

于谦有诗《石灰吟》，堪称其人生写照："千锤万凿出深山，烈火焚烧若等闲。粉身碎骨全不怕，要留清白在人间。"这种不惜玉石俱焚以追求纯粹与清白的精神，使我想到了完璧归赵的蔺相如。于谦与蔺相如，甚至比司马相如与蔺相如有更大的共同点，就是能豁得出去，"下定决心，不怕牺牲，排除万难，去争取胜利"。于谦身上，似乎比司马相如身上更能看得出蔺相如的影子。

在困难面前，司马相如多了点瞻前顾后的犹豫，少了点破釜沉舟的决断，虽是文豪，却与成为英雄的机缘失之交臂。这不是我在苛求司马相如。我只是替他略感遗憾罢了：他本有机会成为文豪兼英雄的。关键的是他自己也不无遗憾：他最想成为的并不是文豪，而是蔺相如那样的英雄。

同样是文豪，司马迁的生平与性格，比司马相如更有英雄的气概。他比司马相如更敢于走险棋，更不吝啬代价，经历重挫仍不失去自我，虽败犹荣。他已超越了文豪的境界，真正成为一个时代的文化英雄、一个民族的精神英雄。和蔺相如一样，他敢于豁得出去，而且确实豁出去了。一部《史记》，同样价值连城，其分量不亚于价值连城的和氏璧。

西汉文章两司马，司马迁，司马相如，姓司马，此司马也非彼司马。一个虽被阉割，骨子里仍然是不羁的野马，《史记》最大的看点就是一个人的灵魂在尥蹶子。一个人虽热爱自由，却不得不安于被圈养的命运，只能在想象中天马行空。

《汉书·儿宽传》云汉武帝朝异人并出，"文章则马迁、相如"。这两位也是文化异人、文学巨人。不仅在文体文风上开风气之先，而且个性鲜明，不可复制的性格决定并造就了不可复制的命运。这种戏剧性的人生给他们的作品提供了背景，虽然司马相如总能把事业或情感的坎坷演变为喜剧，司马迁则从悲剧的冲突中获得额外的力量。

鲁迅的《汉文学史纲要》，把司马相如和司马迁二人放在一个专节里加以评述："武帝时文人，赋莫若司马相如，文莫若司马迁，而一则寥寂，一则被刑。盖雄于文者，常桀骜不欲迎雄主之意，故遇合常不及凡文人。"人们总觉得司马相如和司马迁为人为文风格的反差极大，鲁迅则发现了这两人性格乃至命运的共性：两位文豪，在汉武帝面前，虽然表现有区别，但骨子里还是一样的，都保留着自我与自尊，因而显得甚至不如普通文人会来事。

面对雄主，司马相如和司马迁都没有自我阉割雄心，那是文化带来的气节。这种自豪感后来又遗传到李白身上："天子呼来不上船，自称臣是酒中仙。"当然，李白的境遇因此也比其先驱好不到哪里，甚至在天子身边都待不下去了。当代诗人北岛说得好："卑鄙是卑鄙者的通行证，高尚是高尚者的墓志铭。"司马迁的高尚举世公认，司马相如高尚与否，虽有争议，但至少不属于卑鄙者的阵营，他若是愿意以良知换取通行证，早就该飞黄腾达了。后半生之所以一直未升官、没得到重用，在于不擅长或不屑于钻营。

有研究者肯定青年司马迁深受当时大文豪司马相如的影响：后来为立司马相如传专事"田野调查"，随扈到过西南边陲，又出使西南巴蜀，亲临司马相如、卓文君故地。"这事在司马迁奉使前的十九年。司马迁的奉使，却比他的前辈走得更远了一些，不但到了巴蜀以南，邛筰（西昌一带）之地，而且到了昆明。"

司马相如和司马迁同处汉武帝时代，分别在辞赋和散文领域占据着制高点，有"西汉文章两司马"之称。与一般并称作家所不同的是，司马迁在《史记》中为司马相如立传，使他在当时文坛独占鳌头的地位得到史册的确认，这是一种胸怀，也是一种情怀。

马予静《西汉文章两司马——〈史记·司马相如列传〉考论》，分析了原因："同一姓氏的自豪感、亲历目见的深刻印象、共有的出使巴蜀经历，以及对其文学才华的钦佩赞赏，多种因素共同作用，构成司马迁为司马相如立传的动机和目的。两人的文章虽然表达方式大有不同，一虚夸，一实录，但同样有着汪洋恣肆、壮阔雄伟的宏大气象，代表了西汉武帝时代宏放豪迈的文化精神。"马予静还指出："司马相如以壮丽豪迈的辞赋垂范后世，司马迁以宏伟雄肆的史传散文超迈古今，成为汉代文学鼎盛期的两座丰碑。"

大作品造就了大文人。

三、西风烈，西汉风猎猎

汉武帝即位，司马迁的父亲司马谈为太史令。汉武帝元封元年（前110），司马谈临终时嘱咐司马迁继续自己的遗志，撰写史书。三年后，子承父业任太史令的司马迁，开始在国家藏书的"金匮石室"阅读，整理历史资料。汉武帝天汉三年（前98），李陵孤军深入匈奴而败降，富有同情心的司马迁从人性化的角度，极力为李陵辩护：其降敌实属无奈，意在待机报答汉朝。此举触怒汉武帝，获罪下狱，受宫刑。司马迁为完成《史记》，隐忍苟活。出狱后任中书令，继续发愤著书，完成了我国最早的一部纪传体通史《史记》，早期人称《太史公书》。

李陵事件与司马迁受宫刑及其完成《史记》有关系：汉武帝天汉二年（前99），李陵与匈奴战于浚稽山，最后兵败投降。司马迁认为李陵决不会真的向匈奴投降，触怒了武帝，下狱审讯，得了"诬上"（欺骗皇上）的罪名，是死罪。汉武帝时代，犯死罪的人根据两条旧例可以免死：一条是拿钱赎罪；一条是受"腐刑"。司马迁宁可忍受"腐刑"的屈辱，出狱后，做了中书令。从此以后，司马迁以宦官的身份，在内廷待候，更接近武帝了。司马迁坚持著述。受宫刑，是司马迁人生的转折点，既使他倍感耻辱，又激发了他以《史记》翻身的斗志。

宫刑导致司马迁的身体变得残缺，但并没有摧毁他的意志，某种意义上甚至可以说成全了他，成全了他的理想、他的《史记》。铮铮铁骨依旧在，只不过变得内敛了，多了几分韧性。

司马迁写《史记》，其实也属于后世鲁迅所谓"韧的战斗"，不再与当朝统治者硬碰硬地争辩或死磕，但更为策略一点，既没有放弃自我，又保留了骨气与话语权。

伴君如伴虎，同样是效力于天子脚下，司马相如似乎比司马迁更"机灵"一些，虽然也不乏惊险之处，但总能全身而退，甚至逢凶化吉。这真是无师自通，没交什么学费就掌握了与帝王相处之道、周旋之术。汉武帝是在"御用"司马相如，司马相如何尝不是在同时利用汉武帝呢？借助汉武帝而平步青云，节能且超值地实现自己的人生抱负。与磕磕碰碰中学会绵里藏针的司马迁相比，司马相如一开始走的就是捷径，或者说少走了不少弯路，最大限度地避免了风险、保全了自己。

但这也不是没有代价的。司马相如付出的代价不像司马迁那么明显、那么惨烈，但艰难的程度也不亚于脱胎换骨：与其因鲜明的个性同外界产生冲突、招致打击，不如事先亲手磨平自己的棱角，至少，有所收敛。司马相如没像司马迁那样遭遇宫刑之类厄运，并不见得因其天生圆滑、游刃有余，很可能是他权衡利弊后有意无意地进行了精神上的"自宫"。或者说比司马迁更擅长"换位"思维，揣摩对方的心态，在表达观点时能站在统治者的角度修改自己，使之更润滑且易于接受。

就人生而言，这种策略肯定使安全系数大增。但就文学而言，思想性与冲击力必将减弱。司马相如的《子虚赋》《上林赋》，在文采上及当时的影响力方面不会输给司马迁的《史记》，但放在更远大的时空来评比，其意蕴与分量可能要稍逊一筹。

原因很简单：少了一根骨头。

作者价值观的取向决定着思想的独立程度，思想的独立程度体现在作品里，又能裁判出美学上的层次及境界的高下，最终有轻重之分。

司马相如和司马迁，得矣失矣？只能说各有所得，各有所失。所得即所失，所失即所得。

西风烈，西汉风猎猎，西汉文章两司马。一个擅开顺风船，借势发挥，如《红楼梦》里薛宝钗所期望的得意人生："好风凭借力，送我上青云。"一个则是忍辱负重，逆水行舟，激流勇进。

必须承认：司马相如和彻头彻尾的"犬儒"还是不一样的，有着本质区别。他还是坚守着知识分子的精神传统和道德底线。

"相如虽多虚辞滥说，然其要归引之节俭，此与《诗》之风谏何异。"司马迁把司马相如赋比拟于《诗经》，看重其在歌功颂德的主旋律之中不忘讽刺，使《诗经》"兴观群怨"的传统得到策略性的继承。虽然只是"劝百讽一"，但也难能可贵。正是这巧妙隐藏在赞美之声后面的批判精神，令司马迁刮目相看，曲径通幽地找到司马相如赋的真魂，并且引以为精神上的先驱与同仁。

既有幸又不幸的被"御用"人生，以帝王为第一读者的大赋创作，司马相如在这一足以造成人格撕裂的境遇（既是顺境又是困境）中，硕果仅存地保留着文人崇尚自由的天性，小心翼翼，在高空走钢丝，并且没有掉下来。他呵护的星星之火，没有被黑暗或繁华遮蔽，照亮了后来人司马迁的眼睛，在《史记》里成燎原之势。正如鲁迅认定司马相如和司马迁都不是"凡文人"，对司马相如赞美有加的司马迁，是不会看错人、爱错人的。

司马迁为司马相如打抱不平，其实也是因自己经历的不平而鸣，乃至为所有不受待见的知识分子鸣不平："文史星历，近乎卜祝之间，固主上所戏弄，倡优畜之，流俗之所轻也。"（《报任少卿书》）司马迁从汉武帝元封三年（前108）到天汉二年（前99），当了整整十年太史令，秩仅六百石。后来任中书令，社会地位似乎并未大幅度提升，在帝王将相眼中也不过是"刑余之人，闺阁之臣"。

有人说：司马迁能不顾儒家"为尊者讳"的信条，对于汉王朝的创建者高祖刘邦和手握生杀大权的"今上"汉武帝刘彻，也能"不虚美，不隐恶"，尽量做到实录。班固指责他"是非颇谬于圣人"，恰恰说明他在许多问题上突破了儒家思想的藩篱。沈伯俊比较过司马相如和司马迁这方面的胆识："比起同时的赋家吾丘寿王、枚皋等人来，司马相如与他们在人格上的高下之别仍是非常明显的。司马迁更是敢于揭露统治阶级包括汉王朝最高统治者的丑恶面目。对于汉王朝的开国皇帝刘邦，司马迁一方面肯定了他在秦王朝灭亡以后，重新统一天下的巨大功绩；另一方面，又毫不客气地揭露了他的贪财好色、虚伪狡诈、庸俗猥琐。对于刚愎自用、好大喜功的汉武帝，司马迁一再揭露他的奢侈挥霍、刻薄寡恩；在《武帝本纪》里更详细记载了他宠信方士，虽多次受骗上当而仍执迷不悟的可笑行径。这些很可能为作者惹祸的真实记录，不仅在当时是难能可贵的，而且是后世绝大多数封建史家们做不到的。"尤其挑明了司马相如和司马迁的区别：司马相如虽然在政治上不得志，但并未遭到过重大的打击和挫折，而司马迁则亲身体会到统治集团的反复无常、奸诈自私和冷酷无情，甚至身陷囹圄，惨遭酷刑。司马迁的政治识见他比司马相如高明得多。司马相如始终无法超出对统治者的"讽谏"，司马迁则敢于揭露封建社会的种种弊端。

司马迁对司马相如的缺陷同样看得很清楚。他在《司马相如列传》里，点到了司马相如"多虚辞滥说"的穴位，或者说病根："无是公言天子上林广大，山谷水泉万物，及子虚言楚云梦所有甚众，侈靡过其实，且非义理所尚，故删取其要，归正道而论之。"司马迁正是因为规避了司马相如的误区而开发出一方新天地。

沾了赋是当时主流文体的光，司马相如在有生之年就成为万人迷的偶像，享受到自己作品当场兑现的名利回报。司马迁则没有摆脱生前寂寞的常规命运，他的《史记》被汉赋的"嘉年华"给遮蔽了，还留待后世的重估与追认："比于班书，微为古质，故汉晋名贤未知见重。"（唐人司马贞《史记索隐·序》）在唐人眼里，司马迁开始和司马相如并驾齐驱，"唐宋八大家"之首的韩愈进行过盘点："汉之时，司马迁、相如、扬雄，最其善鸣者也。"（《送孟东野序》）"汉朝人莫不能为文，独司马相如、太史公、刘向、扬雄为之最。"（《答刘正夫书》）杜牧也这么认为："自两汉以来，富贵者千百，自今观之，声势光明，孰若马迁、相如、贾谊、刘向、扬雄之徒？"（《答庄充书》）

可见直到唐代以后，司马迁的影响力猛增，不仅赶上了甚至超过了司马相如。宋代郑樵对《史记》爱不释手："百代以下，史官不能易其法，学者不能舍其书。"（《通志序》）明清之际，顾炎武说："古人作史，有不待论断而序事之中即见其指者，惟太史公能之。"（《日知录》卷二十六）清代史学家赵翼把《史记》颂扬到至高无上的地步："史家之极则。"（《廿二史札记》）

西汉文章两司马，这架摇摆的天平，到了鲁迅手上，又被掂量了一番。鲁迅在《汉文学史纲要》里，固然对司马相如进行了礼节性的赞美："不师故辙，自擄妙才，广博闳丽，卓绝汉代。""其为历代评骘家所倾倒，可谓至矣。"而对司马迁的《史记》则更是奉为心中至尊："史家之绝唱，无韵之《离骚》。"很明显，鲁迅代表现代人，把一块最关键的砝码，押在司马迁那一边了。

在司马相如和司马迁之间，鲁迅的性格无疑更接近司马迁，拒绝歌功颂德，无意风花雪月，对历史与真理的尊重要大于对强权的敬畏。

"横眉冷对千夫指，俯首甘为孺子牛"，是鲁迅的自况，用来形容司马迁的价值观也不为过。正是这种超越了世俗与势利的价值观，使司马迁在职业生涯中不看汉武帝脸色，敢于为落难者李陵辩护，说自己想说的，而不是像大多数人那样要么沉默要么只说掌权者想听的。虽然为之遭遇横祸，虽九死其犹未悔，写《史记》时仍然暗藏锋芒，譬如不为刘邦等尊者讳，却同情项羽等失败者。他为人与为文的态度是一致的，爱憎分明，立场坚定，富贵不能淫，威武不能屈。

司马相如和司马迁最大的区别在哪里呢？恐怕在于前者比后者缺乏独立意识，因而舍弃了反抗精神。这种忍痛的"自宫"，使司马相如避免了与帝王可能发生的分歧与冲突，获得了安全感，但也容易给人"媚权"的印象而显得加倍地"媚俗"。也许，他只是满足于做一个华丽的传声筒，而刻意掩饰了独特的金嗓子，在感染力方面自然要大打折扣。但这已是他本人愿意承担的代价。在他的价值观里，这是必要的牺牲，比司马迁付出的那种惨烈代价要值得一些，属于留得青山在的舍卒保车。

鲁迅敬重司马迁，不难理解。一样的风骨，因而有一样的风采。道不同不相为谋，从司马迁到鲁迅，为何都对秉持另一种价值观的司马相如分外宽容呢？他们自己虽然选择了鲜血淋漓的荆冠，立场站在失败者或弱势群体这边，但也能理解渴望风调雨顺甚至追求富贵的"桂冠诗人"，毕竟，荆棘路不是每个文人都敢走或愿意走的。况且，司马相如奉行的"成功哲学"，确实也为他自己乃至文学史打造出一方辉煌新天地，其建设性是无法否认的存在。

王勃《为人与蜀城父老书》："马卿之失路也，临邛之一食客耳。武不足以服众，文不足以动时。长剑屈于无知，洪笔沦于不用。洎乎雄图蹴运，至尊纳背水之谋；丽藻升朝，天子赏凌云之作。威加海岳，声振廊庙。"汉武帝对司马相如，不只是伯乐相马，更是点铁成金。以帝王之尊，说谁是千里马谁就是千里马。给谁机会，给谁跑道，给谁舞台，谁就是千里马。或者说埋没于草莽中的快马很多，谁登上殿堂得到千里马的称号，谁才是真正的千里马。这就是命运。你不服还不行。

司马相如得到汉武帝的赏识，是其人生最大的转折点，真正由江湖而进入庙堂了，从此身负重任。因为汉武帝不只是伯乐，更是骑手，为其所用才有价值。

幸好这对于司马相如最适合，他真担心没有用武之地呢，他一直梦想着能被派上大用场。汉武帝与司马相如的相遇，可谓一拍即合。

对于汉武帝这样文武全才而又绝对自信的帝王，你跟他说什么固然重要，你跟他怎么说也是有讲究的，既要说到点上，又要说得好听，顺耳才能入心。

司马相如在这方面堪称无师自通的天才，总能把握好火候、拿捏好分寸，不仅说得有理有据，而且说得有情有义，解决了古往今来仗义执言者很难解决的矛盾，真正地做到了良药而不苦口，忠言但不逆耳。他用的是巧劲儿，不仅说得巧，而且说得妙。

如果没有这种水平，作为贴身的谏臣与汉武帝这样的帝王朝夕相处，那可真是伴君如伴虎，一句话没说好，随时可能被反咬一口。西汉文章两司马，与司马相如性格反差很大的另一个司马，司马迁，就是因为不会看汉武帝眼色与脸色，冒险为李陵辩护，而触怒龙颜，惨遭宫刑。

种瓜得瓜，种豆得豆，性格就是命运，西汉两司马在同一个君主面前大相径庭的遭遇，绝对是性格使然。

司马相如懂得以柔克刚，司马迁则是硬碰硬，前者比后者更擅长保护自己，后者比前者更显得奋不顾身。

与司马相如在天子阴影下进退自如、游刃有余相比，司马迁所受的宫刑某种程度上像是为捍卫真理而自杀式冲锋、而"自宫"。这两种风格的为官之道、为臣之道，在后世都有效仿者，但总体而言，学司马相如难，学司马迁则难上加难，学司马相如者众，学司马迁者少，不是不想学，而是"学费"太高。

那么昂贵的代价，不是每个人都付得起的，不是每个人都觉得值得的。关键是还要看效果。司马相如式的劝谏，性价比是最高的，所费不多（既不用大费口舌，又不用大动肝火），好像还能达到双赢或多赢的效果，贵在有谋。

但司马迁式的劝谏同样宝贵，贵在有勇。那种我以我血荐轩辕的牺牲精神，是司马相如这类文人天生所缺乏的，他有的是生存的智慧，因而不愿承担过多的损失，或者说耻于做赔本的买卖。他不敢牺牲是因为不愿牺牲，不愿牺牲是因为觉得如此牺牲不值得。

西汉两司马为人为文的风格不同，说到底还是因为性格不同，价值观不同。

司马相如不仅更了解自己（了解自己想什么要什么），而且更了解别人（包括帝王将相），更了解人性。估计他早就把一切看穿了，看透了，才小心翼翼地避免成为政治的牺牲品。他骨子里就拒绝成为政治的牺牲品。他并不真的热衷于政治，不过是借助政治实现个人价值。他最爱的不是帝王、不是朝廷，甚至也不是江山、不是社稷，最爱的还是自己。

司马相如给汉武帝《谏猎书》，好像把帝王的安全看得高于一切，但只有他知道，同样值得关心的是自己的安全。他甚至可能早就把汉武帝看穿了，看透了，甚至可能比汉武帝更了解汉武帝：别看这个人老是虚心地让别人提意见，骨子里还是爱听好听的。话又说回来，这不全是他的错，这是人性。谁不是这样啊？

谁若觉得司马相如虚伪、自私、巧舌如簧，司马相如肯定会成为自己最好的辩护律师：一个不爱自己的人怎么可能真爱别人呢？怎么可能真爱帝王、真爱江山社稷呢？司马相如，本质上是中国传统文人中最早出现的个人主义者，最有代表性的个人主义者。用一个当代流行语来形容也很贴切——"精致的利己主义者"。

在司马相如之前，主流文人并不是这样的，主流文人都是以孔子、屈原为师范的，明知其不可为而为之。迎难而上，远远胜过知难而退、绕道而行什么的。

如果非要给司马相如找一个先驱，绝不是屈原，而是宋玉。在自恋的程度上，司马相如有宋玉之风而无不及。

司马相如虽然尊敬屈原的雄心壮志，也羡慕屈原的青史留名，但在宦海里扑腾几下子就明白自己是谁了，自己跟屈原是两类人。屈原宁为玉碎，自己却甘为瓦全，比屈原少了许多幻想，也就少了许多力量，但又比芸芸众生多了一点理想：如果不能像白玉无瑕，那就做一块瓦吧，做瓦中的瓦，最好修炼成出类拔萃的琉璃瓦。对于司马相如而言，保全自己最重要，即使在人性海拔的低处保全自己，照样可能东山再起。若不擅长自保，你明明是一座巅峰，也随时可能夷为平地。

司马迁，反倒跟屈原是一脉相承的，追求纯粹，眼里揉不得沙子，心里揉不得沙子。守身如玉，守心如玉，守诚信与名誉如玉，虽然没有粉身碎骨，但也在南墙上撞出了一道伤口、一道缺口。

司马迁比司马相如更容易受伤。司马相如比司马迁更爱惜自己。

附录一 司马相如生平大事年表

汉文帝前元八年（前172） 约一岁

司马相如在这一年出生于蜀郡成都。父母为其起名犬子。

汉文帝前元十四年至汉景帝前元四年（前166—前153） 约六岁至十九岁

司马相如在成都读书习剑，为了向心目中的偶像蔺相如致敬，把父母给起的名字犬子（确实不太好听）改为相如。

汉景帝前元五年（前152） 约二十岁

估计司马相如是在这一年告别成都，经蜀道投奔京师长安求职，赀金为郎，不久又晋升为汉景帝的"武骑常侍"，俸禄六百石。职责是守卫皇宫门户，乘车骑马护卫銮舆。

汉景帝前元七年（前150） 约二十二岁

司马相如结识了随梁孝王入朝景帝的邹阳、枚乘、庄忌等谋士。司马相如很羡慕这些赋家能得到梁孝王重用。他在被引见给梁孝王并得到认可之后，托病辞去"武骑常侍"一职，从首都长安迁居梁国的国都睢阳（今河南商丘），投靠梁孝王门下为游士，成为梁园"文学集团"的最新成员。

汉景帝中元五年（前145） 约二十七岁

估计司马相如是在这一年，根据在梁孝王辖地的生活体验，与邹阳、公孙乘、韩安国等游赏梁园分韵吟诗时，一挥而就《子虚赋》。此赋流传全国，甚至宫廷也留存着抄本，使他一夜成名，也是他的代表作之一。

汉景帝中元六年（前144） 约二十八岁

梁孝王病死。梁国被分裂为几个小国。梁府门客自动解散。司马相如失业，回到成都老家闲居。

汉景帝后元元年（前143） 约二十九岁

司马相如应临邛县令王吉之邀前往临邛小住。在王吉的谋划下，仰慕临邛首富卓王孙之女卓文君美貌的司马相如，终于找了个机会去卓王孙家做客，在客厅里自弹自唱《凤求凰》。藏在屏风后面窥探的卓文君，见司马相如一表人才，弹拨的琴曲有求偶之意，似乎还挑逗自己中夜私奔。贴身丫头捎来司马相如托交的字条，邀约在临邛城门口的都亭会面。卓文君赴约，发现司马相如早已雇好车马等候，拉上美人就连夜赶回老家成都。这一年卓文君十七岁。

汉景帝后元二年（前142） 约三十岁

在成都，为了支撑起小小的家，司马相如就变卖了车马，文君也把自己的头饰当了，夫妻开店，在如今的琴台路一带卖热酒熟食。文君亲自坐在垆边沽酒算账，相如也系上围裙，用写字弹琴的手端盘洗碗，当起了"服务生"。"文君当垆""相如涤器"的典故，由此而来。大城市做生意太辛苦，文君提出回临邛，找兄弟借钱，可卓王孙不让进家门，文君一气之下重操旧业，又在家门口开起酒馆，卓王孙很没面子，只好承认这门婚事，分予文君僮百人，钱百万，及其嫁时衣被财物。文君与相如回到成都，置办豪宅，在后花园搭建一座琴台。这种神仙眷侣的逍遥生活，整整过了四年。

汉武帝建元三年（前138） 约三十四岁

汉武帝读到《子虚赋》，拍案叫绝。以为作者已不在世上，就遗憾不能作一席谈，以"独不得与此人同时"为恨。负责管理猎犬的官吏杨得意告诉汉武帝，写《子虚赋》的司马相如还活着，是自己的老乡，随时可召来一见。汉武帝大喜，立马下一诏书到成都。司马相如奉诏晋京，见到汉武帝，感谢他对《子虚赋》的赏识，又说那写的只是诸侯的事，如蒙允许我为圣上专门写一篇新赋，一定更加精彩。司马相如现场观摩皇家的游猎，一气呵成《上林赋》。汉武帝当场封司马相如为郎官（帝王的侍从官）。《子虚赋》与《上林赋》，在编入传世《文选》时又被合成一篇，名为《天子游猎赋》。

同样是在这一年，司马相如从汉武帝到长杨官打猎，目睹热爱冒险的武帝仗着年富力强，登山涉水，率先追逐野兽，相如上《谏猎书》（又称《谏猎疏》）劝诫，认为这样做很危险，应避免不测之祸。狩猎归来，过宜春官。汉武帝在秦二世墓地前若有所思。相如又见机行事，作《哀二世赋》，是哀二世之行失，实借以讽谏汉武帝应留意自己的行为。

汉武帝元光五年（前130） 约四十二岁

唐蒙为郎中将，强征数万巴蜀民夫修路凿通夜郎，三年还没有完工，加上他用战时军法诛杀一些少数民族首领，引发巴蜀骚乱。汉武帝想派人去"救火灭火"，司马相如就主动请缨，说那里是自己的老家，比较熟悉情况，便于对症下药。汉武帝就授权司马相如以郎中将身份（秩千石，相当于正司级）出使巴蜀。司马相如手持皇帝的旄节，抵达巴蜀，招抚邛、筰、冉、駹一带各族首领。虽然当时形势动乱，司马相如临危不乱，写了一篇《喻巴蜀檄》来传达朝廷旨意，稳定民心。

汉武帝元光六年（前129） 约四十三岁

汉武帝任命司马相如为中郎将，持节出使西夷。中郎将秩比二千石，相当于副部级，司马相如的官阶升了一格。这一次出使，司马相如写了一篇《难蜀父老》。

汉武帝元朔元年（前128） 约四十四岁

有人向朝廷举报司马相如几年前出使西夷时有受贿行为。汉武帝为表示自己并不偏袒，下令撤掉司马相如的官职。司马相如闲居于长安西郊的茂陵县，欲纳当地的一位名媛为妾。文君写给相如一首《白头吟》，以示恩断义绝。司马相如写《报卓文君书》，请求她的谅解。两人和好如初。

正是在那段时间，被汉武帝冷落废弃的陈皇后阿娇，托人转交千金想买相如一赋，相如代拟《长门赋》。不久之后，又写《美人赋》。

汉武帝元朔二年（前127） 约四十五岁

汉武帝复召司马相如为郎，官职不变。中郎将一职，秩四百石。

汉武帝元朔四年（前125） 约四十七岁

汉武帝又改拜相如为孝文园令，就是给汉文帝陵墓担任守陵人。相当于大县令。距其为中郎将持节出使西夷已有五年。中郎将一职，《史记索隐》引张揖曰："秩四百石，五岁迁补大县令。"而孝文园令，《史记索隐》引《百官志》："陵园令，六百石，掌案行扫除。"司马相如看出汉武帝迷恋仙道，提出"上林之事算不得最美好，还有更美丽的。臣曾经写过《大人赋》，未完稿，待我写完后献给皇上"。于是写成《大人赋》。

汉武帝元狩三年（前120） 约五十二岁

汉武帝建立乐府机关，令司马相如等数十人作诗。司马相如参与汉《郊祀歌》写作。

汉武帝元狩四年（前119） 约五十四岁

司马相如写《封禅文》，身心俱疲又引起糖尿病加重，只得辞去孝文园令，回茂陵家中养病。

汉武帝元狩五年（前118） 约五十五岁

司马相如病情越来越重，似乎已无药可救。汉武帝担心他若亡故，家中的书稿会散失，派使者去司马相如家把藏书收存宫中。使者所忠进门，司马相如已咽下最后一口气。卓文君根据司马相如托付，将其"遗书"《封禅文》

奉上。汉武帝收到使者带回的司马相如遗书，一看是《封禅文》，正合自己想选择时机去泰山封禅的心愿。

汉武帝元封元年（前110）

司马相如病逝八年之后，他特意遗留的《封禅文》终于起到作用：这一年，汉武帝正式举行封禅大典。

注：关于司马相如的出生时间，有多种版本。最权威的是《辞源》《辞海》等工具书的记载："公元前一七九年"（或曰"公元前179？"），即汉文帝前元元年。网络时代的百度也如此沿用。龚克昌、苏瑞隆著《司马相如》（春风文艺出版社1999年1月第1版），则不同意，以相如年过弱冠（二十岁）即以赀为郎及没干多久又改投梁孝王门下等轨迹来推断：相如生于公元前一七二年，即汉文帝前元八年。刘南平、班秀萍著《司马相如考释》，还以近乎数学推论的"小心求证"得出司马相如"约生于公元前一六九年"的考证结论。张大可《论司马相如》，认为"司马相如生于公元前一七四年，卒于公元前一一八年，享年五十七岁"。当然，另有权威性并不亚于第一种权威说法的说法：司马相如"生年不可考"。一九三九年出版的陶秋英《汉赋之史的研究》，即持此说。据说游国恩等、章培恒等、袁行霈等分别主编的多种版本《中国文学史》，均以不同方式或明示或暗示地表达了对"生年不可考"说的认同。我写这本《凤求凰——司马相如传》，主要参考龚克昌、苏瑞隆著《司马相如》一书的《司马相如生平大事年表》。在其基础上也有一定修改。

附录二 主要参考文献

一、古籍

1. 西汉司马迁《史记》

2. 东汉班固《汉书》

3. 汉代刘歆著、东晋葛洪辑抄《西京杂记》

4. 南朝刘勰《文心雕龙》

5. 唐李白著、清王琦注《李太白全集》

6. 北宋宋敏求编《唐太诏令集》

7. 北宋司马光《资治通鉴》

8. 明王世贞《艺苑卮言》

9. 明宋濂《宋濂全集》

二、专著

1. 鲁迅著《汉文学史纲要》（人民文学出版社《鲁迅全集》第9卷）

2. 陶秋英著《汉赋之史的研究》（中华书局1939年版）

3. 龚克昌、苏瑞隆著《司马相如》（春风文艺出版社1999年1月第

1版）

4. 刘南平、班秀萍著《司马相如考释》（天津古籍出版社 2007 年 7 月第 1 版）

5. 李天道著《司马相如赋的美学思想与地域文化心态》（中国社会科学出版社、华龄出版社 2004 年 10 月第 1 版）

6. 踪凡编《古典文学研究资料汇编——司马相如资料汇编》（中华书局 2008 年 11 月第 1 版）

7. 白寿彝主编《中国通史》（上海人民出版社 1995 年 11 月第 1 版）

8. 许结、今波、夏宁著《赋者风流：司马相如》（上海文化出版社 2008 年 8 月第 1 版）

9. 熊伟业著《司马相如研究》（电子科技大学出版社 2012 年 11 月第 1 版）

10. 侯柯芳著《浅说司马相如》（四川大学出版社 2016 年 12 月第 1 版）

论文

1. 冯良方《汉初儒学的延续与嬗变》（云南人民出版社 2001 年版《孔学研究》第七辑）

2. 房锐《对司马相如成名与文翁化蜀关系的再认识》（四川出版集团巴蜀书社 2009 年版《巴蜀文化研究集刊 5》）

3. 沈伯俊《司马相如与司马迁》（《天府新论》1985 年第 4 期）

4. 谭继和《郭沫若与巴蜀文化（上）》（《郭沫若学刊》1996 年第 4 期）

5. 崔荣昌《巴蜀语言的分化、融合与发展》（《四川师范大学学报（社会科学版）》1997 年第 1 期）

6. 王永宽《论历代文士的梁园情结》（《商丘师范学院学报》2006 年第 4 期）

7. 刘跃进《梁孝王集团的文学想象》（《深圳大学学报（人文社会科学版）》2008 年第 1 期）

8. 刘跃进《〈子虚赋〉〈上林赋〉的分篇、创作时间及其意义》（凤凰出版传媒集团凤凰出版社 2008 年版《秦汉文学论丛》）

9. 马予静《西汉文章两司马——〈史记·司马相如列传〉考论》(《河南大学学报（社会科学版）》2005 年第 6 期）

10. 方向红《司马相如及其辞赋研究》(华中师范大学 2005 年硕士论文)

11. 杨晓芳《司马相如〈封禅文〉与汉武帝封禅》(《教育与教学研究》2005 年第 7 期）

12. 王立群《历史建构与文学阐释——以〈史记·司马相如列传〉为中心》(《文学评论》2011 年第 6 期,《新华文摘》2012 年第 6 期）

13. 程世和《代天子立言：司马相如文本的精神解读》(商务印书馆 2011 年版《长安学术》第二辑)

14. 鲁红平《论司马相如的儒家思想》(《西南民族大学学报》人文社科版 2008 年第 9 期）

15. 吴明贤《论司马相如在开发西南夷中的贡献》(《四川师范大学学报（社会科学版）》2008 年第 4 期）

16. 祁和晖《苏轼小贬大崇司马相如》(《乐山师范学院学报》2008 年第 2 期）

17. 赵炳清《司马相如与通 "西南夷"》(《西华师范大学学报（哲学社会科学版）》2008 年第 5 期）

18. 蒋方、张忠智《司马迁与班固眼中的司马相如——两汉文人的价值观演化之管窥》(《湖北大学学报(哲学社会科学版)》2003 年第 3 期）

19. 刘朝谦《司马相如与汉武帝遭遇事件的诗学解读》(《华中科技大学学报（社会科学版）》2004 年第 3 期）

20. 李凯《司马相如与巴蜀文学范式》(《四川师范大学学报（社会科学版）》2005 年第 2 期）

21. 黄金明《司马相如赋际遇汉武帝的分析》(《中国楚辞学》2009 年第 2 期）

22. 李薇《〈白头吟〉著作权新考》(《大众文艺》2010 年第 7 期）

23. 锦苑、黄河《司马相如：西部开发第一人？》(《中国西部》2010 年第 21 期）

24. 张大可《论司马相如》(《信阳师范学院学报（哲学社会科学版）》2012 年第 3 期）

25. 王德华、宋雪玲《司马相如〈难蜀父老〉新论》(《四川师范大学学报（社会科学版）》2012 年第 4 期）

26. 文晓华《司马相如与汉代郊祀歌诗写作关系新论》(《四川师范大学学报（社会科学版）》2014 年第 6 期）

27. 马君毅、赵望秦《清代诗人笔下的司马相如形象初探——以咏史怀古诗为探讨中心》(《鸡西大学学报》2015 年第 6 期）

28. 吴娱《论司马相如抒情赋中的私人情感》(《现代语文》学术综合版 2016 年第 3 期）

29. 刘海永《梁园：文人雅士的乐园》(《开封日报》2014 年 2 月 18 日）

30. 陈泽远《归凤求凰安可诬也——七评王立群教授的司马相如"劫色劫财"论》(蓬安门户网）

31. 赵俊波《唐人评司马相如》(蓬安门户网）

32. 秦四晃《苏东坡为何很瞧不起司马相如？》(新浪博客）

33. 高远《切莫只为文人——理解司马相如》(新浪博客）

后记

凤凰之歌

司马相如辞赋《凤求凰》：

其一

有一美人兮，见之不忘。

一日不见兮，思之如狂。

凤飞翱翔兮，四海求凰。

无奈佳人兮，不在东墙。

将琴代语兮，聊写衷肠。

何时见许兮，慰我彷徨。

愿言配德兮，携手相将。

不得于飞兮，使我沦亡。

其二

凤兮凤兮归故乡，遨游四海求其凰。

时未遇兮无所将，何悟今兮升斯堂！

有艳淑女在闺房，室迩人遐毒我肠。

何缘交颈为鸳鸯，胡颉颃兮共翱翔！
凰兮凰兮从我栖，得托孳尾永为妃。
交情通意心和谐，中夜相从知者谁？
双翼俱起翻高飞，无感我思使余悲。

读了司马相如辞赋《凤求凰》，我也以《凤求凰》为题写了一首诗和一篇随笔，合并为后记，向司马相如与卓文君的爱情致敬：

凤求凰

凤点头兮求吾凰
吾凰生在乌有乡
顾影自怜为谁舞
面壁才知破壁难

凤展翅兮求吾凰
吾凰长在山外山
虽无梧桐筑新巢
却借菩提疗旧伤

凤低头兮求吾凰
吾凰睡在火中央
前世比翼云中飞
今生琴瑟两不忘

凤回头兮求吾凰
吾凰醒在西北方
重逢总在久别后
过了火山是雪山

　　凤凰燃烧的时候，它不知道自己在燃烧。它从远古一趟趟地衔来干枯的树枝，它像学童写字一样认真地——构筑一座寄托灵魂的巢，横平竖直，其笔画结构没有谁能模仿。凤凰累了，最终躺在这巨大的象形文字上面，狂热的秋千就在空中摇晃起来。当岁末的火势发展到无法控制的地步，凤凰有了回家的感觉；它相信自己是躺在家中的那张床上，可以进行一番正午的假寐。它扑扇着翅膀，头顶的风就更大了，脚下的火就更大了。它还是冷，直到火把内心的炉膛映红。它还是冷啊冷，直到自己成为灰烬，成为火的遗孀。风一吹就没有了。凤凰给自己安排了一场火葬。其辉煌程度远远超过一千次人间盛宴。在火中，凤凰如愿以偿地成为真正的隐士。我一向认为，凤凰是一种怀有洁癖的鸟。在浪迹天涯的飞行中，它感到自己的羽毛蒙满灰尘。而这是雨水洗不干净的。就像人类用汽油清洗衣服上连肥皂、洗衣粉都无法消除的污渍，凤凰借助的是火，只有火能熨平它灵魂的皱纹。当记忆伤痕累累的时候，火作为最烈性的药物，帮助凤凰学会了健忘。生命就像一件衣裳，凤凰每一天都死一次，都换一件衣裳。它醒来后照镜子，就像打量一位美丽的陌生人。在火的婚礼中，风给凤凰披上新鲜的衣裳。凤凰啊凤凰，是永远的新郎与永远的新娘。在郭沫若的《凤凰涅槃》中，有这样的诗句："火便是你，火便是我，火便是他，火便是火！"我相信他左手举着火把，用右手在纸上写诗，脸庞在光焰映衬下忽明忽暗。凤凰焚之一炬的时候，火是它的替身，是它生命的继续；当另一只凤凰从余温尚存的灰烬中浴火重生，它又是火的替身。这一只凤凰不是那一只凤凰。这一场火不雷同于那一场火。在两只凤凰之间，是寂寞，是孤独，是两个白昼之间杂草丛生的黑夜。我轻轻念叨凤凰，岁月便从我肩头悠悠掠过。城市消失，高楼、公路、桥梁消失，我的周围只有苍老的浮云。在翅膀的扑扇声中，永恒就是瞬间，瞬间就是永恒。沧海桑田的演变，超现实主义的凤凰是唯一的目睹者。你检阅了这座星球上所有的鸟类。在炫目的阳光下，它们周而复始地闪现。只有凤凰没影子，只有凤凰与物质无关。凤凰总令人联想到爱情，联想到古老的求偶故事。当它们相互拥抱的时刻，就像火柴擦过磷片，一场预料之中的火灾油然而生。缺一不可。凤凰是两只美学之鸟的统一体。如果只遇见其中一只，我们便会惋惜地说：它是孤独的。实际上，就像共有一个名字一样，它们已相互成为对方的组成部分，从肉体到灵魂。在这个世界上，只有火，能成为它们爱情的第三者，成为它们共同的情人。我想象着凤凰在火海中游泳的情景。我甚至猜测出：它当时一定带着照镜子的心情，这是一面柔软的镜子，红光满面的镜子，火的镜子，照耀灵魂。只有在这面令人魂销骨蚀的镜子里，凤凰才发现了自己。在认识了自己的美之后，凤凰死亡，凤凰复活，凤凰变得更美。这是为美而举行的火刑，这是脱胎换骨的美神。又有谁能否认凤凰的美丽？又有谁能拒绝凤凰对火的坦白？直至两者之间不再有任何界限……你简直会觉得冲天的烈焰，是一只放大了的凤凰，是一种美的扩张；而在火的庙宇中深居简出的凤凰，已构成光明的核心。

凤凰失手打破了捧在胸前的镜子，镜子的碎片，落地便化作灰烬。大团大团的火焰，坠落在海洋，使海水沸腾。凤凰在火中引吭高歌，昂首的姿态如雏鸟啄食外部世界的蛋壳，又如天外来客屈起指节敲叩世纪之门。凤凰终于挣脱火的束缚，破空而出，前世的火焰便像一面被抛弃的镜子溅碎在地上，一眨眼就熄灭。镜中的凤凰，由幻影变成实体。在它羽翼的运动中，灰烬纷纷扬扬……

对于新生的凤凰而言，一碧如洗的天空是另一面更大的镜子，它映衬出你我婴儿般的笑容。凤凰飞向哪里，哪里就是风景。天空不需要安装镜框。

今天晚上我是怎么了？我一次又一次想起凤凰，浑身发热，夜不成寐。在黑暗中我怀念凤凰，怀念远古的火灾，怀念火灾中倾国倾城的幸存者。也许它只是传说中的鸟，被翻旧了的人间神话。然而我固执地相信：凤凰与火同在，凤凰是火的灵魂。这个世界上，只有灵魂不会腐朽，尤其是烈火中修炼的灵魂。凤凰使我仇恨黑夜。我在黑暗的房屋擦燃一根火柴点烟，我以树叶般的手掌笼络住最初的火苗，凝神的瞬间，惊讶得差点叫喊起来。我察觉甚至在这弱小的火苗中，都潜伏着一只微型的凤凰……

在凤凰和我对视的瞬间，火苗熄灭了。我的肉体却像一条漆黑的走廊，被这突如其来的灵感照亮。我赶紧披上一件衣服，衣服也像灯笼的纸壳一样被照亮。人啊，在你的周围，每天都有多少只凤凰诞生。然而你对这一切却熟视无睹。我在人群中缄默无语，忠实地掩盖住内心的秘密。

凤凰用火，给自己盖了一座阿房宫。凤凰用镜子，给自己制造一个伴侣。凤凰用灰烬，铺筑一条回家的路。凤凰啊凤凰，来无影去无踪，风一吹就看不见了。在火的三宫六院中，凤凰是一位影子般的皇帝。

凤凰使我想到屈原。凤凰对于我们是传说，只有他一个人见过凤凰什么样。他一口气为自焚的凤凰唱了九首歌啊："鸾皇为余先戒兮，雷师告余以未具。吾令凤鸟飞腾兮，继之以日夜……"凤凰的羽毛已失传，他的诗没有失传，依然在空中扑扇着燃烧的翅膀。火太旺了，热得受不了，他没想投江，只想用江水泼一泼自己呀。凤凰在火中涅槃，他在水中涅槃。汨罗江也被这团火烧得滚烫。我们没见过凤凰，见到的都是普通的鸟。自从那个见过凤凰的人走了，这世界再没有诗人了，有的——只是诗人的模仿者。

凤凰使我想到司马相如与卓文君。一曲《凤求凰》，改变了两个人的命运，他们从此成为爱的共同体："凤兮凤兮归故乡，遨游四海求其凰……"

这首《凤求凰》堪称司马相如一生的写照，既是他的通行证，也可作为他的墓志铭。

他追求美人的垂青，就像凤求凰。他追求知音的赞叹，就像凤求凰。他追求华丽的文章，就像凤求凰。他追求帝王的赏识，就像凤求凰。他追求梦见的自己，就像凤求凰。他追求与别人的不一样，就像凤啊追求天各一方的凰。他是在追梦吗？追得上还是追不上？为什么追着追着，梦就变成了真的？他是在告别故乡吗？走向一个又一个异乡，却无形中拥有更多的故乡。

因为天鹅曾经现形于西方文明的源头——古希腊神话里，并且是作为世界的主宰宙斯的化身，所以它周身上下都洋溢着神性，而区别于凡俗的鸟类。西方的古典主义，是附着在天鹅的翅膀上——崇尚美、高贵与圣洁。天鹅是精神的世袭贵族，承载着伟大的文化传统。而东方人则不至于把天鹅神化。他们拥有自己的神话，自己的图腾：凤凰。凤凰是一只超现实主义的鸟（传说中的众鸟之王），没有人幸运地看到过它的肉身；但它又无所不在，隐形于所有的火焰里。跟戏水的天鹅相比，凤凰更热爱火。一只火鸟。它甚至不像天鹅那样容易受到死亡的困扰，凤凰是不死的，能够在烈火中复活并且永生。这恐怕跟东方人畏惧悲剧、更偏爱喜剧的审美心理有关。"凤凰涅槃"和"天鹅之死"，也就成为东、西方文明可相互比较的两大特征。据说凤凰愿意栖息在清洁的梧桐枝上。每回看见梧桐树，我会下意识地联想：莫非这就是那失踪的凤凰的遗址？我个人私下里以为：是中国人根据开屏的孔雀虚构了凤凰的形貌。汉乐府民歌唱道："孔雀东南飞，五里一徘徊。"其实孔雀早就不会飞了，它的翅膀早就退化了，会飞的是发挥了中国人的想象力的凤凰。孔雀是凤凰的原型，这也很正常。就像西方人通过天鹅虚拟了有翼的天使。凤凰是中国人心目中的天使。

	41 《真书风骨——柳公权传》 和　谷 著	
	42 《癫书狂画——米芾传》 王　川 著	
	43 《理学宗师——朱熹传》 卜　谷 著	
	44 《桃花庵主——唐寅传》 沙　爽 著	
	45 《大道正果——吴承恩传》 蔡铁鹰 著	
	46 《气节文章——蒋士铨传》 陶　江 著	
	47 《剑魂箫韵——龚自珍传》 陈歆耕 著	
	48 《译界奇人——林纾传》 顾　艳 著	
	49 《醒世先驱——严复传》 杨肇林 著	
	50 《搏击暗夜——鲁迅传》 陈漱渝 著	
第六辑已出版书目	51 《边塞诗者——岑参传》 管士光 著	
	52 《戊戌悲歌——康有为传》 张　健 著	
	53 《天地行人——王船山传》 聂　茂 著	
	54 《爱是一切——冰心传》 王炳根 著	
	55 《花间词祖——温庭筠传》 李金山 著	
	56 《山之巍峨——林则徐传》 郭雪波 著	
	57 《问天者——张衡传》 王清淮 著	
	58 《一代文宗——韩愈传》 邢军纪 著	
	59 《梦溪妙笔——沈括传》 周山湖 著	
	60 《晓风残月——柳永传》 简雪庵 著	

图书在版编目（CIP）数据

凤凰琴歌：司马相如传 / 洪烛著 . -- 北京：作家出版社，
2019. 12

（中国历史文化名人传丛书）

ISBN 978-7-5212-0794-1

Ⅰ. ①凤… Ⅱ. ①洪… Ⅲ. ①司马相如（前179～前117）-
传记 Ⅳ. ①K825.6

中国版本图书馆CIP数据核字（2019）第272507号

凤凰琴歌：司马相如传

作　　者：洪　烛	
传主画像：高　莽	
责任编辑：翟婧婧	
书籍设计：刘晓翔 + 韩湛宁	
责任印制：李卫东　李大庆	
出版发行：作家出版社有限公司	

社　　址：北京农展馆南里10号　　　　邮　　编：100125

电话传真：86-10-65067186（发行中心及邮购部）
　　　　　86-10-65004079（总编室）

E-mail:zuojia@zuojia.net.cn

http://www.zuojiachubanshe.com

印　　刷：北京汇林印务有限公司

成品尺寸：152×230

字　　数：273千

印　　张：20

版　　次：2020年1月第1版

印　　次：2020年1月第1次印刷

ISBN　978-7-5212-0794-1

定　　价：58.00元（精）